유아교육철학

유아교육철학

The Philosophy of Early Childhood Education

이원영 지음

학지사

# 머리말

朝鮮의 고종황제가 아직도 왕위를 지키고 있던 1897년 부산에 '유치원'이라는 학교체제가 처음 소개되었다. 이 유치원은 부산에 거주하는 일본인 상인의 유아기 자녀를 위한 교육기관이었다(이원영, 1981c, p. 311). 이 유치원이 프뢰벨의 '은물'과 '작업'으로 교육했다는 것은 알려져 오고 있으나, 프뢰벨이 교육철학자이며 세계 최초로 0~6세 유아를 대상으로 유아교육철학 이론을, 7~12세 아동을 대상으로는 아동중심 교육철학을 『인간의 교육(The Education of Man)』에서 개념화했다는 학문적 논의를 함께 한 적은 없었다. 프뢰벨의 교육철학을 주제로 다룬 박사학위 논문이 발표되기 시작한 것도 1980년대 이후였다(곽노의, 1988; 김규수, 1995; 이상욱, 1996).

퇴직한 지 15년째 된 시점에 『유아교육철학』을 집필하는 것이 쉬운 일은 아니었다. 우리나라 유아교육자들이 유아교육철학을 별도로 체계화하여 연구 · 적용한 적이 없었기 때문이다. 대부분 영유아들이 눈 · 귀 · 손 · 발 · 머리를 사용하고, 재잘거리며, 말하고 활동하는 모습을 놀이라 하고, 놀이를 활성화시켜 줄 수 있는 물건들을 놀잇감이라고 하며, 다양한 놀이를 할 때마다 뇌 어딘가에 쌓이는 결과물을 경험이라고 정의하는 암묵적 합의는 해왔다고 본다. 유아중심교육을 최선을 다해 하려고 모두가 노력해 왔지만, 교육철학이라는 학문을 근간으로 하여 개념을 정리하는 데는 소홀했다는 의미이다. 또한 대학생들을 학교에서 쉽게 만날 수 있던 때와는 달리 새로운 세대의 대학생들의 문화 읽기에 자신이 없었던 것도 있었다. 문장 구성이 젊은이들의 문화에 적절한지 판단하기가 힘들었다. 그래서 2008년 이전 나에게 배운 경험이 있고 대학원 출신으로 분위기를 파악할 수 있는 졸업생에게 자문을 구했다. 박명금 선생과 이주혜 선생이 돕겠다고 해서 감사했다. 재학 중 아동교육철학 강의 내용의 상당 부분이 듀이의 교육철학에 근거했었는데 프뢰벨의 유아교육철학으로 중심점을 옮긴 것에 대한 의견, 0~6세를 핵심 연령으로 유아교육철학 개념을 정리하는 것에 대한 의견, 현재 운영되고 있는 유치원/어린이집에의 적용 가능성을 함께 토의할 때마다 박명금, 이주혜 선생의 결론은 명쾌했다. 역시 새 술은 새 부대에 부어야 한다. 그럼에도 불구하고 난 80세를 넘기는 이 시점에서 『유아교육철학』을 쓰기로 결정했다. 1969년부터 문교부(현 교육부)가 유치원 국가수준 교육과정을 제정하기 시작한 후 유아교육도 초·중등교육과정을 개정할 때마다 함께 개정할 수 있게 되었기에 0~6세 대상 유아교육에 대한 철학적 이론을 정리해 둘 필요가 있었다. 이것이 집필의 첫 번째 이유였고, 두 번째 이유는 개인적 경험이었다.

첫딸로 태어난 나는 유치원을 운영하시던 어머님이 선생님인 것이 자랑스러웠다. 가정도 부유했다. 그러나 6·25 전쟁을 거치며 부산 해운대까지 피난을 다녀오느라 집안 경제는 궁핍 그 자체였다. 대학을 다닐 수 없는 상태였는데 미국인 허길래(Miss Clara Howard) 선교사님의 장학금 지원을 받아 대전보육초급대학 보육과(현 배재대학교)에 가게 되었다. 조건은 유치원 교사가 되는 것이었다. 그런데 대학에서 배우는 내용들은 장난감 만들기, 그림 자료 제작하기, 동화 그리기, 노래 배우기, 피아노 치기, 율동 등 만 5, 6세 유아들을 가르칠 내용들이었지 대학생의 지적 호기심을 만족시킬 수 있는 것은 아니었다. 졸업 후 이화여대에 편입학해 보기로 했다. 다행히 색종이 오리기 등의 일은 하지 않아도 됐다. 그런데 과목은 모두 교육학 전공 학생에게 알맞은 내용들이었고, 강사로 나온 서울대 교육학과 교수님들은 미국에서 박사학위를 받은 분들이셨다. 이화여대에도 김애마 학장님을 제외하고는 유아교육 전공을 가르칠 석사학위 또는 박사학위 소지 교수님이 안 계셨다. 오죽하면 이화여대 교육학과 학령전교육 전공학과 4학년 2학기를 끝내고 유치원 교사 취업을 준비하고 있던 내게 김애마 학장께서 전화를 하셨을까? 카리스마가 작렬하던 김애마 학장께서는 집으로 전화를 주셔서 엄중한 목소리로 "사무실로 지금 곧 오너라." 하셨다.

애마 선생님께서는 단도직입적으로 "이제 뭐 할 거냐?" "네, 유치원 교사를 하려고 합니다. 알아보고 있는 중입니다." "대학원 석사과정에 진학해라." "저는 취업을 해야 합니다. 형제가 많습니다." "전액 장학금을 줄 터이니 입학원서 제출해라. 석사과정 개설한 후 10년간 아무도 지원하지 않은 상태다. 네가 처음이다. 대학원 석사과정 학비를 전액 지원해 주련다."라고 하셨다. 그 자리에서 확답을 드리지 못하는 나를 잠깐 쳐다보시더니, 김애마 학장께서 "이원영! 이 다음에 네가 가르치게 될 때쯤이면 동회 서기까지 다 박사학위 소지자가 되는 날이 올 거다." 하셨지만, 그럼에도 흔쾌히 답을 못하는 내게 애마 선생님은 "석사 끝나고 박사과정에 반드시 입학하도록 해라."라며 못 박으셨다.

그 당시 사회적 분위기는 여자는 고등학교만 졸업하고 결혼을 하는 것이 대세였다. 따라서 석·박사학위 과정을 이수한다는 것은 결혼을 하지 않겠다는 간판을 달고 다니는 일이었다. 김애마 선생님처럼……. 그 당시 대부분의 여성 교수님들처럼…….

이화여대 대학원 석사과정의 학령전교육 전공분야에 입학한 첫 학생이자 단 한 명의 수강자였던 때는 1965년이었다. '여자가 무슨 대학교육을 받는가?'라는 것이 사회적 분위기였기 때문에 석사과정에 지원하는 학생이 없어서 특권도 많았다. 대학원 학생들은 무조건 서고(書庫)에 들어가서 책을 찾을 수 있는 권한이 있었고, 빌린 책은 한 주 이상 집에 가져가 공부할 수도 있었다. 1인용 작은 책상들이 이화여대 도서관 서고 곳곳에 있어서 도서관을 닫을 때까지 오랫동안 공부도 할 수 있었다. 서고에 들어가는 첫날 내가 가장 먼저 했던 일은 'Froebel'(Fröbel의 영어식 표기) 이름을 찾는 것이었다. 'Friedrich Wilhelm Froebel'의 『The Education of Man(인간의 교육)』을 만나게 된 순간이었다.

루터는 "우리가 아이들을 키우는 것이 아니라 그들이 우리를 살게 한다."고 했다. 그렇다면 유아교육전공자인 우리들이 양육하고 가르쳐야 할 대상은 출생부터 초등학교 입학 전 6세 미만의 영유아들이고, 우리에게 삶의 목표를 주며 살게 하는 존재도 0~6세 영유아들이다. 이 책을 읽을 독자는 유아교육/보육을 전공하는 교수, 유치원/어린이집 원장 및 교사, 학생들일 것이다. 유아기 자녀를 둔 부모님들일 수도 있을 것이다. 그러므로 아이들을 사랑하고 배려하는 이들이 모여 0~6세 미만 유아의 교육을 다양한 방식으로 생각해 보며 교육방법을 궁리할 수 있게 해 주는 것이 유아교육철학이라고 정의할 수 있겠다. 0~6

세 영유아들은 오랫동안 교육철학자들에게도 진지한 관심을 받지 못했다. 1600년대의 코메니우스와 1800년대의 프뢰벨은 유독 6세 미만 영유아교육의 중요성을 강조하며 이론을 제시했던 철학자들이다. 특히 프뢰벨은 출생부터 6세 미만 영유아를 위한 교육이론과 실제를 정립했던 세계 최초의 유아교육철학자였다.

영유아들은 보호만 해도 잘 키우는 것으로 생각하던 시대에 유아를 위한 학교를 창안해 유치원을 설립한 프뢰벨이야말로 세계 최초로 어린아이들을 진심으로 사랑한 철학자라며 킬패트릭(Kilpatrick)은 프뢰벨의 업적을 높이 평가했다. 최근 이 책을 쓰기 위해 듀이의 저서 및 관련 문건들을 읽다가 듀이와 같은 시기에 미국 컬럼비아대학교 교육학과 교수였던 킬패트릭이 듀이가 프뢰벨의 이론에서 많은 부분을 인용했다고 기록한 것을 보고 놀랐다. 유아교육전공자들이 프뢰벨의 교육철학을 새로운 안목으로 연구해야 한다는 생각도 하게 되었다. 유아교육에 대한 철학적 이론을 연구한다는 것은 우리나라에서 일어나고 있는 유아교육 현상을 지각하고 이해하며 그 실체를 볼 수 있게 하는 사고의 틀을 마련해 줄 것이기 때문이다. 다음은 239년 전의 프뢰벨이 『인간의 교육』에서 우리에게 한 명언이다.

> 인류의 행복과 번영을 증진하고 수립하는 일은 우리가 생각하는 것보다 훨씬 더 쉽다. 모든 방법은 간단하며 바로 가까이에 있다. 모두들 알고는 있지만 주의를 기울이지 않아 아직 보지 못하고 있을 뿐이다. 그 방법들의 단순함·자연스러움·용이성·근접성 때문에 너무 보잘것없이 생각하고 하찮게 여기는 것이 문제이다. 우리는 멀리서 도움을 찾지만 정작 도움은 우리 안에서, 우리를 통해 나오는 것이다.

…… 어른들이 유아기 아이들에게 조금만 더 관심을 기울인다면 큰 노력 없이도 아이들이 제대로 자랄 수 있게 도울 수 있을 것이다 (Froebel, 2005).

교육철학자들의 진지한 관심을 받지 못해 아직 체계화되지 않은 프뢰벨의 교육철학을 공부해 보고 싶은 생각이 들어 이 책을 시작했다. 그런데 영문으로 번역한 『인간의 교육』을 읽으니 너무나 힘이 들었다. 독일어를 전공한 곽노의 박사, 이상욱 박사가 번역한 책과 내가 방인옥 교수와 함께 2005년에 번역했던 『인간의 교육』을 여러 번 읽으며 프뢰벨 유아교육철학의 진수를 밝혀보고 싶었지만, 정말 힘들었다. 나만 힘들었던 것은 아니었다. 미국의 교육철학자 퀵(Quick)도 "프뢰벨의 글을 이해할 수 있을 때 나는 그가 빼어나게 지혜로운 교육철학자라는 생각을 한다. …… 그러나 그의 글을 전혀 이해할 수 없을 때에는 그가 심오한 진리를 말하고 있는 것인지, 아니면 완전히 황당무계해서 전혀 의미 없는 말을 한 것인지 분간하기 어렵다."고 했다. 킬패트릭도 마찬가지로 느꼈다. 어느 나라 말로 번역되든지 프뢰벨의 『인간의 교육』은 퀵, 킬패트릭의 호소처럼 읽을수록 헷갈리는 책이다.

『인간의 교육』을 이해하기 힘든 또 다른 이유는 독실한 기독교인이었던 프뢰벨이 자신을 위해 설정한 성경의 내용을 교육의 여러 측면과 관련지어 반복 설명했기 때문으로 보인다. 현직이었을 때보다 내가 성경을 많이 읽어서인지 이제는 프뢰벨이 쓴 하나님과 통일성, 하나님의 자녀, 신성, 사랑의 중요성, 하나님의 자녀인 인간, 영원불멸의 법칙, 양면성의 법칙 등 많은 표현들을 부담 없이 이해할 수 있었다. 그럼에도 불구하고 프뢰벨의 교육철학을 제대로 이해하여 책을 쓴다는 것은 쉽지 않았다. 이 책을 집필하려고 준비하는 과정에서 『인간의 교육』에 프뢰벨이 진술한 핵심 용어들이 조금씩 다른 의미로 쓰이는 경우가 있어 혼동을 준 탓이었다. 문제는 프뢰벨이 썼던 '하나님, 예수님, 천사' 등 성경에 나오는 단어들을 어느 정도 써야 할지에 대한 것이었다. 모두 뺄 수는 없었다. 프뢰벨 교육철학의 기둥을 빼는 것과 같았기 때문이다. 실제로 '하나님'을 '신'으로 표기한 2015년 판 『인간의 교육』이 있었지만 그 책은 프뢰벨의 교육철학을, 특히 0~6세 영유아교육에 대한 내용을 명쾌하게 밝히지 못했다. 꼭 필요한 부분에만 성경의 내용이나 용어들을 사용했다.

이 문제를 해결하기 위해 나는 용어들을 모두 선별해 내고 프뢰벨이 그 용어를 사용한 횟수를 파악했다. 그다음에 같은 단어를 다양하게 설명한 것 중 그가 중점을 둔 개념을 먼저 이해하려고 노력했다. 그후에는 문장에 쓰인 설명과의 관계성도 파악했다. 그제서야 프뢰벨이 생각했던 철학적 개념의 전체적인 맥락이 드러났다. 그래서 프뢰벨을 포함해 교육철학자들이 사용한 개념을 정리하여 앞부분에 제시하기로 했다. 개념이 정리되자 『인간의 교육』에 프뢰벨이 진술한 복잡한 내용들이 제자리를 찾아갔다. 프뢰벨의 철학과 다른 교육철학자들이 제시한 이론의 유사점과 차이점도 분명해졌다. 이 과정에서 듀이가 프뢰벨의 이론 대부분을 본인의 이론으로 가져간 것을 알 수 있었고, 잘못 이해한 부분도 발견됐다. 그 결과가 바로 이 책의 내용이다.

개념의 틀을 잡는 데 참고한 서적은 코메니우스의 『유아학교(The School of Infancy)』, 프뢰벨의 『인간의 교육』을 위시하여 킬패트릭이 편집한 『존 듀이의 교육론(John Dewey on Education)』, 아샴볼트가 대표로 편집한 『존 듀이의 교육철학(The Philosophy of John Dewey)』, 실러의『실러의 아동관과 영국의 유아교육(Christian Schiller in his own words)』(Griffin-Beale, edited, 1979), 킬패트릭의『프뢰벨의 유치원 교육원리 재조명(Froebel's Kindergarten Principles Critically Examined)』이다. 프뢰벨은『인간의 교육』을 크게 '철학의 기본 개념' '0~6세 유아기의 인간 교육' '7~12세 소년기의 인간 교육'으로 구분했다. 세계 처음으로 발달수준에 따라 교육을 달리해야 한다는 개념을 제시한 것이다. 프뢰벨은 '유아기의 인간'을 다시 '신생아' '영아' '유아'로 나눔으로써 0~6세 유아교육의 전문성을 확보했다. 물론 그는 '소년기의 인간' 교육에 대해서도『인간의 교육』후반부에 자세히 제시하였다. 교육전공자들 중 프뢰벨을 주지주의자로 오인한 이유는 이 발달에 대한 분류와 교육을 프뢰벨이 명료히 구분하여 설명하지 않았었기 때문이다. 그래서 후세 학자들이 아동기 발달 이론을 0~6세 발달에 적용했는가 하면, 반대로 0~6세 교육방법을 7~12세 아동발달에 적용함으로써 혼돈이 일어났던 것이다.

이 책의 특징은 0~6세 교육에 대한 프뢰벨의 이론만을 중점적으로 다룬 것이다. 그동안 0~6세에 대한 교육을 7~12세와 함께 아동교육철학이라고 부르던 것을 0~6세 유아교육만을 위한 이론으로 특화해야 한다는 판단이 서서 '유아교육철학'이라는 이름으로 범주화한 것이다. 1976년 '아동교육철학'이라는 과목 명칭을 처음 만들어 가르치기 시작할 때도 미국에서 배운 듀이의 교육철학이 7~12세 아동만을 위한 교육철학이었음을 몰랐었기 때문에, 0~6세 유아들을 위한 교육철학으로 다룬 오류가 있었다. 뒤늦게나마 정정할 수 있는 기회를 갖게 됨에 감사한다. 이번에 출판되는『유아교육철학』에서 프뢰벨의 0~6세 유아교육 이론을 세밀히 다룰 수 있어서 기쁘다. 하이란트의『프뢰벨』을 번역한 곽노의 교수가 '유아기의 인간'은 '놀고 있는 아이'에 대한 내용이고, '아동기의 인간'은 '배우는 학생'에 대한 내용이라고 정리한 것이 0~6세에 대한 프뢰벨의 교육철학 이론을 '유아교육철학'이라고 명명하는 것에 힘을 실어줬다. 이 책은 프뢰벨의『인간의 교육』, 코메니우스의『유아학교』, 오웬, 듀이, 킬패트릭, 실러와 씨름하며 보낸 지난날의 고뇌의 산물이다. 썼다가 지우기를 반복한 결과, 이 책이 탄생했다. 이 몇 권의 책 내용을 인용하면서 각 문건의 페이지를 일일이 표시했었는데 학생들이 이해하는 데 방해가 될 것임을 깨닫고 모두 삭제하였다. 영문 원서를 한국어로 번역한 책들이 모두 절판되어, 인용한 책들은 다시 출판되어야 하므로 페이지가 달라 소용이 없어졌기 때문이다. 필요한 경우 영문 원서들을 읽으면 될 것이다.

중앙대학교 유아교육과 졸업생들은 만나기만 하면 힘들었던 입학 첫해 첫 학기에 선택해야 했던 '아동교육철학' 과목에 대해 이야기하곤 한다. 그 중심에 자리 잡았던 듀이를 못 잊기 때문이다. 너무나 생경스러운 과목인데다 영어 원서로 수업을 진행해서였다. 그 정도로 나는 듀이의 교육철학에 매료되어 열심히 가르쳤다. 당연히 이 책도 '아동교육철학'이란 이름으로 시작했었고, 듀이의 교육철학을 중심으로 쓰기 시작했다. 자신도 있었다. 그런데 꽤 많이 진전되었을 때 프뢰벨의 교육철학으로 중심축을 바꾸어야만 했다. 듀이의 교육철학 근원지가 프뢰벨의 교육철학이었고, 듀이의 교육철학은 1894년부터 1904년간의 한시적 관심 분야였으며, 초등교육에 대한 내용이었기 때문이다.

이 책을 쓰는 과정에서 0~6세를 연구한 교육철학자가 프뢰벨 이후에 또 있었는지를 살펴본 결과, 없었다. 그리고 프뢰벨 선생님에게 죄송한 생각이 들었다. 유아교육자로서 정말 열심히 공부했어야 할 교육철학자였고, 영유아 사랑을 몸으로 실천한 교육철학자였음에 감사해야 할 대상이었다. 또한 따라야 할 스승이자, 선배이자, 학문적 동지였는데 그 사실을 나이 80에야 깨달았다. 모쪼록 젊은 후배들이, 제자들이 프뢰벨의 유아 사랑과 열정을 이어가 줄 뿐 아니라 유아교육철학을 더욱 발전시켜 줄 것을 기대할 따름이다.

학지사 김진환 사장님께 감사한다. 3년 전 이 책을 쓰겠다고 했을 때 사장님께서는 "몇십 년간 학생들을 가르치시며 쌓으신 농익은 내용을 써 주시면 좋겠습니다." 하신 것은 컴퓨터를 두드리는 매 순간 나를 안내했던 이정표였다. 나 자신이 명확히 이해하지 못하는 부분은 이해할 수 있을 때까지 노력했고 명료하지 않은 내용은 더 많이 읽은 후 정리하며 썼다. 46년간 사제지간으로 아름다운 관계를 맺을 수 있었던 중앙대학교 유아교육과 모든 제자들에게 감사한다. 특히 이 책을 쓰는 데 필요한 자료와 정보들을 주는 등 크고 작은 도움을 주었던 허미애 박사, 전우경 박사, 권소연 선생에게 신세를 많이 졌다. 앞에서 언급했듯이 돕겠다고 자원했던 박명금 선생과 이주혜 선생이 밤을 밝히며 초고를 읽고 합리적 비판을 해 준 것에 대해 깊은 감사의 말을 전하고 싶다. 또한 아이들의 생생한 활동사진과 자료를 제공해 주신 보라유치원 위성순 원장님께도 감사드린다. 마지막으로, 유아교육철학의 개념에 기초하여 양육하고 교육할 때 밝은 미소를 보여 주었던 우리 집의 세 딸들, 유치원과 어린이집의 유아들, 이제는 다 커버린 사랑하는 손주들에게 감사한다. 편집을 해 주신 백소현 선생님께 특히 더 감사드린다.

2021년 12월
흐르는 강물을 보내며

유 아 교 육 철 학

# 차례

# 제 1 장

# 우리나라 유아교육철학의 흐름

대한민국 건국 후 미국 유학파 교육철학자들이 우리나라에 듀이(John Dewey)의 철학을 생활중심교육·경험중심교육으로 소개하자 미국의 유아교육전공자들처럼 우리나라 전공자들도 듀이의 경험중심 교육철학이 유치원 교육에도 해당된다고 추론했다. 페스탈로치(J. H. Pestalozzi) 이후 유아교육과 관련이 있는 교육철학자는 존 듀이가 유일하다고 보고, 그의 교육철학의 다른 이름, 즉 경험주의 교육철학 및 생활중심 교육철학의 '생활' '경험'이라는 용어가 유아교육과 맞는 것으로 생각했다. 다양한 경험을 주기 위해 유치원 마당에 작은 논을 만들고 벼를 심어 경험하게 했으며, 직접 요리를 해 보는 등 생활 경험을 하게 하려고 최선을 다했다. 경험이라는 말을 놀이라는 의미로 해석했고, 생활의 다양한 상황을 제시함으로써 아이들이 활발히 움직이며 무언가 하게 하려고 놀잇감과 환경도 마련해 주었다. 유치원/어린이집 교사들은 자신도 모르게 표현, 놀이, 관심, 관찰, 지식, 경험과 같은 용어들을 수없이 사용하고 있는데, 같은 개념으로 쓰고 있는지 아니면 다른 의미인데 같은 용어를 쓰는지 판단하기 어려운 경우가 많다. 유아교육, 아동교육, 초등교육 관점에서 세심히 분석하고 새로운 정의를 내려야 할 때가 됐다.

듀이가 교육과 관련된 글을 쓴 것은 실험학교를 운영하던 7년간이었고 그것도 7~12세 초등학교 아동을 대상으로 한 내용이었으며, 유아교육에 대한 이론과 실제 경험이 없었음에도 불구하고, 대부분의 한국 유아교육전공자들은 듀이의 경험주의 교육철학을 유치원 교육

에 적용해야 하는 교육철학으로 간주해 왔다. 부지런히 움직이며 환
경구성을 하고 활동자료를 준비하여 경험중심교육을 하겠다는 열성
은 2021년에도 일어나고 있다. 아쉽게도 우리나라에서 유아교육철학
의 위치는 튼튼하지 않은 상태이다. 따라서 이 책에서는 유아교육철학
의 기본 개념과 시대적 변천, 학자에 따른 유아교육철학과 그에 따른
교육 내용 및 방법을 제시하고자 한다. 특히 이 책에서는 0~6세 유아
교육에 대한 이론을 다룬 철학자들에 대해 되도록 자세히 설명하였다.
우리나라 유아교육 분야에 큰 영향을 미친 듀이도 포함했다. 가능하면
0~6세 영유아에 대한 내용을 중심으로 유아교육철학을 구성했지만
영유아의 발달은 칼로 두부를 자르듯이 나눌 수 있는 것이 아니어서
초등학교 저학년 아동 선기에 대한 내용도 연계교육 차원에서 외면하
지 않았다. 현시점 이전의 발달에 더 오래 머무는 유아가 있는가 하면,
아동기로 한 발 일찍 진입해서 초등학교 교육내용을 탐구하려는 유아
도 있을 것이기 때문이다.

## 1. 학과목으로서의 유아교육철학

　우리나라 최초의 유치원사범과를 설립하여 학생들에게 프뢰벨
(Friedrich Wilhelm August Froebel)의 『인간의 교육』을 '유치원교육론'
이란 명칭으로 처음 가르친 학교는 이화여자대학교였다. 1915년 유치
원 현장에서 1년 과정으로 유치원 교사를 양성하던 '이화유치원사범
과'가 1935년 이화보육학교가 되었고, 1939년에 다시 2년제 이화여자

전문학교 보육과가 되었다가, 1946년부터 1949년까지 미군정 문교부 교육심의회 위원 및 이화여자대학교 총장 서리를 지낸 김애마 교수께서 최선의 노력으로 2년제 보육과를 1948년 4년제 학사과정으로 승격시켜 '이화여자대학교 사범대학 교육학과 학령전교육전공'으로 바꾸었다. 이는 한국은 물론 아시아 최초였으며 선진국조차 선뜻 시작하지 못했던 것으로서 역사적인 일이었다. 그 당시만 해도 국민학교(1990년 '초등학교'로 개칭) 교사가 3년제 사범학교에서 배출되었던 사실에 비추어 보면 유치원 교사를 4년제 대학교에서 양성하는 일은 파격적인 일이었다. 2016년 기준으로 아시아 각국은 유치원 교사양성과정을 4년제 과정으로 승격하는 과정에 있었다.

서울 인사동의 중앙감리교회 내에 1916년 박희도(朴熙道) 등 독립운동가들이 중앙유치원을 설립했지만 경영난으로 폐원되었다가, 1922년 1월 경성부 인사동에 박덕유(朴德裕) 독립운동가가 다시 중앙유치원이라는 이름으로 개원했다. 같은 해 9월 유각경(兪珏卿), 차사백(車士

초기의 중앙유치원 모습

伯) 선생이 중앙유치원 내에 중앙유치원사범과를 설립했다. 6년 후인 1928년 배포 있고 용감했던 독립운동가 임영신(1899~1976) 여사(후에 박사학위 취득)가 이 중앙유치원사범과를 인수하여 중앙보육학교로 명칭을 바꾸었다. 임영신 박사는 1946년 중앙보육학교를 2년제 중앙여자전문학교로 바꾸었다가 1947년 4년제 중앙여자대학교로 승격시켰다. 이에 만족하지 못했던 임영신 박사는 1948년 중앙대를 남녀공학으로 바꾸었다. 그러나 이 일을 책임졌던 발전위원회 남성 교수들이 보육과를 4년제 대학교에서 제외했다. 유치원 교사양성은 2년제 전문대학에서 양성하는 것으로 족하다고 보았기 때문이었다. 대신 교육학과가 4년제로 새로 신설되었다. 임영신 박사가 미국에서 발전기금을 모금하는 부재 기간 동안에 일어났던 일이었다. 임영신 총장은 귀국하여 대노했고 보육학과를 4년제 과정의 학과로 전격 승격시켰기 때문에 1957년 중앙대학교 문리대학 보육과는 4년제 유치원 교사 양성학과가 되었다. 4년제 중앙대학교에서 유치원 교사를 양성할 수 있게 된 것은 이화여대에 4년제 양성학과로 '교육학과 학령전교육전공'이 신설된 지 9년 만의 일이었다. 그 후 19년 뒤인 1976년에 이영자 교수가 덕성여대 교수로 임용되면서 보육과를 개설하여 유치원 교사를 양성하는 우리나라 세 번째의 4년제 대학교가 되었다. 그 외의 4년제 대학교 보육과가 대거 설립되기 시작한 것은 전두환 대통령 취임 후 첫 연두교서에서 유아교육진흥을 국가정책으로 발표한 1980년대 이후였다. 이때부터 보육과는 모두 유아교육과로 명칭을 바꾸었다.

'아동교육철학'이라는 과목명을 우리나라에서 처음 쓴 곳은 1976년 중앙대학교 사범대학 '보육과'였다. 중앙대학교 사범대학 보육과는 1980년 우리나라 처음으로 보육과라는 학과 명칭을 '유아교육과'로 바꾼 곳이기도 하다. 아동교육철학이라는 과목명 뒤에는 추억이 있다. 2019년 작고하신 김옥련 교수님께서 1975년 신임교수로 들어온 젊은 이가 "교육과정에 '아동교육철학'이라는 과목을 개설하면 어떨까요?"라는 청원을 드렸을 때 흔쾌히 허락하신 일이었다. 1974년 2학기에 보육학과 교수로 임용되신 김옥련 교수님은 음악과 예체능 과목들로 구성된 보육학과의 교육과정을 재구성해야 하는 위치에 계셨기 때문에 쉽게 허락하신 것이었다. "그런데 이 교수가 가르쳐야 해요."라며 못 박으셨다. 당시의 나는 학과목으로의 포함 가능성을 말씀 드린 것이었는데 강의까지 맡게 된 것이다. 밤을 새며 공부해서 학생들을 가르쳐야만 했던 과목이 아동교육철학이었다. 중앙대 4년제 보육과에서 시작된 후 덕성여대 보육과에서 1977년 아동교육철학을 개설했었으나 지금도 유아교육과나 보육학과에 아동교육철학이라는 과목을 개설한 곳은 적은 편이다. 유치원 교사 양성 과정에서 아동교육철학이라는 과목을 개설할 필요를 절감하지 못하고 있기 때문이다. '철학'이라는 어려운 용어 대신 '유아교육사' '유아교육개론' '유아교육론' 같은 과목명을 쓰는 곳이 많다.

　우리나라 유아교육전공자는 '아동중심교육' '아동중심 교육철학' '아동중심 교수–학습 방법' '아동중심' '유아중심' '학습자중심' '자기주도적 교육' '열린교육' '통합교육' '발달에 적합한 교육' '눈높이 교육'이라는 말을 듣게 되는데 이는 모두 유아중심 교육철학 개념에 그 기반을 두고 있다. 학자들마다 다르지만 유치원을 창시한 프뢰벨에 의하면 유아교육철학이란 갓 태어난 아기 내면의 신성을 피어나게 하는 데 필요한 지식과 방법을 배우는 학문이다. 지식주입보다는 '자기 방식대로' 능동적으로 말하고 행동하게 자유를 주는 교육이다. 프뢰벨이『인

간의 교육』에서 제시했던 유아교육철학 이론은 아직도 완성되지 못했
다. 유아교육철학은 이론 자체로 완성되는 것이 아니라 아이들과 교사
에 의해 교육현장에서 완성되는 교육이기 때문이다. 식물이 최적의 환
경에서 씨앗에 들어 있던 잠재 능력만큼 성장하고, 꽃 피우고 열매를
맺는 것처럼 영유아들도 어른들이 마련해 준 최적의 환경에서 내면의
신성을 자유롭게 피어내며 성장하도록 돕는 유아교육철학이 우리나
라 곳곳에 퍼져 유아들이 즐겁고 행복한 곳이 되어야 할 것이다.

## 2. 유아교육철학 신봉 교사의 유아관

유아중심 교육철학을 신봉하는 교사는 유아들을 다음과 같은 마음
가짐으로 본다. 첫째, 아이들은 서로 다르다는 생각을 갖고 한 명 한
명에게 최선을 다하려고 노력한다. 아이들이 다르게 생긴 것은 물론이

고 흥미·본성·능력·배우는 방식·버릇이 다르다. 이 다름을 인정해 준다. 스스로 그 다름이 피어나도록 인내심을 갖고 기다려 주고 또 기다려 준다. 도울 수 있는 순간과 방법을 항상 궁리한다.

둘째, 서로 비교하지 않는다. 영유아가 어른들의 능력에 미치지 못하는 것은 당연한 일이니 비교하지 않는다. 옆의 아이나 형제간에도 비교하지 않는다. 내가 바라는 아이가 어떤 아이인지 말하지 않는다. 기억력이 뛰어나 한 번 본 것을 빨리 기억하는 아이도 있지만 수없이 반복해야 하는 아이도 있다. 이런 여러 가지 개인능력의 차이를 관찰하여 아이들을 있는 그대로 받아들이는 태도를 체화한다. 이런 선생님은 한 아이를 다른 아이와 비교하여 A라는 아이가 B보다 우수하다거나 뒤떨어진다는 말이나 표정을 짓지 않는다. 한 명 한 명의 유아는 자신만의 잠재력을 갖고 있기 때문에 다른 사람과 다르고 성장의 과정이나 방식도 다르다는 것을 믿고 돕는다.

셋째, 한 명 한 명의 아이 내면에 신성/잠재 능력이 있다고 믿고 그 아이의 가능성이 언젠가는 피어날 것이라는 신념을 갖는다. 그래서 함부로 아이들을 모자라는 인간 또는 미성숙한 존재로 보고 말하거나 야단치지 않는다. A라는 아이의 현재가 과거보다 나아지지 않는다면 자신의 교수–학습 방법을 검토하여 그 아이에게 필요한 것을 궁리하고 적용해 보고 수정한다. 오늘보다 내일 나아지도록 돕고 기다려 준다. 한 아이 한 아이에게 알맞은 맞춤형 교육방법을 생각해 내어 아이에게 유익하게 하려는 교사는 유아중심교육을 실천해 보려는 선생님으로서 아이의 삶을 바꾸는 마술사이다.

사립 유치원에 교생을 내보냈던 유아교육과 교수가 실습 지도를 나갔다. 그녀는 유아들에게 곰살궂게 말하고 행동하지 않는 교생담당 담임교사가 마음에 걸렸다. 그녀는 원장에게 "아유, 유치원 교사가 어쩜 저렇게 '뚱' 할까요?" 했더니 그 원장은 "교수님, 아니에요. 곁에 가서 가만히 들어보면 아이들을 존중하는 말과 행동을 해요. 아이들이 저 선생님을 너무너무 좋아하는 걸요. 신념이 있어요." 했다. 이어서 그 원장은 "교수님, 아동교육철학을 공부한 것이 유아교육에 대한 신념을 갖게 하고, 유아를 다루는 태도를 다르게 만드는 모양이에요. 겉으로 보이는 태도는 유치원 선생님답지 않은데 아이들을 사랑하는 마음이 극진하거든요."라고 칭찬했다. 아이를 유아중심으로 바라보며 상호작용하는 '뚱' 선생님과, 그 선생님의 유아중심 교육철학에 기초한 수업 방식을 알아본 원장님 모두 대단한 교육자들이다.

공립 유치원 원장이었던 졸업생 K가 퇴직하며 "평생을 함께한 교직의 길에서 아동중심 교육철학을 만나게 하시어…… 바른 교육적 신념과 열정을 세우고 다지며 유아들을 가르치게 도와주셨습니다."라는 감사의 말을 보내 주었을 때, 초등학교 6년 동안 학습에 흥미를 전혀 보이지 않던 어떤 소년이 중학교에 간 후 갑자기 공부를 하기로 결정하고 "날 기다려 주는 선생님에게 배우고 싶어, 엄마. 유치원 선생님 같은 선생님."이라고 말했다는 얘기를 어머니를 통해 들었을 때, 눈물이 주책없이 흘러내렸던 것은 어수룩한 유치원 교사로서의 노력을 아이들이 느꼈다는 사실이 감사해서였다. 아이들은 느낀다. 멋있는 말로 표현하지 못하지만 자신을 향한 선생님 한 분 한 분의 사랑·관심·인정·배려의 몸짓·말·행동을……. 모두 가슴에 담으며 성장한다. 한 아이가 살아가는 과정에서 우리 유아교사들은 영유아들에게 지대한 영향을 주는 존재들이다. 그렇다면 놀이 기회를 자주 주고, 활동을 많이 마련해 주면 유아중심 교육철학을 실현하는 것일까? 아니면 유아들에게 친절하게 말하고 행동하면 될까? 사교육을 시키지 않기만 하면 유아중심 교육철학을 실시하는 것일까? 충분하지 않다. 아이들의 마음이 선생님을 향하고, 친구를 향하고, 하고 싶은 일을 찾아내고, 그것을 성취할 수 있는 방법을 궁리하고, 이를 성취하기 위해 최선의 노력을 하여 어제보다 오늘, 오늘보다 내일 느끼고 배우는 것이 더 많아져 자신감이 생길 수 있도록 바뀌게 도와주어야만 유아중심교육을 한 것이다. 아이 한 명 한 명에게 유익한 일이 일어날 수 있어야 유아중심 교육철학은 실현된다.

---

**나도 철학자**　　　　　　　　　　　　　　　#1

1-a. '나'에게 가장 중요한 것 8개를 적어 보자. 그것은 나에게 어떤 의미를 주는가?

1-b. 적어 놓은 8개 항목을 보며 내게 더 중요하게 다가오는 3개를 골라 보자. 나는 왜 이 세 항목을 골랐을까?

2. 이 책의 머리말을 읽고, 나는 왜 유아교육을 전공분야로 선택했는지 생각하여 글로 적어 보자.

3. 1학기 과목 중 흥미가 느껴지는 과목이 있는지 살펴보자. 왜 흥미가 느껴졌을까? 두려움이 느껴지는 과목이 있나? 왜 두려움이 느껴졌을까? 글로 적어 보자.

4. 나는 0~6세 연령의 유아들을 돌봐야 할 때 어떤 느낌을 가졌었나?

5. 최근 뇌과학자들은 출생 즉시부터 아기의 뇌에 인성의 기초가 형성되기 시작한다고 연구 결과를 발표하고 있다. 위의 4번에 기록한 내 느낌과 아기 뇌발달의 중요성을 연계해서 생각해 보자.

제 **2** 장

# 유아교육철학의 개념

유아교육철학을 구성하고 있는 주요 개념들을 추출한 결과, 단어는 같은데 사용하는 학자들에 따라 해석이 다른 것을 발견했다. 같은 단어가 다른 의미로 사용되면 개념 형성에 혼돈을 줄 수 있어 먼저 주요 개념을 선택하여 정리했다. 선택한 도서들은 0~6세 영유아의 교육에 대한 내용을 집필한 코메니우스의 『유아학교』, 프뢰벨의 『인간의 교육』, 듀이의 「나의 교육신조(My Pedagogic Creed)」와 『아동과 교육과정(The Child and the Curriculum)』, 『학교와 사회(The School and Society)』, 킬패트릭의 『프뢰벨의 유치원 교육원리 재조명(Froebel's Kindergarten Principles Critically Examined)』, 실러의 강연 모음집인 『실러의 아동관과 영국의 유아교육』이다.

선택한 저서에서 추출한 용어들의 의미를 정리하니 '개별성, 전인, 자유, 책임, 표현, 경험, 사회성, 사회적 합의, 흥미, 지식, 놀이, 교육내용' 12개의 단어로 축약할 수 있었다. 그런데 개별성은 유아로 하여금 전인의 면모를 갖추는 방향으로 성장한다고 철학자들은 보고 있었다. 개개인의 인간은 자유를 누릴 권리가 있지만 책임질 줄 알아야 한다고 썼기 때문에 서로 반대되는 개념처럼 보이지만 용어들은 깊은 관계가 있었다. 개별성은 → 전인이 되는 방향으로, 자유는 → 양보하고 책임지며 절제를 함께 배워야 하는 방향으로, 표현은 → 경험으로, 사회성은 → 합의할 수 있는 능력 발달로, 흥미는 → 지식으로 이어졌으며, 놀이는 → 목적이 있는 작업의 경로를 거쳐 교육내용으로 연결되었다. 12개의 주요 개념들은 쌍으로뿐 아니라 서로 순환하며 내용의 깊이가 더해지는 관계였다. 이 장에서 살펴볼 용어들은 프뢰벨 이외에도 코메니우스, 오웬, 듀이, 킬패트릭, 실러가 사용한 단어와도 겹치는 등 여러 교육철학자들이 즐겨 사용하던 개념이다. 여기에서는 이 12개의 개념을 관련성이 가장 깊은 것끼리 6개의 쌍으로 묶어 설명했다. 또한 독자들의 혼돈을 예방하기 위해 이를 다시 3개의 절로 나누었다. 1절에는 개별성과 전인, 자유와 책임을, 2절에는 표현과 경험 및 사회적 관계 맺기와 사회적 합의를 다루었으며, 3절에는 흥미와 지식의 쌍과 놀이와 교육내용의 쌍을 분리하여 설명했다. 개념에 대한 이해를 용이하게 하기 위해 각 절의 끝 부분에 '나도 철학자'라는 글상자를 두어 4개의 용어에 대한 개념을 독자 자신의 경험과 지식으로 생각해 보고 토론해 볼 수 있는 기회를 갖게 했다.

## 1. 개별성과 전인, 자유와 책임

이 절에서는 이 세상에 개체로 태어나는 아기들이 성장하면서 사회인들과 어울려 살 수 있는 전인이 되고 책임도 질 수 있게 되는 방향을 이야기하고 있다. '홀로'에서 '더불어'로 성장하는 과정을 표현하는 용어들을 설명했다.

### 1) 개별성과 전인

유아교육에서 가장 중요하게 생각하는 교육목적은 유아의 개별성

(individuality)을 길러주고 이와 함께 유아를 전인(whole child)으로 성장하게 교육하는 것이다.

개별성은 어른들이 개개인 영유아를 존중해 주는 동시에 그들이 가장 필요로 하는 사랑과 관심을 주어야만 길러진다. 어려서 개별성을 존중받지 못하면 전인으로 성장하는 것이 힘들므로 개별성은 전인이 되는 시작점이고 전인은 개별성을 갖고 태어나는 영유아들이 성장하며 맺는 인성의 열매이다.

## (1) 개별성

코메니우스, 오웬, 프뢰벨 모두 유아의 개별성을 중요하게 생각했다. 그들에게 개별성이란, 유아 개개인이 내면에 갖고 태어나는 인격적 특성이다. 코메니우스와 프뢰벨에 의하면 아기는 태어날 때부터 하나님의 특성을 닮은 신성(神性)을 갖고 태어나 점점 전인으로 성장한다. 꽃의 씨앗이 각각 다르듯, 신성의 특성이 아기마다 달라 개별성도 다르다. '내재해 있는 법칙'에 따라 내면의 신성은 다양하게 표현되고 그 속도도 다르다. 현대용어로는 개개인의 용모, 능력, 발달속도, 이해속도가 다르다는 의미이다. 갓 태어난 아기의 내면에도 하나님의 신성이 내재되어 있으므로 자기 방식대로 자유롭게 느끼고 생각하고 움직일 수 있는 기회를 주어야 한다. 어른에게는 의미 없어 보이는 움직임이지만 어린 아기에게는 쉬운 일이 아니라는 것을 인정해 주는 어른의 반응을 보며 아기들은 더 열심히 움직이고 소리 내고 표현한다. 코메니우스, 프뢰벨은 아기가 내는 소리, 몸짓, 움직임은 아기들의 개별성을 형성하는 출발점이자 아기중심교육의 시작이라고 보았다.

코메니우스, 프뢰벨이 권고한 것처럼 아기 때부터 '자기 방식대로'

표현할 수 있게 기회를 주면 조금씩 사물, 자연, 사람, 하나님과의 관계에 대해 알게 되면서 개별성이 활성화된다. 후성유전학자들이 검증하려고 노력하는 가설은 어린 시절의 트라우마가 뇌에서 유전자 발현에 변화를 초래하며, 그 변화가 후성유전 메커니즘을 통해 만들어지거나 유지된다는 것이다. 이렇게 후성유전적 조정을 통해 생겨난 유전자 발현 이상(異狀)은 나중에 어른이 되었을 때 정신질환 위험에 취약하게 만든다. 최근의 과학자들은 이것이 그저 그럴싸한 가설에 불과한 게 아님을 시사하는 데이터를 얻기 시작했다. 후성유전 단백질은 어린 시절의 트라우마가 미치는 영향을 프로그래밍하는 데 큰 영향을 미친다. 그뿐만이 아니다. 후성유전 단백질은 어른의 우울증, 약물중독, '정상 기억'과 관련이 있다(Carey, 2015, p. 335).

영유아들의 뇌를 연구한 최근의 결과들은 잘못된 양육이나 경험이 영구적으로 뇌에 손상을 입히는 것을 계속 발표하고 있다. 특히 뇌의 정서적 기능에 부정적 입력을 받은 유아들은 누군가가 개입하여 이를 적극적으로 치료해 주지 않는다면 범죄, 우울증, 감정 맹인이 되거나 자신감을 잃는 것을 발견하였다. 유아기 자녀의 지식 습득에만 열심인 한국의 많은 학부모들은 지식에 앞서 사랑으로 양육해야만 할 것이다. 유아들의 발달에 적합한 놀이와 게임, 흉내 내기, 심지어는 영아들의 의미 없어 보이는 움직임들조차 모두 영유아의 개별성을 증진시키는 일이므로 개별성이 길러질 기회를 많이 주어야 한다.

영유아기부터 학습자료를 공부하게 하면 개별성보다는 유아를 타인 의존적, 복종적으로 성장하게 할 가능성을 높인다. 궁극적으로 인간이 성취해야 할 인성의 열매는 전인으로 성장하는 것인데 이는 개별성이 제대로 자리 잡아가야 가능한 일이다. 어려서 가정이나 학교에서 사랑과 인정을 받지 못한 유아는 뇌에 사랑이 입력되지 않아 커서 심맹(心盲)이 될 가능성이 높다. 다른 사람과 의사소통하는 방법을 모르는 어른으로 자랄 확률도 높아진다. 유아교육의 목적은 일차적으로 유아의 내면적 욕구 또는 심리적 수준을 고려하여 유아의 개별성을 최대한 이끌어 내는 동시에 궁극적으로는 전인이 되게 하는 것이다. 프뢰벨은 부모와 교사들이 아기의 신성이 각각 다르게 피어나는 것을 받아들이고, 아이의 표현에 긍정적으로 반응해 주며 표현의 기회를 준다면, 대단한 노력 없이도 유아의 개별성이 제대로 발달한다고 했다. 프뢰벨은 발달이 유연한 시기에 자녀의 본성에 역행해서 부모가 원하는 지식을 습득하도록 강요하는 것은 그 아이의 신성 발현 과정을 방해하는 것이라며 아이들에게 해롭다고 했다.

　6·25 전쟁 때 우리 가족은 피난민 무리에 밀려 부산 해운대(현재 파라다이스 호텔이 있는 곳이 우리들의 놀이터였다)에 살게 되었다. 조그만 어촌이었던 해운대에는 피난민 아이들을 받아줄 학교가 없었다. 2년 후 천막 국민학교가 세워져 난 4학년이 되었다. 1학년부터 6학년 아이들이 학년마다 한두 명씩 허름한 천막 안에 앉아 있는 혼합 반이었고 선생님은 딱 한 분이셨다. 그런데 그 선생님께서 '○○ 방식으로' '내재해 있는 법칙에 따라' 교수법을 쓰셨다. 이는 유아교육을 전공하고서야 깨달은 사실이다. 각자도생(各自圖生) 방식을 쓰지 않으면 나이, 학업수준, 학년이 다른 학생들을 가르칠 수 없는 상황이어서 선생님께서는 2년간이나 학교를 다니지 못해 더하기 빼기도 못하는 내게 '○○ 방식으로' '이해 수준에 따라' 가르치셨다. 바닷가 조개껍질을 많이 주워 오게 해서 더하기, 빼기, 곱하기, 나누기를 하며 터득하게 하셨다. 도무지 이해를 못하면 옆에 앉아 질문을 하셨고, 내 실수의 원인을 관찰

한 후 쉽게 터득하도록 도우셨다. 그 후 문제지를 풀게 하셨다. 문제를 푸는 동안 다른 학년 아이를 '○○ 방식으로' 도와주러 가셨다. 대학 입학 전까지 가장 좋아하고 잘하는 과목이 수학이었던 것을 생각하면 '○○ 방식으로'라는 개별성을 고려한 선생님의 교수-학습 방법이 효과가 있었던 것이다.

### (2) 전인

아기가 태어나자마자 버리거나 죽이는 등 함부로 대하던 중세시대에 코메니우스는 아기들의 인권을 최고 수준으로 존중해 주었을 뿐 아니라 예수님의 가르침대로, 아기는 사랑해 주어야 하는 존재, 하나님의 형상을 가진 전인적인 존재임을 강조했다. 코메니우스는, 만일 어머니가 영유아기 자녀를 육체·의식·정신이 조화된 전인(全人)으로 양육 및 교육하지 못한다면 모든 것에 실패하는 것이라고 했다. 코메니우스는 "만약 어떤 이가 (아기를 전인으로 기르는 것보다) 금과 은을 더 사랑한다면, 하나님의 심판이 그의 어리석음에 내려질 것이다."라고 말할 정도였다. 요즈음 유아교육자들은 유아기의 전인교육을 의미할 때 'the whole child'라고 쓰는 반면, 코메니우스는 'the whole man'이라고 쓴 차이점에 대해 생각해 볼 필요가 있다. 프뢰벨은 태어나는 순간부터 아기의 마음에 신성이 있어 전인이 될 가능성을 갖고 태어나며 양육과 교육에 의해 발현되도록 돕는다는 의미로 사용했지만, 코메니우스는 어른이 되어 갖게 될 전인적 특성에 더욱 강조점을 두고 설명했다. 아이들은 신성한 하나님의 영광을 나타내는 특별한 도구, 금과 은보다 소중한 존재, 영원불멸의 유산, 천사로 하여금 지키게 하는 존재, 하늘로부터 부모에게 내려진 존재이므로 내 마음대로 개조해야 하는 대상이 아니다. 따라서 하나님이 원하시는 전인적 인성을 언젠가 가질 수 있도록 교육하라는 코메니우스의 경고는 전인으로 성장하도록 끊임없이 도와야 하는 어른의 역할을 강조하는 것이었다. 코메니우스는 아이가 어른에 의해 형성되는 것이고, 프뢰벨은 태어나는 순간부터 스스로 표현하는 것으로서 전인으로의 성장이 시작된다는 것이 다르다.

코메니우스 사후 156년이 지나서, 프뢰벨은 "모든 사람들은 하나님의 자녀로서 또한 인류의 한 사람으로서 …… 신성을 가진 전인(as a whole)"으로 태어나므로 아기가 출생한 직후부터 부모와 교사는 아기를 기쁨, 감사, 기도로 키울 뿐 아니라 스스로 표현할 수 있는 기회를 주어야 한다고 믿었다. 아기들은 내면의 신성을 몸으로, 감정으로 표현하다가 어설프지만 소리로 표현하게 되고 시간이 흐를수록 말로 소통할 수 있게 된다. 유아기로 접어들면 아이 내면의 신성은 바깥 세계의 나무, 꽃 등 자연물과 연결되기 시작할 뿐 아니라 어울리며 생활하게 되어 말로 느낌과 생각을 나누고 활동도 함께 하며, 하나님의 통일성을 알아간다. 그러므로 우리 어른들은 "유아를 통일성 있는 한 명의 인격체, 즉 전인으로 대하라."라고 했다.

전인이란 자기 혼자만의 이득을 챙기는 것이 아니라 다른 사람을 소중히 여기며 생활하는 사람이다. 따라서 부모와 교사는 상호의존적인 존재라는 의식을 아이들 마음에 새기는 것이 유아들을 전인으로 교육하는 것이다. 앞에서 알아본 코메니우스와 프뢰벨의 전인 개념은 성경에 나오는 정신과 영혼의 통일성을 알며 모든 측면에서 인격의 조화를 이루는 상태를 의미했지만, 아동발달에 대한 연구가 활발해지면서 전인이라는 개념은 변화되었다. 아동발달학 전문가들은, 발달의 다양한 측면이 조화롭게 통합되는 상황을 전인으로 성장하는 것으로 사용하기 시작했다. 현대에는 신체 건강, 정서적 안녕, 사회성, 지적 능력이 조화롭게 발달하는 것을 '전인 발달'이라고 한다.

20세기 미국의 교육철학자 듀이는 '전인'이란 용어를 쓰지 않았다. 그 대신 통합·통일성·통일체(unification·unity·holism)라는 단어를 사용했다. 이 단어들에 대해서도 듀이는 코메니우스나 프뢰벨과는 다른 의미를 부여했다. 듀이는 코메니우스나 프뢰벨과 달리 unification과 unity를 '헤아릴 수 없는 전체로서의 우주'로 설명했고, '사회적 공동체의 일원이 되는 것'을 교육의 목표로 했다. 프뢰벨과 달리 듀이는, 아기들은 '미숙한 존재(The immature being)' '피상적인 존재' '경험이 적은 존재'로 태어나기 때문에 사회문화적 환경의 영향을 받아야만 통일성 있는 발달을 한다고 생각했다(Dewey, 1906). 그래야 유아들의 잠재 능력을 이끌어 내어 미숙한 상태에서 벗어나 사물에 대한 지식의 폭도 넓어지고, 도덕성도 갖게 되며, 다른 사람과 관계를 맺으며 통일성을 가진 사람이 된다는 것이다.

코메니우스와 프뢰벨은 태어날 때부터, 아니 그전부터 아기들이 신성을 가진 전인적인 존재로 태어난다고 보고, 신성이 피어나도록 기회를 주어 그 가능성이 스스로 피어나게 하는 것이 전인교육이라고 했던 반면, 듀이는 사회적 상황이 아기의 잠재 능력을 자극하여 사회공동체의 일원(a member of a unity)이 되게 하여야 통일성 있는 인성을 갖게 된다고 보았다. 즉, 아기들은 외부로부터 받는 영향을 통해 통일체로 된다고 보았다.

우리나라에서 전인교육을 중요하게 생각했던 역사적 기록은 1914년부터였다. 이화여대 부속 유치원의 원장을 역임했고, 1918년 중앙

감리교회 내에 설립되었던 중앙유치원의 원장 및 아현감리교회 부설
유치원의 원장도 겸임했던 밴플리트(Van Fleet) 선교사에 의해 기록으
로 남아 있다. 밴플리트 선교사가 그 당시 유치원 교육목적으로 제시
했던 내용은 당시의 문서로는 남아 있지 않고, 문교부 고시 제87-9호
의 '유치원 교육과정 해설'에 다음과 같이 기록되어 있다(문교부, 1987a,
p. 20).

① 신체적 복지의 배려
② 지적 발달
③ 어린이에게 적합한 환경
④ 그림, 음악, 극, 언어를 통한 표현과 기타 다양한 표현활동
⑤ 자제력
⑥ 종교적 충동의 개발
⑦ 어린이의 만족과 행복

밴플리트 원장이 우리나라 정부 수립 후 처음으로 기록한 정동 이화
유치원의 교육목적은 신체적 복지·지적 발달·사회성(자제력)·정서
발달(만족과 행복, 표현활동) 4개 항목이 주축을 이루고 있다. 19세기 말
유럽과 미국에서 시작된 아동심리학, 아동발달 이론에 기초하여 교육
목표를 4개 발달 영역에 기초해서 세우기 시작한 것과 맥락이 같다. 이
시기에 밴플리트 선교사가 적용한 '전인'의 의미는 코메니우스와 프뢰
벨이 중요하게 여겼던 신성발현으로 정신과 영혼이 통합하여 전인으
로 성장한다는 의미가 아니었다. 대신 발달의 4개 영역, 즉 신체 건강,
정서적 안정, 원만한 사회적 관계, 지적 발달이 균형 있게 발달하는 유

아로 교육한다는 개념이었다.

1979년 국가수준 유치원 교육과정에서 궁극적인 인간상을 전인(全人)으로 하고, 교육과정을 발달 영역인 사회정서 발달, 인지 발달, 언어 발달, 신체 발달 및 건강 영역으로 나눈 것도 아동발달학의 영향이었다. 1970년대 이후 우리나라 유치원 교사양성 교육과정에 유아/아동교육철학은 없었고 아동심리, 아동 발달, 아동연구, 교육심리와 같은 과목들이 포함되었었던 것도 이와 같은 변화 때문이었다. '유아의 전인 발달'을 교육목적으로 설정하고, 교육목표는 신체 발달, 언어 발달, 인지 발달, 정서 발달, 사회성 발달 영역의 총체적인 발달을 전인교육으로 보는 기조는 지금까지 이어져 오고 있다.

## 2) 자유와 책임

정신분석의 제3학파인 로고테라피 학파를 창시한 빅터 프랭클(Vikor Emil Frankl, 1905~1997)은 히틀러 시대에 유대인이라는 이유로 온 가족이 수용소에 수감되어, 크고 작은 모든 행동이 감시 대상인 상황에서 살았다. 프랭클은 가혹한 정신적, 육체적 스트레스를 받는 그런 환경에서도 인간은 정신적 독립과 영적인 자유를 간직할 수 있다는 결론을 내렸다. "…… 인간에게서 모든 것을 빼앗아 갈 수 있어도 단 한 가지, 마지막 남은 인간의 자유, 주어진 환경에서 자신의 태도를 스스로 결정하고, 자기 자신의 길을 선택할 수 있는 자유만은 빼앗아 갈 수 없다. 척박한 환경에 있는 사람도 자기 자신이 정신적으로나 영적으로 어떤 사람이 될 것인가를 선택할 수 있다."(Frankl, 2006)

## (1) 자유

'자유'라는 단어는 노예에서 해방된 시민들이 저항하며 처음 사용했다. 그러나 일반 시민들이 귀히 여기는 단어가 된 것은 17세기에 유럽인들이 국가 통치권자를 투표로 선출하겠다며 '자유의 깃발'을 든 때부터이다. 정치적 자유는 프랑스의 경우, 남성들에게는 1789년에 주어졌고 여성들에게는 1946년에 주어졌다. 여성들에게도 선거할 수 있는 정치적 자유를 주는 데 157년이 더 걸릴 만큼 성차별은 아주 견고했음을 알 수 있다. 참고로 여성의 참정권은, 영국은 1918년, 미국은 1920년에 주어졌고, 우리나라는 1948년 8월 대한민국 정부가 수립되었을 때부터 보장되었다(네이버 지식백과). 정부 수립 초창기에 중앙대학교 설립자 임영신 박사, 민주당 당대표였던 박순천 여사가 국회의원으로 선출되어 활동했고 이화여대 김활란 총장 역시 1948년 8월 대한민국 대표로 UN 대사로 파견되었을 정도로 우리나라는 대한민국으로 건국되자마자 여성들에게 참정권이 주어졌다. 미국에서 독립운동을 했던 초대 대통령 이승만 박사가 건국 대한민국을 조선왕조로 되돌리지 않고 자유민주주의 국가로 세웠기 때문이었다.

건국 초기 여성의 정치적 자유를 신속히 보장해 주었던 우리나라도 영유아의 인권 및 자유에 대해서는 소극적이었다. 성차별보다 더 오랫동안 0~6세 영유아들의 교육받을 권리가 보장되지 않았었다. 듀이도 1894년 교육철학을 체계화할 때부터 7~12세 초등학교 연령아동을 대상으로 이론을 전개했다. 아동의 연령이 어릴수록 모든 책임을 가정에 전가하고 국가 차원에서 유아들에게 양질의 교육을 받을 기회와 권리를 보장해 주지 않았다.

1979년 UN이 선포한 '세계 어린이의 해'는 우리나라 영유아에 대한 사회적 · 국가적 관심을 일깨웠다. OECD 회원국이 되고자 했던 정부는 선진국처럼 영유아의 인권에 대한 정책을 만들기 시작했고(1996년 12월 12일 대한민국 OECD 가입), 유아가 누려야 할 자유가 무엇인지에 대해서도 논의하기 시작했다.

유아에게 자유의 의미인 '자기 방식대로'라는 용어를 처음 쓴 교육철학자는 코메니우스이고, 그다음은 프뢰벨이었다. 프뢰벨은 0~6세 유아들은 물론 갓 태어난 아기에게도 자유를 주어 '자기 방식대로' 표현하게 했다. 원하는 것을 어른들에게 말로 표현할 수 없는 아기들이 스스로 움직이고 옹알거리고 울고 찡그리며 표현하는 것이 자유로워야 한다는 뜻이다. 아기에게도 자유를 주라고 한 프뢰벨의 글에 감동한 킬패트릭은 프뢰벨이야말로 아기에게, 영유아에게, 아동에게 자유를 주었다고 평가했다.

프뢰벨은 그의 저서 『인간의 교육』에서 인간은 태어날 때부터 어른이 될 때까지 신성을 스스로 표현하고 싶어하므로 '좋은 교육, 진실한

교수, 진정한 훈육에 필요한 것은 자유'라고 보았다. 아기 때부터 이런 과정을 거치며 양육된 아기들은 성장하는 과정에서 스스로 선택할 수 있는 능력을 갖게 된다. 외부로부터 강요를 받을 때라도 기가 죽거나 위축되지 않고 내적 자유의지를 표현할 수 있게 되어 자기결정 능력이 있는 어른으로 성장할 뿌리가 생기기 때문이다.

프뢰벨은 부모와 교사들에게 '인간 발달의 출발점은 자연성과 신성'임을 잊지 말라고 강조했다. 아기가 태어나는 그 순간부터 그들 내면의 자연성과 신성이 자유롭게 피어나도록 돕는 어른은 교육의 출발점 · 과정(process) · 도착점을 영유아에게 초점을 두고 교육하는 것이다. 꽃씨가 스스로 뿌리 내리고 싹트고 꽃 피우며 열매를 맺듯이 영유아에게는 능동성을 주고, 교사들은 수동적으로 주의 깊게 관찰하며 도와야 한다. 어느 유아가 그림을 못 그리겠다고 하자 프뢰벨이 "네가 그릴 수 있는 것을 함께 찾아보자."며 주변을 관찰하며 함께 찾아본 것은 유아로 하여금 자기가 그리고 싶은 물건을 스스로 선택하도록 안내한 것이다. 프뢰벨의 관찰에 의하면 유아들은 '자기 방식대로' 자유롭게 표현할 수 있게 되는 순간 선생님의 손을 밀어냈다. 유아의 자발성을 관찰한 프뢰벨에 의하면 유아들이 '자기 방식대로' 그릴 수 있게 돕는 유치원 교사야말로 교육의 출발점 · 과정 · 도착점을 유아로 하여 유아중심교육을 하는 교사이다. "많은 어른들이 하나님과 자연은 인정하지 않고 자신이 중요하다고 생각하는 지식을 '어른 마음대로' 가르치려고 끊임없이 시도하며 잘못을 저지르는데, 이는 카드로 집을 짓는 것과 같다."는 것이 프뢰벨의 철학이었다. 어른들이 아이들에게 "성장의 싹이 있으며 유아기에 이를 싹틔워야 한다는 사실을 믿지 않는다. ······ 아주 작은 징후라 할지라도 아이들의 됨됨이와 미래의 모습이 이미 아이 안에 존재하고 있으며 이 가능성이 아이의 내면에서부터 시작하여 외부로 나타난다는 사실을 인지하여야만 유아들에게 자유를 줄 수 있다." 어른 중심으로 가르치거나 따라하게 하지 말고 자유롭게 '자기 방식대로' 신성이 표현될 수 있는 기회를 주고 이를 잘 관찰하고 있다가 그 아이에게 알맞은 내용을 유아중심 교수-학습 방법으로 돕는 것이 자유를 주는 유아교육이다.

프뢰벨 사후 120년이 지나, 영국의 초등학교 아동들에게 아동중심 교육을 적극적으로 실천한 실러는 "아기들은 태어날 때 선택 능력이 없어 무력하지만 태어나는 순간부터 선택의 힘이 생기기 시작"한다면서 아기들에게도 자유를 주었다. 실러는, "아기들에게 자유란 자기가 하고 싶은 대로 해 볼 수 있는 기회가 있고 능력이 있음을 느끼는 상태"(Griffin-Beale, 1995, pp. 81-90)라고 정의했다. 실러가 의미하는 "자유는 …… 성장하게 하거나 성장을 막는 힘이다." 유아들에게도 마찬가지여서 자유는 유아의 선택 능력을 향상시켜 "생활에 특별한 가치를 주는 힘이다."

실러도 프뢰벨처럼 "보통 어머니라도 사려가 깊다면 …… 자유로운 아기로 양육할 수 있다."고 생각했다. 영유아의 말과 행동은 어설프지만, '자기 방식대로' '다양한 방법'으로 해 보도록 자유를 주면 어느 날 할 수 있게 되는 것을 실러도 관찰 결과 알게 되었다. 물론 어머니의 상황이 더 힘들고 어렵지만 갓난아기에게 자유를 주는 일은 제1순위로 중요하니 엄마들은 마음을 차분히 진정시켜야 한다. 어려운 상황을 차분히 처리하는 일이 아기들에게 너무나 중요하기 때문이다.

유아들에게 자유를 준다고 해서 모든 양육과 교육이 순조롭게 진행되는 것은 아니지만 아기 때부터 자기 방식대로 해 볼 수 있는 기회를 갖는 것은 대단히 중요하다고 생각한 프뢰벨에 대해 킬패트릭은 유아중심교육, 아동중심교육은 물론 아무도 생각하지 못했던 아기중심교육까지 시작했다며 프뢰벨을 존경했다. 아이들을 사랑하고 자유로운 학습 분위기로 운영되는 교육을 실현하기 위해 일생을 바친 교육철학자라고 칭송도 했다.

킬패트릭의 연구에 의하면, 프뢰벨이 아기에게 자유를 주게 된 계기는 그의 아픈 경험에서 비롯되었다. 생후 11개월에 어머니를 잃고 계모로부터 사랑 대신 무관심과 홀대를 받자, 집 근처 숲에서 혼자 놀며 배웠던 경험에서 '자기 방식대로' 해 보는 자유의 중요성을 그는 터득했다. 아기부터 큰 아동에 이르기까지 조카들의 성장과정을 세심히 관찰한 결과 프뢰벨은 갓 태어난 아기에게 '자기 방식대로' 표현할 자유를 주면 기회가 될 때마다 움직이려 하고 소리를 내며 눈빛을 보내는 것을 관찰했다. '갓난아기에게 자유를 줄 수 있을까?'라는 의문을 갖는 이들도 있겠지만 킬패트릭은, 프뢰벨처럼 아기의 눈으로 보고, 아기의 귀로 들으려 노력하며, 차분한 마음을 가진 사람은 아기에게, 영유아에게, 아동에게 자유를 줄 수 있다고 강조했다.

프뢰벨은 아기가 스스로 움직일 수 있는 기회를 갖게 되면 옹알이도 더 많이 하고 움직임도 활발해지는 것을 관찰했다. 아기뿐 아니라 영유아들에게도 계속 자발적으로 움직일 수 있는 기회를 준다면 아기 내면의 신성이 발현되어 어휘력과 언어 표현이 더 많이 향상되는 것도 발견했다.

과거나 현재나 학부모들 중에는 이러한 프뢰벨이나 실러의 교육철학을 따르지 않는 어른들이 많다. 어려서부터 지식중심으로 교육을 시키지 않고 자유를 주면 버릇없이 자랄까 봐 걱정이고, 커서 다른 집 아이들만큼 공부를 못할까 봐 걱정이 되어 '엄마 방식으로' 아이를 양육하고 교육한다. 또 이른 시기에 지식을 가르치지 않으면 좋은 학교에 진학하지 못할까 봐 아이의 발달 수준에 맞지 않는 선행학습을 시키기도 한다. 자기 방식이 아니라 '다른 사람의 방식으로' 지식을 주입받은 아이들은 '난 못해.'라는 마음가짐을 갖는 것을 프뢰벨은 200년 전에 관찰했다. 특히 연령이 출생에 가까울수록 자기 방식대로 표현해 볼 수 있는 기회를 많이 가져야 한다.

### 자유에 대한 듀이의 견해

듀이가 제시한 자유의 개념은 초등학교 이상의 큰 학생들을 대상으로 하는 내용을 담고 있다. 그는 갓난아기를 비롯한 0~6세 유아들에게 자유를 주어야 하는지에 대해 개념을 정립한 적은 없다. 듀이는 초등학교 아동들에게 100%의 자유를 주는 교육은 방임으로 이어진다고 우려를 표현했다. 이러한 개념은 그가 치펙의 '자유화 그리기 교실'을 방문했을 때 정리한 개념이다(Dewey, 1926). 듀이가 처음 교실에 들어갔을 때, 아동들은 자유롭게 그림주제, 종이, 물감 등을 선택한 후 어른이 도와주지 않아도 '자기 방식대로' 열정적으로 그리는 것을 관찰했다. 내면으로부터 나오는 표현욕구도 보았다. 아동들은 행복해했고 유쾌했으며 즐거움이 넘쳤다. 그러나 시간이 지날수록 아동들은 점점 불안정해졌고 나중에는 싫증을 냈다. 듀이는 이를 관찰한 후, 결국 아동들은 그림을 더 잘 그리고 싶어 했고 도와줄 교사를 필요로 한다고 했다. 그 결과, 듀이는 아동들이 실제적인 의미를 발견할 수 있도록 교사는 교육내용을 선택하고 이를 교재로 만드는 일을 해야 한다고 보았다.

듀이는 "교과내용은 아동을 교육하는 최종목적이고 교수-학습 방법을 결정한다."고 『아동과 교육과정』에서 밝혔고, 1943년 이 책을 다시 출판할 때도 아동은 체계화해 놓은 교육내용을 학습하는 데 흥미를 가질 필요가 있다고 한 것으로 보아 주지주의(主知主義)자였음을 알 수 있다.

그의 교육철학에 대해 커크는, "듀이는 루소에게서 뽑아낸 자연주의 교육 이론에 따라 …… 아이들은 본인들의 고유한 성향에 충실하도록 격려되어야 한다."고 했지만, 아동의 발달과 흥미에 알맞은 교육내용을 전문가가 선택하여 체계화해야 한다고 함으로써 이율배반적인 제안을 했다. 교육과정 전문가가 아동의 흥미와 발달 수준에 알맞은 교육내용을 점진적 단계에 따라 교육함으로써 아동들이 배워야만 하는 지식체계를 학습하도록 도와야 한다고 했기 때문이다. 다른 측면의 철학적 개념에 대해서도 일관성 없는 태도를 보인 듀이에 대해 커크는 "…… 듀이에게 교육은 단순히 전문가의 길을 여는 관문에 지나지 않았다. …… 이 파괴적인 지적 혼합물은 …… 어설프게 교육받은 혼란스러운 군중 사이에서는 말할 것도 없고, …… 조금 더 심각한 부류의 사람들 사이에서도 듀이의 주장은 퍼져나갔다."며 듀이의 교육철학을 부정적으로 평가했다(Kirk, 2018).

### (2) 책임

'자유와 책임'의 관계를 처음 말한 철학자는 루소(Jean J. Rousseau, 1712~1778)였다(Rousseau, 1976, p.3). 루소는 12세 이전의 아이들은 자연에서 뛰어놀 수 있는 자유를 주어야 한다고 생각했다. 자유롭게 뛰어노는 시기를 거친 후 12세가 지난 후에 '로빈슨 크루소'처럼 호기심을 일으켜 자연을 탐색하는 내용의 책을 읽히는 것으로 지적 교육을 시작하는 동시에 자신을 안전하게 보호해야 하는 것을 알게 하고, 다른 사람들도 자기처럼 자유가 있어야 하므로 책임과 함께 절제하고 양보도 해야 한다고 가르쳐야 한다. 미국의 루소연구가인 데이비슨은 루소야말로 현대 사람들이 '자신의 인생, 자유, 행복추구'를 생각하게 해

준 교육철학자라고 평가했다(Davidson, 1970, p. 233). 루소의 생각과 같이 듀이도 다른 사람들에게 폐를 끼치지 않아야 한다는 것, 잘못했을 때 책임을 인정하고 상대방의 자유를 존중할 줄 알아야 사회구성원이 함께 자유로워야 함을 강조했다.

프뢰벨 이후 영국에서 옥스퍼드 운동을 했고 나중에는 로마 가톨릭 추기경이 되었던 뉴먼(John Henry Newman, 1801~1890)은 도량이 컸고, 탐구적이었으며, 교육에 관심이 많았다. 자유에 대한 개념을 정립해 존경을 받았던 그는 사망 후 '마음에서 마음으로'라는 묘비명을 받을 정도로 많은 영향을 끼친 철학자였다(Kirk, 2018). 뉴먼 추기경은 "자유주의적 교육이란 마음대로 다 부숴버려도 된다는 의미가 아니다." "신의 계율이 미치는 범위 안에서 사는 자유를 말한다. 자유주의적 교육은 자유로운 인간의 지적인 훈련이다. …… 그래야 자유로운 교육을 받은 사람이 자신의 지성에 질서를 갖게 된다."고 했다.

0~6세의 영유아들도 마찬가지이다. 큰 아동들처럼 양보 · 절제 · 책임감 갖기를 완벽하게 할 수는 없으나 그 방향으로 천천히 조금씩 향해 가야 한다. 아기에게는 많은 자유를 주어 자유롭게 표현하게 하고, 유아교육기관에 다니는 유아는 다른 사람의 자유를 침해했을 때 잘못을 인정하고, 손해는 책임지고, 많이 가졌을 때는 양보해서 나누어 갖는 등 상황마다 유아들과 대화하여 그 문제에 대해 생각해 보며 기초적 수준의 합의행위를 경험해 보게 해야 한다. 양보 · 절제 · 책임 · 욕구통제를 배우게 도와야 한다는 뜻이다.

다른 친구의 놀잇감으로 놀고 싶을 때, 그 친구에게 직접 "○○야, 너 다 놀고 난 후에 내가 갖고 놀 수 있어? 너 끝날 때까지 기다릴게."라고 말할 수 있고, 기다리겠다고 한 말에 책임도 질 줄 알아야 한다.

징징 울면서 선생님께 가서 "쟤가 혼자만 놀아요." 하며 고자질하는 아이, 자신이 원하는 것이어서 꼭 갖겠다는 욕심으로 무조건 힘으로 뺏는 아이는 선택의 자유를 유보하게 하는 것도 양보 · 절제 · 책임 · 욕구통제를 배우게 하는 방법이다. 자신의 말과 행동으로 친구가 피해를 입었을 때도 "미안해."라고 말해야 할 때와 책임 있게 망가진 부분을 고쳐주어야 할 때를 판단해야 하는 것도 생각해 보게 한다.

유아중심 교육철학은 유아의 관심이 쏠리는 활동을 스스로 선택하여 자기 생각대로 해 보게 기회를 주는 것을 중요하게 생각한다. 그러나 유아의 행동방식은 유아의 수만큼 많아 이들의 자유를 100% 허용하는 것은 불가능하다. 하고 싶은 대로 다하게 한다면 안전사고도 일어날 수 있고 다른 유아의 자유를 침해하는 일도 생긴다. 자유와 함께 교사들이 고민해야 하는 문제는 영유아들이 그들의 자유를 '언제? 어떻게? 양보하고, 절제하며, 책임져야 하는지'에 대해 알고 행동하는 방향으로 향하게 하는 것이다. 자유롭게 뛰어노는 아이들이 위험에 처하지 않는지, 안전사고가 나지는 않을지, 서로 어느 정도 양보하고 타협하게 도와야 할는지에 대해 판단해야 한다는 의미이다.

0~6세 영유아들에게 '자유'라는 용어 자체는 이해할 수 없는 말이지만 이들은 자신이 원하는 것이 무엇인지, 필요한 것은 무엇인지에 대해서는 본능적으로 안다. 또 그들은 자신의 감정을 소리 · 움직임 · 표정 · 말로 표현할 수 있으며 자신이 원하는 것이 무엇인지도 안다. 그리고 자신이 원하는 것을 얻기 위해 선택할 줄 알고 이를 행동에 옮길 수 있다. 단지 어른들처럼 추상적인 개념의 자유에 대해서는 관심도 없고 이해하지도 못하므로 그들의 수준에 알맞은 방식으로 '자유와 양보 · 절제 · 책임' 간의 관계를 알게 해야 한다. 따라서 부모와 교사는

영유아 발달에 적합한 수준에서, '유아의 방식대로' 표현하는 말과 행동에 기초하여 내가 '갖고 싶은 것, 하고 싶은 것, 화나는 것, 때려주고 싶은 상황'과 저 친구가 '갖고 싶은 것, 하고 싶은 것, 화나는 것, 때려주려고 벼르는 상황' 사이에 합의점을 찾도록 도와야 한다.

영유아가 자유와 양보·절제·책임·욕구통제의 관계를 이해하려면 출생 즉시부터 어른의 도움이 절대적으로 필요하다. 사회적 규범이어서 다른 사람과의 상호작용에 의해 터득해야 하므로 자유로운 표현이 주가 되어야 하는 아기들은 영아들보다, 영아들은 유아들보다, 유아들은 아동들보다, 아동들은 어른들보다 이 내용을 이해하기 힘들다. 따라서 연령이 어릴수록 자유와 양보·절제·책임의 관계를 터득하게 해 주는 어른이 반드시 있어야 한다. 젖을 빨던 아이가 갑자기 엄마 얼굴을 향해 만족스러운 옹알이를 하면, "○○야. 이제 그만 먹자?" 하는 동시에 옹알이의 억양을 따라 반응해 주며 옷매무새를 고치면, 아기는 엄마의 대응 행동을 보며 젖 먹기를 그만할 때 비슷한 옹알이를 하며 자유와 조절의 관계를 조금씩 느끼며 성장한다.

최근 뇌를 연구한 학자들에 의하면 아기들은 자신을 사랑하는 사람이 누구인지 출생 후 2시간 이내에 느낄 수 있다고 한다(Lieberman, 2015). 따라서 어른에게 전적으로 의존하며 성장해야 하는 신생아이지만 아기들이 원하는 것을 눈짓, 움직임 등으로 표현할 때 유심히 관찰한 어른이 도움을 주면 조금씩 누가 자신의 필요를 채워주는지, 도와주는지, 행복하게 해 주는지, 언제? 어떤? 상황에서 떼 부리지 말아야 할지 등을 알기 시작한다. 또한 자신이 누리고 있는 자유를 양보하고 절제해야 하는 경우도 알게 될 것이다. 그런 일이 일어나는 과정에서 아이의 사회적 관계가 향상된다. 유아교육계에서는 영유아가 "해야 할 일과 하지 말아야 할 일을 구분할 수 있다."라고 국가수준 유치원 교육과정의 사회 영역에 제시했다.

### 극한 상황에서 인간은 얼마나 자유로울 수 있을까?

히틀러 시대에는 유대인이라는 이유로 온 가족이 수용소에 수감되어, 수용소 생활이 유일한 주변 환경에 살게 되었다. 크고 작은 모든 행동이 감시 대상인 상황에서 인간이 자유로울 수 있을까? 정신분석의 제3학파인 로고테라피 학파를 창시한 빅터 프랭클(Viktor Emil Frankl)은 가혹한 정신적, 육체적 스트레스를 받는 그런 환경에서도 인간은 정신적 독립과 영적인 자유의 자취를 간직할 수 있다는 결론을 내렸다.

"…… 인간에게서 모든 것을 빼앗아 갈 수 있어도 단 한 가지, 마지막 남은 인간의 자유, 주어진 환경에서 자신의 태도를 결정하고, 자기 자신의 길을 선택할 수 있는 자유만은 빼앗아 갈 수 없다는 것이다.

수용소에서는 항상 선택을 해야 했다. 매일같이, 매 시간마다 결정을 내려야 할 순간이 찾아왔다. 그 결정이란 당신으로부터 당신의 자아와 내적인 자유를 빼앗아 가겠다고 위협하는 저 부당한 권력에 복종할 것인가 아니면 말 것인가를 판가름하는 것이었다. …… 그 수감자가 어떤 종류의 사람이 되는가 하는 것은 그 개인의 내적인 선택의 결과이지 수용소라는 환경의 영향이 아니라는 사실이 명백하게 드러난다. …… 그렇게 척박한 환경에 있는 사람도 자기 자신이 정신적으로나 영적으로 어떤 사람이 될 것인가를 선택할 수 있다는 말이다."(Frankl, 2006)

### 나도 철학자

#2

1-a. 개별성은 누구나 갖고 있는 인격의 특성이다. 나는 내 성격에 만족하는가? 만족하지 못한다면 어떤 점을 고치고 싶은가? 난 왜 이런 성격적 특징을 갖게

되었을까? 가족 중 내 특성과 비슷한 성격을 가진 사람이 있나?

1-b. 나를 원의 가운데에 두고 동심원을 그려보자. 중심에 있는 나와 가장 가까이 있는 사람은 누구인가? 그다음은? 그들은 왜 내 마음에 가까운 사람인지 이유를 생각해 보자.

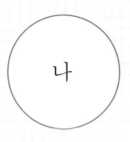

2. 35쪽에 소개된 천막 학교 선생님을 떠올려 보자. 내가 만났던 선생님 중 이분처럼 전인적 인성을 가진 선생님이 계셨는가? 그 선생님이 제일 먼저 떠오르는 이유는 무엇일까?

3-a. 자유와 양보 · 절제 · 책임은 서로 상반된 위치에 있는 개념이다. 이 두 요인을 조화롭게 운용할 수 있는 사람은 다른 사람들과 원만히 살아갈 수 있지만 그렇지 못한 사람은 사회적 관계 형성에 어려움을 겪는다. 나는 내 자유를 얼마나 중요하게 여기며 생활하고 있는가?

3-b. 상대방이 내 자유를 존중해 주지 않는 상황을 겪은 적이 있는가? 어떤 경우였나? 내 자유를 지키지 못했을 경우 내 정서는 어떻게 반응했는가? 내 마음이 힘들었다면 그 이유는 무엇일까? 이런 경우가 다시 발생할 때 나는 어떻게 반응할 것인가? 작은 일이라도 이야기 나누어 보자.

4-a. 양보 · 절제 · 책임은 자유에 상반하는 용어이기는 하나 그 의미는 조금씩 다르다. 내가 생각하는 개념을 이야기해 보자. 어떤 상황에서 나는 내 자유를 양보해야 하는가? 또 내 자유를 절제해야 하는 경우는 언제일까? 내가 자유롭게 말하고 행동했는데 책임을 져야 하는 경우가 있다. 내가 경험했던 사례를 말해 보자.

4-b. 다른 사람이 내 자유를 양보 또는 절제하라고 요구해 왔다. 또 어떤 경우에는 책임지라고 요구해 오는 경우도 있다. 어떻게 대처해야 할까? 구체적 사례와 내가 대처했던 방법을 이야기해 보자. 성공한 경우도 있고 더 낭패감을 느낀 경우도 있을 것이다. 친구들과 함께 이야기해 보자.

5. SNS에 0~3세 영아들이 자유롭게 표현하게 하는 젊은 부모들이 올린 사진을 보자. 또는 주변의 친척이나 이웃의 아기들이 자유롭게 표현하는 모습을 찍어 보자. 아이들의 표현을 캡처한 사진들을 유형별로 분류하고 라벨링해 보자.

# 2. 표현과 경험, 사회적 관계 맺기와 사회적 합의

1절에서 설명한 개별성이 전인으로 성장하는 과정에서 아기들은 '자기 방식대로' 울고 웃고 움직이기 시작하는데 이때 처음 사용하는 방법이 '표현'이다. 처음에는 표현만 하다가 바깥세상으로부터 자극을 받으며 조금씩 받아들이다가 관심거리가 생기고 관심이 깊어져 관찰하게 될 것이며 이를 기억하는 것이 경험이 된다. 자연히 다른 사람의 존재를 자신의 마음속에 받아들이고 문제도 일어나 그것을 해결하거나 합의해야 한다. 이 과정의 내용이 각각의 용어에서 자세히 설명되어 있다.

## 1) 표현과 경험

코메니우스는 아기들이 자발적으로 표현한다고 생각하지 않았다. 어른, 그중에서도 어머니의 도움으로 아기들이 표현하는 것을 배우게 된다고 생각했다. 반면, 프뢰벨은 한 명 한 명의 아기는 마음에 신성 (神性, devine unity)을 가지고 태어나기 때문에 누가 시키지 않아도 출생 순간부터 능동적으로 표현한다는 것을 확신했다. 이 책에서는 신성을 한문으로 神性으로 표시했다. 하나님의 신성한 특성을 아기들의 마음에 심어 세상에 내보내셨다는 의미이다. 반면, 2015년 『인간의 교육』 독일어판을 우리말로 번역한 연세대 정영근 교수는 신성을 神聖으로 표기하고, "인간 내면의 신성함이라 할 수 있는 인간의 본질은 교육을 통해 사람에게서 발현되고 분명하게 제시되어야 한다. …… 인간은 의식적으로 이러한 신성함을 본받아야 하며 자신의 내면에서 작용하는 신성함을 자유롭게 나타낼 수 있어야만 하는 것이다."라고 설명했다(Froebel, 2015). 정 교수의 해석은 프뢰벨의 철학적 개념과 다르다. 프뢰벨이 아기의 신성은 하나님을 닮은 특성이어서 교육을 받기 전부터, 아니, 출생 전부터 스스로 발현되려는 특성이 있다고 한 것과 차이가 나는 설명이다. 프뢰벨은 하나님의 신성이 밖으로 발현되어 나오듯 아기들의 신성도 밖으로 표현되며 다양한 방식으로 나타난다고 본 반면, 정영근 교수는 "인간 내면의 신성함이라 할 수 있는 인간의 본질은 교육을 통해 사람에게서 발현되고 분명하게 제시되어야 한다."고 해서 프뢰벨과는 신성 발현의 과정에 대한 생각이 다르다. 이어지는 내용에서는 표현에 대한 코메니우스, 프뢰벨, 실러의 이론을 살펴보기로 한다.

### (1) 표현: 아기의 느낌이 먼저 밖으로 표현되어야……

아기는 하나님의 형상을 닮은 존재여서 온전하다고 본 코메니우스였지만, 프뢰벨처럼 아이 내면에 담긴 신성이 자발적으로 표현된다고 하지는 않았다. 코메니우스는 "흙에서 온 육체는 흙으로 돌아가 섞여 다시 흙으로 돌아가야 한다. 그러나 하나님의 영감을 받은 영혼은 하나님으로부터 와서, 하나님 안에 거해야 하고, 자신이 하나님의 형상을 닮도록 일생 노력하며 살아야 한다. 그러나 이렇게 살려고 노력하는 과정에서 아이들은 부모의 돌봄이 필요하다."고 했다. 코메니우스는 그래야 아기가 바깥세상에 대해 배우기 시작할 것이라고 보았다.

두 철학자 모두 유아교육철학의 뿌리를 성경에 두고 있지만, 프뢰벨만이 아기들이 자발적으로 신성을 발산하듯 표현하는 것이 먼저라고 했다. 누가 시키지 않아도 출생 순간부터 아기들은 내면의 신성을 스스로 발현(unfolding)한다는 것이다. 씨를 심으면 싹이 먼저 올라오듯 갓 태어난 아기들도 그렇다고 했다. 프뢰벨은 『인간의 교육』에서 아기의 신성은 태어날 때부터 온전하므로 "…… 그 안의 신성을 발현함으로써 존재한다. 신성이 자유롭게 표현될 수 없다면 그 아이 자체가 존재하는 것이 아니다."라고 할 정도로 표현을 중히 여겼다. 프뢰벨은 갓난아기일 때부터 자기 방식대로 표현할 수 있게 하라고 한 세계 최초의 교육철학자이다.

"'신성이 능동적으로 표현'될 수 있도록 아기에게 자유를 줘라. 그리고 표현되는 내용을 유심히 관찰하며 수동적으로 돕는다면, 아이들은 잘 자랄 것이다. 그러므로 부모, 교사들은 누가 뭐라든지 이 중요한 법칙을 전적으로 신뢰하고 따라야 한다."라고 프뢰벨은 강조했다. 이에 대해 킬패트릭은 프뢰벨이야말로 영유아들의 본성 그 자체를 진정으로 사랑한 교육철학자였다고 평가했다(Kilpatrick, 1916). 프뢰벨은 신성이 외부세계로 표현되는 것이 제일 중요하기 때문에 어른의 방식대로 조기교육을 하지 말라고 했다. '아기의 방식대로' '영아의 방식대로' '유

아의 방식대로' 표현하게 돕는 것이 어른들의 첫 번째 임무이다. 이를
위해 부모들은 아기의 신성 발현을 유심히 관찰하다가 그 아이에게 가
장 알맞은 환경을 마련해 주고, '표현한 내용에 알맞은 방법'으로 상호
작용을 해야만 한다고 했다.

　아이는 능동적이어야 하고 도움을 주는 어른은 수동적인 역할을 해
야 한다는 말을 프뢰벨은 지속적으로 반복했다. 프뢰벨은 이 내용을
다시 '유아교육의 시작·과정·끝은 유아로부터 시작해서 유아에게
서 끝나야' 하고, 방법은 '자유로운 자발활동'으로 하라는 제안을 했다.
200여 년 전, 유아중심교육의 핵심 개념을 세계 최초로 주창한 프뢰벨
이 자기 생전에 이런 교육이 이루어지지 못할 것을 예감하고 자신의 생
전에는 이루지 못할 것이지만 후세대들이 이를 제대로 실천하게 될 것
이라고(Froebel, 2005) 예측한 것을 보면 유아중심교육을 실천하는 일
이 쉽지 않음을 알았으면서도 그 방향이 유아들에게 최선임을 갈파하
고 제안했던 것이다. 유아교육전공자들은 자신이 태어나기도 전에 '○
○의 방식대로' '스스로 느끼고 생각하게' '놀며 배우게' 해 주라는 소명
을 프뢰벨로부터 받은 셈이다.

　프뢰벨은 『인간의 교육』에서 "…… 인간의 운명은 자연의 일부로
서 하나님과 자연의 정신을 조화롭고 화목하게 표현하고 …… 현세와
천국, 유한한 것과 무한한 것과의 조화를 추구하여 표현하는 것이다.
…… 인간은 인류의 본성, 잠재력, 성향을 전적으로 개화하고 표상할
운명과 사명을 갖고 있다."라고 했다. 아기일 때는 소리와 눈짓 등으로
표현하고, 유아기에는 말로, 성장하여 아동기로 진입하면 자신이 만져
보고, 보고, 듣고, 탐색하고 경험한 것을 단어나 그림으로 표현하기 시
작한다. 20세기에 실러도 능동적 표현이 중요하다며 프뢰벨의 교육철

학에 동의했다. 덧붙여 인간이 가장 많이 사용하는 소통방법은 소리와 글이므로 갓난아기 때는 옹아리로, 영유아기에는 말로 상호작용하는 것이 좋다고 강조했다.

프뢰벨이 신성과 동일한 의미로 사용한 '잠재 능력'이란 용어를 듀이가 1897년 「나의 교육신조」에 제시했는데 의미는 달랐다. 프뢰벨은 잠재 능력이 출생 전부터 아기의 내면에 존재하는 것으로 본 반면, 듀이는 이를 아기가 출생한 후 다른 사람들과 사회적 상호작용을 하는 과정을 거쳐야 형성되는 후천적 능력이라고 정의했다. 듀이는 잠재 능력이라는 말을 초등학교 이상의 아동을 대상으로 한 교육을 설명할 때 사용했다.

프뢰벨은 아기들이 태어날 때부터 내면에 갖고 태어난 신성/잠재 능력을 스스로 표현하는 것이 중요하다고 했던 반면, 듀이는 아동의 심리적 구조와 이 심리적 구조에 알맞은 지식을 교사가 선택하여 교육하는 것이 중요하다고 했다. 듀이는 교사가 아동 개인의 심리적 구조와 그에 알맞은 지식에 대한 통찰력을 갖지 못한다면 교육은 엉터리가 될 것이며 망가질 것이라고 했다. 프뢰벨은 유아 자신이 표현하는 과정에서 잠재력이 성장한다고 본 반면, 듀이는 잠재력을 키워주는 주체를 교사로 보았다.

유아/아동이 스스로 배울 수 있는 방법을 '○○의 방식으로'라고 한 프뢰벨을 훌륭한 교육철학자로 평가했던 실러 역시, '어린이들이 스스로 각 성장단계를 완전히 달성'하는 것이 필요하고 '언어 · 동작 · 음악 · 그림 · 작업'으로 느낌과 경험을 표현할 수 있게 해야 한다고 했다. 실러는 초등학교 아동들이 궁극적으로는 다양한 교과목을 배워야 한다고 생각했지만 그 접근 방법은 듀이와 완전히 달랐다. 듀이는 사회적 측면의 교육내용과 아동의 본능 및 성향을 비교·해석하면서 이에 알맞은 교육내용을 교육전문가가 선택하여야 한다고 했던 반면, 실러는 학교가 어떤 성취 기준을 세워 가르치는 대신 모든 어린이들이 스스로 자신이 배워야 할 내용을 선택하게 했다. 배우고 싶은 내용을 선택하여 스스로 해 보려고 노력하는 아동 옆에서 실러는 알맞은 질문을 던지거나 실물을 사용하게 하여 도움을 주었다. 실러 장학사는 어느 초등학교를 가든지 어떤 아동을 만나든지 아동 한 명 한 명이 능동적인 주체가 되게 했다. 그는 프뢰벨의 '아이는 능동적, 선생님은 수동적'으로 교육하는 원칙을 영국 유아학교에 뿌리 내린 교육실천가이자 교육철학자였다.

실러는 성급한 부모들이 말로 표현할 기회를 많이 가져야 하는 유아에게 철자법, 마침표, 쉼표 등 초등학교에서 배워야 할 내용을 주입식으로 가르치는 경우가 많은데 아이의 일생에 큰 손해를 주는 일을 한다고 우려했다(Griffin-Beale, 1995). 그는 아이들의 발달 수준에 맞지 않는 내용을 선행학습시키면 그 능력이 제대로 발달 되지 않는 것은 물론 실패감으로부터 회복할 가능성이 낮거나 불가능한 것이 더 큰 문제라고 했다. 선행학습을 시키는 부모들은 이에 대해 반성하고 조기교육을 멈추어야 한다. 실러는 초등학교 1학년 아동들에게도 무조건 철자법부터 익히도록 강요하지 않았다. 마음속에 있는 느낌과 생각을 말이나 글로 표현하는 활동을 먼저 하므로 아동들이 "내가 느끼고 생각하는 것이 글로 쓰일 수 있네!" "마음에 느껴지는 대로 쓰면 돼." "나도 쓸 수 있을 것 같아." "글자? 겁나지 않아."를 느끼는 것이 먼저 가슴에 와 닿아야 아동들은 말이든 글로 표현하는 것이든 자신감을 갖게 될 것이라고 했다. 실러는 인간이 가장 많이 사용하는 소통의 방법은 '표정'과 '언어'이지만, 갓난아기 때는 표정과 옹알이로, 영유아기에는 한 두 단어로 구성된 말로써, 더 커서는 복잡한 문장의 말 또는 글이나 그림으로 표현하게 하라고 했다.

### 만 4세 유아가 자기 방식으로 그린 '쥐'

만 4세 유아가 엄마, 언니와 함께 마을을 걷게 되었다. 서울의 쓰레기 수거 체제가 엉망이었던 1976년 여름 어느 날 아이들과 시장에 가던 길이었다. 둘째가 많이 뒤처져서 쓰레기 더미 앞에 쪼그리고 앉아 버려진 '죽은 쥐'를 보고 있었다. "뭐 보는데?"라는 질문에 "쥐. 나 쥐띠." 했다. 그날 귀가하자마자 아이는 흰 종이와 크레파스를 꺼내더니 열심히 쥐를 그렸다. 관찰한 쥐 모양(물체의 모양)이 뇌에 확실히 입력되어서인지 4세가 그린 쥐 그림이 아주 세밀했다. 자신이 쥐띠에 태어났다는 말을 어른들로부터 많이 들었고 쥐를 그림책에서 보았던 아이가 죽은 쥐를 세심히 관찰하더니 그림으로 그린 것이었다. "넌 쥐띠, 언니는 개띠, 아빠는 뱀띠, 엄마는 말띠."라며 외할머니가 자주 하시던 말씀이 머리에 기억되어 있다가 쥐 그림을 자기 방식으로 그린 것이다. 실러의 이론과 같았다. 무조건 쥐를 무서워하는 엄마가 "야, 지저분해. 죽은 쥐를 보고 있어? 빨리 안 와?"라고 소리쳤더라면 또는 그리는 방법을 지시했더라면 자기 방식으로 쥐 그림을 그리지 못했을 것이다.

### (2) 경험

유아교육전공자들이 많이 듣고 사용하는 '경험'이란 용어를 유아교육사전에는 "어떤 사물을 직·간접으로 관찰하거나 행동함으로써 얻어진 결과로서의 기술·지식·실천 등 개인의 삶을 형성하는 의식적인 사실이다."로 정의했다(한국유아교육학회, 1996). 『인간의 교육』 후반부에 있는 '아동기의 교육'에서 '경험'이라는 용어를 쓰기 시작한 프뢰벨은 아동기에는 경험을 중심으로 교육해야 한다고 강조했다. 프뢰벨이 영유아기에는 '표현, 자발 활동, 다양한 감각으로 하는 정신 활동, 자기 방식으로'라는 단어들을 사용한 것과 뚜렷한 차이를 보인다. 용어를 다르게 쓴 이유를 프뢰벨은, 영유아기는 내적인 것을 외적인 것으로 변환시키는 표현의 시기이고, 아동기는 외적인 경험을 내적인 것으로 만들어 내는 학습의 시기이기 때문이라고 했다. 유아와 아동은 발달의 수준도 다르고 배우는 방식도 다르기 때문에 0~6세 유아는 표현이라는 용어가 더 적합하고 7~12세에는 바깥세계의 자극을 내면으로 받아들이므로 경험이라는 용어를 썼다. 바깥세계에 대한 관심의 범위가 넓고 깊어지면 관심은 탐구가 되고 탐구한 결과가 축적되면 지식이 된다. 그래서 프뢰벨은 발달 시기별로 용어를 다르게 사용했다.

프뢰벨에 의하면 유아기에는 아이의 본성에 따라 자유롭게 표현하게 하는 양육 및 교육을 해야 하고, 아동기에는 물체의 본성을 탐구하고 경험할 기회를 많이 주는 교육을 해야 한다. 영유아기에는 내면에 있는 신성을 밖으로 표현해 내고, 아동기에는 외부세계에 있는 물체의 본성을 탐구하여 경험을 쌓은 후 이에 대한 지식을 내면으로 입력하게 하는 원리를 프뢰벨은 '고정불변의 법칙'이라고 했다. 프뢰벨이 영유아기에는 '표현, 자발 활동, 다양한 감각의 정신 활동, 자기 방식으로'라는 단어들을 사용한 것과 아동기에는 탐구와 경험을 강조한 것은 교육방법이 완전히 달라야 함을 알려준다.

프뢰벨이 관찰한 결과, 아동들은 어떤 것이든 한 번 경험하는 것으로 그치지 않는다. 유아의 자유로운 탐색이 새로운 경험을 향해 가는 동력이 되듯 경험은 동화(assimilation)와 조정(accommodation)의 과정을 거쳐 인지구조를 형성하는 동력이 된다. 따라서 영유아기에 자기 내면의 움직임을 느끼며 자유롭게 표현할 기회가 많은 영유아는 아동기로 진입하는 순간부터 외부세계의 자연, 사물을 더 빨리 객관적으로 관찰하기 시작할 것이고, 다른 사람의 생활 모습도 관찰하여 경험을 다양하게 하려고 할 것이며 겁 없이 새로운 것을 창출해 내는 창의력도 발달할 것이다. 아동기에 접하게 되는 새로운 내용들은 아동의 관심을 관찰로 바꾸고 관찰은 서서히 경험으로 쌓이고 창의력의 원동력도 될 것이다. 아동기의 다양한 경험은 자연히 언어, 그림, 춤, 음악 등 다양한 창의적인 표현 활동으로 이어진다. 그래서 프뢰벨은 『인간의 교육』에서 "아동기의 경험들은 일생 동안 인간을 인도하는 천사가 된다. …… 아동기 아이들은 경험을 놓치면 안 된다." 그러므로 "부모와 교사들은 아동들에게 다양한 경험의 기회를 많이 주어야 한다."고 했다.

　프뢰벨 이후 경험과 교육을 강조한 교육철학자는 듀이였다. 듀이가 교육에 대해 쓴 첫 번째 논문인 「나의 교육신조」에 경험이라는 용어가 등장하는데 프뢰벨이 부여한 의미와는 다르다. 프뢰벨에 의하면, 출생 직후부터 신성을 자유롭게 표현하던 영유아들은 하루하루 생활하면서 바깥세상으로부터 오는 자극을 내면에 쌓기 시작한다. 유아기에 '내면에 쌓이는 기초적 수준의 자극은 탐색의 방향을 결정'한다. 이때 유아들이 탐색하며 받는 느낌·생각·기억은 아동기에 이르러 경험이 된다. 경험 형성에 대한 프뢰벨의 이론을 정리하면 아기의 개인적 느낌과 산발적 움직임이 표현되는 것이 생애 처음 일어나고, 그 다음 서서히 탐색을 하다가 초등학교에 입학하면 '경험하기'가 시작된다. 반면, 듀이는 "사적 의식은 우연한 결과이지 경험의 원천이 아니다."라고 했다. 영유아 개개인의 표현을 중요하게 생각하지 않았던 듀이는 '겪음과 행함이 동시에 일어나는 경험'을 중요하게 보았다.

듀이는 과거 조상들이 축적해 놓은 사회적 문화유산인 지식은 인류의 경험이 축적된 것이어서 아동들이 이해하기 힘들다고 생각했다. 아동들 스스로 배워야 할 교육내용을 선택하기 어려우므로 경험이 많은 교사의 도움이 필요하다고 했다. 폭넓은 내용 중에서 아동의 심리적 측면과 발달 수준에 알맞은 내용을 선별해 주거나 어려운 내용을 아동의 수준에 알맞게 변환해 주어야 하는 사람은 바로 교사라고 했다. 듀이는 교육내용을 선택하거나 변환한 교사는 아동들이 이를 효율적으로 학습할 수 있도록 노력해야만 한다고 강조했다. 그러나 듀이가 아동 발달에 알맞은 교육내용의 선택 및 교수방법에 대한 이론과 실제를 발표한 적이 없어 교사들은 혼란을 겪었다. 이에 대해 정해창은 "……니체나 듀이는 모두 체계적인 사상가는 아니다. 듀이는 과학철학은 물론 어떤 전통적 철학 영역에 관해서도 종합적으로 자신의 이론 체계를 구성한 적이 없다."(정해창, 2013)고 했다.

'경험'의 개념을 교육실제와 관련지어 명료하게 제시한 교육자는 영국 초등교육 장학사였던 실러였다. 실러는 경험을 '본 것, 한 것, 느낀 것'이라고 정의했다. 물론 '다른 사람의 행동에 의해 보게 된 것, 당한 것, 느끼게 된 것'도 경험이다. 아동들에게 행복을 주는 초등학교 교육에 관심을 가졌던 실러는 개별 아동이 눈으로 보고, 해 보고, 느낀 것, 즉 경험을 중심으로 교육해야만 효과를 본다고 했다. 과거 인류의 사회문화적 경험, 즉 지식 중에 아동들에게 알맞은 교육내용을 찾아 제시하라는 듀이와는 교육의 시작점이 다르다. 실러에 의하면 초등학교 아동들이 반드시 배워야 할 교과내용이 있지만, 교사가 임의적으로 단계를 나누어 같은 내용을 학급 전체의 아동이 동시에 배워야 하는 것은 아동중심교육이 아니다. 실러는 개개인 아동이 현재 이해하고 있는 수준, 아니 이해 가능한 시점에서, 개별 아동에게 알맞은 교육내용을 아동이 선택하게 한 후 그 아동에게 알맞은 방법으로 아동중심 개별화 교육을 하여 아이들이 즐거운 마음으로 공부하게 해 주었다.

실러 장학사는 교실에 들어서면, 담임교사가 선택해 놓은 학습내용을 책상 위에 놓은 채 두려운 눈빛으로 앉아 있는 아동 옆 의자에 앉아서 먼저 이야기를 나눴다. 아동은 자신의 경험을 누군가에게 알리고 싶은 욕구를 가지고 있기 때문에 실러는 아동과 이야기를 나누는 동안 쉽게 그 아동의 경험 내용을 글로 쓰는 것을 도와주었다. 아동이 글로 쓰는 것을 두려워하거나 쓰지 못하는 상황이면 아동이 말하는 동안 조용히 글로 써주었다. 실러가 표준어를 찾아서 써 준 것이 아니라 아동이 말하는 소리대로 써 주어 그 아동이 자신이 낸 소리와 글자를 맞춰볼 기회를 주었던 것이다. 막히면 다시 이야기를 나눈다. 이 아동은 마음이 안정될 때까지 실러 장학사와 자신의 경험을 나누며 이야기했다. 늦게 일어나 아침을 먹지 못하고 학교에 온 일, 엄마에게 꾸중을 들었던 일, 학교 선생님이 가르치는 내용을 잘 모르겠다는 이야기 등등 다양한 이야기를 실러 선생님과 나눈 후, 아이들은 흔쾌히 실러 장학사가 쓴 자기 이야기를 읽어 달라고 했고 그다음에는 자기가 직접 써 보았다. 실러는 아동들에게 표준 문법에 맞추어 글을 써야 한다고 가르치기 전에 아동 자신의 생활에 대해, 놀이에 대해 함께 이야기를 나누어야 한다고 했다. 이야기 나누는 과정에서 아이들은 자기 생각의 방향을 천천히 잡아간다.

또 개별 아동에게 관심을 갖고 관찰하는 것도 중요하다. 그 아동이 선택하는 내용을, 그 아이에게 알맞은 방법으로 도와주어 스스로 배울 수 있는 만큼의 양을 공부할 수 있게 했다. 먼저 무엇을 어떻게 하고 싶은지 질문을 하거나, 아이가 생각하는 것을 말로 표현할 기회를 준다. 교사들이 해야 할 일은 '아이들에게 가장 좋은 기회를 가능한 한 많이 제공해 주는 것이다.' 실러 장학사로부터 실천적 장학지도를 받은 1970년대의 영국 초등학교 교사들은 칠판 앞에 서서 지식을 획일적인 교수방법으로 가르치는 것을 멈추기 시작했다. 그리고 실러의 안내를 받으며 아동 개개인에게 도움이 되는 개별화교육을 시작했다. 그 결과, 1980년대부터 영국 초등학교 교실은 '열린교육(Open Education)'을 보편화하게 됐고 많은 국가의 교사들이 와서 배우는 나라가 되었다. 요즈음은 핀란드가 이런 방식의 아동중심교육을 전국적으로 실천하여, 과거보다 현재 아동들의 학력이 올라가 세계 각국의 주목을 받고 있다(Sahlberg, 2016).

실러는 교실에서 개별화된 교수 방법을 시작하기 전 아동들과 말로 소통했다. 아동의 경험이 말로 표현되는 순간 그 아이의 흥미가 어디를 향하고 있는지 파악할 수 있어, 아이에게 필요한 것들을 준비해 주기 위해서였다. 아동의 내면에 쌓인 경험이 많을수록, 경험의 강도가 강력할수록 아이는 더 많이 말하게 되어 경험중심교육 또는 아동중심교육이 수월하게 되었다. 실러는 교과서의 내용을 아이에게 일방적으로 가르치는 대신 아이의 경험에서 나오는 말을 들어주고, 말한 내용을 글로 써 보게 도와주고, 그림으로 그려볼 기회를 주었으며, 신체로 표현하게 했다. 이렇게 한 것이 교과서의 내용을 선생님이 직접 제시해 주어 외우고 기억하게 하고 시험 본 후 1등부터 끝 순위까지 평가할 때보다 학습효과가 컸다. 이런 과정이 반복되는 동안 아동들은 대양처럼 방대한 경험의 바다를 탐색하러 나가듯 그들 주변에 산재해 있는 경험거리를 탐색하러 계속 나갔다고 실러는 회고했다.

실러는 아동들이 "경험에 단지 노출되기만 해서는 아무것도 배우지 못한다."며 이런 상황은 경험이라는 미명하에 방임하는 것이라고 했다. 아동중심교육을 신봉하는 교사는 아동에게 안내와 도움을 주어야 한다고 계속 강조했다. 교사는 개별 아동에게 관심을 갖고 관찰하면서 그 아동이 선택하는 내용을 어떻게 도와주면 보다 쉽게 이해할 수 있을까에 대해 생각하고 이를 실천에 옮기면 된다. 교사들이 해야 할 일은 무엇을 어떻게 하고 싶은지 질문하거나 아이가 생각을 말로 표현할 기회를 주는 것이다. 요약하면 '아이들에게 가장 좋은 기회를 가능한 한 많이 제공해 주는 것'이다. 핀란드는 1994년부터 시작된 3기 교육개혁을 시작하면서 교사들은 아이들을 비교 대상이 아니라 배려 대상으로 보고, 교실을 즐겁고 재미있는 곳으로 바꾸어 성공을 거두었다 (후쿠타 세이지, 2009; Sahlberg, 2016).

한국은 1984년, 그 당시 문교부 유아교육 담당관실의 구학봉 담당관을 비롯한 10여 명의 사립유치원 원장으로 구성된 열린교육 연수단이 영국의 셰필드대학교 부설 유아학교의 교육방법을 배울 기회를 가졌었다. 1983~1984년 1년간은 내가 안식년을 보내는 기간이어서 방문이 쉽게 이루어졌다. 귀국 후 사립유치원 원장님들은 유치원을 흥미 영역으로 구성하였고, 지금은 거의 모든 유아교육기관들이 흥미 영역으로 환경을 구성하여 운영하고 있으며 유아중심교육을 교육과정 운영에도 적용하게 되었다.

### 경험중심교육의 이해와 오해

우리나라 유아교육자들은 유아교육철학을 별도로 체계화한 적은 없지만 영유아들이 눈·귀·손·발·머리를 사용하고, 재잘거리며, 말하고 활동하는 모습을 '놀이'라 하고, 놀이를 활성화시켜 줄 수 있는 물건들을 놀잇감이라고 해왔다. 놀이는 유아의 자발 활동이 일어나는 상황이라는 데 암묵적 합의를 한 것이었다.

듀이의 대표적인 개념인 '경험'은 사물에 대한 크고 작은 지식이 담겨 있는 상황을 말한다. 듀이에 의하면 아동은 경험이 부족해서 자신이 배워야 할 내용을 선택하지 못한다. 경험이 많은 교사가 그 아동의 발달에 적합한 경험을 선택해 주어야 한다. 아동을 위하는 교사중심의 교육이다. 프뢰벨 정통파도 유아들을 위해 '은물'과 '작업'을 선택하여 교사중심 방식으로 가르치며 경험을 쌓게 한 것으로 알려졌다. 대한민국 정부 수립 이후 미국 유학파 교육철학자들이 듀이의 철학을 생활중심교육·경험중심교육으로 소개하자 우리나라 유아교육전공자들은 듀이의 경험중심 교육철학이 유치원 교육에도 해당된다고 해석했다. 유아들에게 다양한 경험을 준다는 목적으로 유치원 마당에 작은 논을 만들어 벼를 심어 보게 했으며, 직접 요리를 해 보게 하는 등 많은 활동을 경험이라는 단어를 쓰며 소개했다. '경험'과 '놀이'를 동의어로 생각했기 때문이었다. 생활의 다양한 상황을 교사가 선별해서 제시하는 교사중심교육을 한 것이다. 그 당시 한국 유아교육전공자들은 듀이의 7~12세 아동을 위한 경험중심교육을 0~6세 영유아에게 적용한 셈이다.

## 2) 사회적 관계 맺기와 사회적 합의

사회적 관계 맺기는 유아교육전공자들이 중요하게 다루는 영역으로, 사회적 성장, 사회적 상호작용, 사회적 감수성, 사회성, 사회적 감정, 사회적 강화, 사회적 문제해결력, 사회적 기술, 사회적 놀이 등 상황에 따라 다른 용어를 사용하지만 포괄적 의미는 같다(한국유아교육학회, 1996). 용어 중에서 '사회적 성장'은 유아가 나 아닌 다른 사람을 자기 세계의 일원으로 받아들여 소통 가능한 사람이 많아지는 상황을 말한다. '사회적 합의'란 가족, 친구, 이웃과 갈등이 일어날 때, 서로 의논하여 문제를 해결하고 관계를 원만히 유지하는 과정이다.

### (1) 사회적 관계 맺기

최근 사회신경과학분야 전문가들(Lieberman, 2015)은 아기들이 태어난 후 단 2시간 이내에 주변의 어른들이 자기를 받아들이는 정도를 감지할 수 있음을 발견했다. 인간의 뇌 안에는 사회적 추론을 전담하는 체계, 즉 사회적 뇌가 있어서 타인에 의해 영향을 받는다는 것을 발견한 것이다. 사회적 관계를 바라는 인간의 마음은 출생 후 서서히 학습되는 것이 아니라 거의 생득적인 현실이다. 나 이외에, 나를 바라보는 그 누군가가 있으면 좋겠다는 마음은 영유아들이 태어나기 전부터 있음을 알려주는 연구들이 나오고 있다.

코메니우스는 "마땅히 행할 길을 아이에게 가르치라. 그리하면 늙어도 그것을 떠나지 아니하리라."라는 잠언 22장 6절을 인용하며 긍정적인 사회적 성장을 위해 아이들은 다음의 다섯 가지를 익혀야 한다고 했다. 첫째, 하나님을 경외하는 것이다. 부모 자신이 하나님을 진지한 마음으로 경외함으로써 아기가 하나님과 관계 맺는 것을 배우게 한다. 둘째, 도덕과 덕이다. 코메니우스는 유아들이 다른 사람, 특히 어른들께 도덕과 덕을 갖출 것을 강조했다. 셋째, 사실이 아닌 것을 말하거나 거짓말을 하지 않는다. 자신에게 불이익이 된다 해도 있는 그대로의 사실을 이야기하고 정직해야 한다. 넷째, 다른 사람을 사랑하며 친절히 대한다. 이렇게 키워야 아이들이 인색하게 굴거나, 시기하지 않으며, 경쟁심에 사로잡혀 친구를 미워하지 않고 성장하게 될 것이

라고 했다. 다섯째 덕목은 노동이다. 유아에게 힘든 일을 하게 하는 것으로 오인할 수 있으나 아니다. 성공은 책으로만 하는 것이 아니다. 엄마, 아빠의 일을 도와드리는 일, 도움이 필요한 친구를 돕는 일 등 몸을 움직여 다른 사람을 위해 무언가 부지런히 하는 습관을 길러야 한다(Comenius, 2003).

프뢰벨은 『인간의 교육』에서 "교육은 가장 깊은 내면을 고려하는 것에 기초하고 있다. …… 모든 지도와 훈련, 모든 자유로운 성장으로서의 삶은 …… 외부세계로 자신을 명료하게 표현하는 것으로부터 출발한다."라고 했다. 아기의 사회적 성장 역시 엄마에게 표현한 자신의 느낌과 생각이 어떻게 받아들여지는지에 따라 달라진다. 처음 맺는 어머니와의 유대감이 긍정적으로 느껴질 때 사회적 관계는 긍정적으로 맺어진다.

1950년대의 교육자들은 사회적 성장을 기본생활습관 형성, 바른 예절 몸에 익히기, 다른 사람에게 폐 끼치지 않기, 정의 · 공의 · 평등 · 준법과 같은 가치관을 몸에 익힐 때 된다고 생각했다. 이와 같은 사회

적 성장 개념은 컬럼비아대학교의 패티 스미스 힐(Patty Smith Hill) 교수의 영향이었다.

과거 우리나라도 '사회적 성장이란 기본생활습관 형성이 잘 되는 것'으로 보았었다. 1914~1941년까지 27년간 한국에 체류하며 전국의 교회에 유치원을 설립한 부래운(Brownlee) 선교사, 1923~1964년까지 41년간 체류하며 유치원교육을 해온 허길래(Clara Howard) 등의 미국 선교사들이 가르친 초기 유치원아 대부분은 저소득층 유아들이어서 기본생활습관 형성이 절실했던 것도 원인이었다. 1970년대 이후부터 유아의 사회적 성장을 기본생활습관 형성과 함께 사회적 관계 맺기와 연관해서 정의하기 시작했다.

실러는 사회적 관계 맺기 또는 사회적 성장을 "개개인 어린이들이 성장함에 따라 점점 더 많이, 다른 사람을 자기 마음에 받아들이고 이해할 수 있게 되는 것"이라고 정의했다. 기본생활습관 들이기, 즉 인사 잘하기, 어른 공경하기, 거짓말 안 하기, 정직하기와 같은 사회적 규범을 습관으로 만드는 것이 사회적 성장은 아니라고 했다. 이처럼 실러는 사회적 규범을 익히는 것보다 아이의 마음에 다른 사람의 존재를 받아들이는 것이 사회적 성장이라고 보았다. 다른 사람을 이해하고 받아들이는 마음은 교과내용으로 가르칠 수 있는 것이 아니라 '아이의 방식대로' '자기 발달 수준에 맞추어' '어른의 도움과 안내로' 영유아들이 서서히 터득하는 능력이어서 몸에 익히기가 어렵다고도 했다. 다른 사람을 받아들이고 존중하는 마음을 갖게 돕는다면 생활 중에 기본생활습관을 가르칠 수 있는 기회가 많다.

## (2) 사회적 합의

갈등이 발생할 경우 큰 소리로 싸우기보다 서로 의논해서 해결방법을 모색하는 것이 '사회적 합의(conscious agreement)'이다. 사회적 합의 과정은 어느 한 사람 또는 집단이 힘으로 상대방의 권리를 빼앗는 것이 아니라 합리적 방법으로 서로 이야기 나누고 양보함으로써 싸움, 증오, 분란 없이 문제를 해결하는 민주적 방법이기도 하다. 그러나 자기중심적인 유아들에게는 대단히 어려운 과업이다. 자기중심적인 유아들은 원하는 것이 대부분 달라서 항상 갈등이 자주 일어나는데, 사회적 합의는 배워야만 알게 되는 교육내용이기 때문이다. 누군가의 안내와 중재가 필요하다.

교사는 유아들의 사회적 합의 과정을 안내하고 도와주어야 하지만 사회적 합의 과정을 중재하기에 앞서 교사 자신이 유아 개개인을 소중한 존재로 여긴다는 것을 말과 행동으로 보여 주어야 한다. 교사는 유아들로 하여금 '나는 소중한 사람이야.' '친구야, 너도 소중한 사람이야.'라는 생각도 갖게 한다. 일어난 문제 상황이 주체가 아니라 유아 자신들이 주체라는 것, 나와 네가 모두 소중한 사람이라는 존중감을 갖고 합의에 임할 때와 문제해결에만 몰두하며 합의에 임할 때는 결과가 아주 다를 것이기 때문이다. 상대방의 인격을 존중하면 경청하게 되지만, 문제중심으로 시작하면 욕심과 싸움으로 이어질 가능성이 높다.

유아들은 자기중심적이어서 갈등 상황이 발생하면 항상 잘못한 사람은 상대 유아이고 자신은 억울하게 당한 피해자로 간주한다. 이런 감정적 대응 때문에 유아들은 문제의 원인을 파악하고 누가 원인 제공자인지 판단하기 힘들다. 큰 소리를 내거나 울어버리기는 하나 전후좌우의 상황을 알아듣게 말하는 것도 못하는 아이들이 많다. 따라서 유아기의 사회적 합의 과정은 기초적 수준의 도입단계에 시작하는 교육활동이지만 중재하는 데 지혜가 필요한 교육활동이다.

교사는 먼저 양쪽 유아의 이야기를 듣고 질문하고 다시 듣고 질문하기를 반복한다. 그리고 누가 문제의 원인 제공자인지 이야기를 나눈다. 이야기를 듣고 말하는 과정이 계속되면 대개는 원인 제공자가 누구인지 서로 알게 된다. 대부분의 유아들은 대화 중에 자신이 잘못했다는 판단이 서면 고집을 부리지 않고 선생님에게는 "내가 그랬어요." 친구에게는 "미안해."를 한다(노영희, 1989; 성은영, 1995, 2006; 우혜진, 1991, 2012). 사회적 관계 연구 중 한 학기 동안 유아들 사이에서 일어나는 크고 작은 문제들을 사회적 합의 과정을 거쳐 해결해 본 연구 결과는 고무적이었다. 실험집단 유아들의 사회적 관계 맺기 능력이 더 긍정적으로 향상된 것으로 나타났기 때문이다. 실험을 시작할 때는 유아들이 사회적 합의에 대한 생각조차 없었지만, 문제가 발생할 때마다 교사의 개입과 중재를 경험하게 되면서 실험 후반에는 선생님에게 달려가 불평하며 이르는 대신 스스로 그 문제를 해결해 보려 노력했고, 인내심 있게 친구와 대화를 나누며 합의에 도달하는 경우가 많아졌다. 갈등상황이 복잡해 해결이 어려울 경우 선생님의 중재 시간은 길어지지만 이 과정에서 유아들의 경청 능력과 상황을 말로 표현하는 능력 등 사회성이 향상되는 부차적 이득도 있었다.

경우에 따라서는 한 학급 전체가 모여 앉아 사회적 합의를 해야 할 때도 있다. 유아들이 문제 상황에 대해 자신의 생각을 말하고 또는 반대의견을 제시한 후 적절한 해결책에 대해 이야기를 나눈다. 교사는 이야기 나누는 과정을 주의 깊게 들으면서 유아들이 친구의 이야기를 듣고 반문할 수 있게 돕는 질문을 해 주거나 내용을 요약해서 들려주어 토론의 핵심을 이해하고 대처할 수 있게 돕는 역할을 해야 한다.

유아들이 서로 얼굴을 마주하고 한 사람씩 차례로 일어나 문제의 원인을 이야기하고 서로 원하는 내용을 제시한 후 적절한 해결책에 대해 이야기를 나눈다. 이야기를 나누는 과정에서 상대 친구의 이야기를 잘 듣는 것은 사회적 관계 맺기를 배우는 좋은 기회가 된다. 놀잇감 때문에 갈등이 일어났을 때 교사의 중재로 이야기를 나눈 후 아이들이 자기들 방식으로, "미안해. 내가 잘못했어." 하며 책임을 지는 것, "괜찮아. 우리 다시 함께 놀자." 하며 양보하고 화해하는 사회적 합의 과정이 아이들 수준에서 일어날 수 있다. 갈등 상황이 복잡해 해결이 어려울 경우 어른들이 변호사를 선임하는 것처럼 유아들은 선생님의 도움을 받으며 합의 방법을 터득하는 경우이다. 유아교육기관에서 이와 같은 사회적 합의 과정을 경험하면서 유아들의 경청하기, 생각을 말로 표현하기 등의 소통 능력이 향상된다. 만 5세반이 되면 대부분의 유아들은 사소한 문제들은 자발적으로 사회적 합의를 이끌어 낸 후 함께 놀이를 재개할 정도로 능숙해진다. 유아 후기 아이들은 문제 상황을 스스로 해결하지 못할 때에만 교사의 개입을 요청한다(중앙대학교 사범대학 부속 유치원, 1989).

1998년 교육개혁위원회 위원이었을 때였다. 초·중·고등학교 학생들이 이기적이고 자기 패거리만 옳고 다른 친구의 이야기는 전혀 듣지 않는 태도를 어떻게 교육해야 할 것인가에 대해 회의에서 논의한 적이 있었다. 유치원에서는 유아들이 놀다가 싸우면 교사가 개입해서 이야기 나누며 사회적 합의 과정을 함께 진행한다고 했더니 교육철학자이신 보통교육분과 이돈희 위원장(후에 교육부 장관도 역임)께서 "아니, 유치원 아이들도 사회적 합의를 할 수 있단 말이에요?" 하며 놀라

신 적이 있다. "놀이 과정에서 일어난 갈등 상황은 선생님의 중재로 합의가 가능합니다."라고 답했더니 "흠…… 유치원에서도 가능하다니 대단하네요!"라며 유치원 교사의 자질을 높게 평가받았던 일도 있다.

---

**나도 철학자**                                                  **#3**

1-a. 사회적 관계 맺기는 꼭 해야 하나? 왜 해야 하나?

1-b. 나와 상대방의 의견이 달라 싸움이 발생했을 때 해야 하는 일이 사회적 합의 방식인데 유아들에게 이 내용을 가르칠 수 있을까? 내가 맡게 될 아이들에게 어떻게 교육해야 할까?

2. 친구와 의견이 달라 갑론을박 토론을 한다든지 큰 소리를 내는 것은 누구에게나 있는 일이다. 결론을 내지 못했을 경우 서먹서먹한 사이가 되었을 때 나는 어떻게 처리하나? 유치원, 초등학교, 중학교, 고등학교에 다니는 동안 일어났던 일을 있는 그대로 솔직하게 말해 보자. 이런 경우 사회적 합의를 해 본 적이 있는지 생각해 보자. 사회적 합의 과정이 잘 되었을 때의 경험을 이야기해 보자.

---

## 3. 흥미와 지식, 놀이와 교육내용

'흥미'라는 용어는 7~12세 아동을 대상으로 많이 쓴다. 0~6세 영유아들에게는 '표현'이라는 용어가 더 적합한 것과 비교되는 용어이다. 사물이나 현상에 대한 외부세계에서 일어나는 것에 깊은 관심을 보이는 것이 흥미이기 때문이다. 연령이 어린 아이들일수록 '나'가 중심이

어서 "내 거야, 싫어."라는 말을 많이 할 정도로 자기에게 집중하지만, 유아 후기인 6세 후반쯤부터는 나 이외의 것에 흥미를 갖는다. 놀이도 마찬가지이다. '나'에서 '저 장난감'으로 바뀐다. 더 크면 놀이도 목적이 있는 작업으로 바뀌고 작업은 추상적인 지식으로 바뀐다.

## 1) 흥미와 지식

유아의 발달 수준에 맞추어, 특히 그들의 지적 수준에 맞추어 교육활동을 제공함으로써 유아들이 그들의 잠재 능력을 발휘할 수 있고 더 높은 수준의 지적 능력을 가질 수 있도록 해야 한다는 개념은 유아교육전공자들이 자주 쓰는 말이다. 이제 그 개념을 살펴보자.

듀이는 1897년 발표한 「나의 교육신조」에서 교사는 아동의 흥미를 끊임없이 관찰하여야 한다고 했다. 관찰은 아동의 삶으로 들어가는 길이며 아동에게 가장 필요한 것을 어떻게 준비해 주어야 할지 알 수 있게 해 주기 때문이라고 했다. 교사는 "아동의 흥미에 적절하게 대응하기 위해 한 명 한 명에게 신뢰와 열망을 가져야 한다. 아동이 보이는 새로운 흥미를 무시한다면 그 교사는 아이를 노예로 교육하는 것이다. 노예가 아닌 자유로운 사람으로 교육하기 위해 교사는 아동의 흥미가 어떤 종류이며 어떻게 중재해 주면 이 흥미가 교육적인 경험으로 연결될지 적절한 도움을 줄 뿐 아니라 일단 자신이 택한 것을 성취한 후에는 어떤 책임을 져야 하는지도 깨닫게 해야 한다." 흥미에 대한 듀이의 이러한 설명은 프뢰벨이 『인간의 교육』 중 아동기 교육에서 밝힌 내용과 같다. 프뢰벨과 듀이의 차이점은, 프뢰벨은 0~6세 영유아들에게 표현의 기회를 주는 것을 우선한 후 아동기부터 흥미를 매개로 지식을 가르치라고 한 반면, 듀이는 표현의 기회를 주는 연령 및 방법에 대한 언급은 없이 아동기의 지적 교육만 제시했다는 점이다.

### (1) 흥미: 나와 사물 사이에 심리적 에너지가 흘러요

'흥미'의 어원은 라틴어 'inter-esse'이고 'to be between' '사이에 있는'이라는 뜻이다. 아동과 객관적인 지식 사이에 심리적 에너지가 흐르고 있다는 의미이다. 프뢰벨은 인간 교육의 궁극적 목적은 "지식 획득과 함께 도덕성을 형성하는 것이어서 이 세상에 태어나는 인간 한 사람 한 사람은 인류가 쌓아놓은 발전과 문화를 배워야만 하고, 할 수 있는 한 과거와 현재를 이해해야 한다."고 했다. 그러나 "교육의 관건은 지식교육을 시작하는 시점"이라고 프뢰벨은 강조했다. 유아이든 아동이든 그 아이에게 언제부터 지식을 배우게 할 것인지를 판단해야 한다고 했다. 특히 외부세계, 즉 지식의 세계를 소개하기 전에 어린이 내면의 신성을 충분히 표현할 수 있었는지를 파악하고 그 표현 내용에서 힌트를 발견하는 것이 중요하다고 했다.

100% 표현에 집중하던 아기들이 성장하면서 바깥세상에 대해 관심을 갖기 시작하면 관심이 가는 일들을 자신의 내면으로 빨아들이기 시작한다. 이 현상에 대해 프뢰벨은 어린 아기들은 "자신의 눈으로 보다가 관심이 생기면 무엇이든지 빨아들인다."라고 했으며, 아기의 경우 "몸 전체가 눈이라고 보는 것이 맞을 정도이다."라고 했다. 그러므로 부모와 교사는 표현할 수 있는 기회와 함께 "가장 가까운 외부세상으로의 안내"도 함께 시작해야 한다. 아기 때부터 외부세상에 노출시켜 익숙하게 느끼게 해 주면, 아동기에 이르러 지식을 향한 흥미가 쉽게 일어나기 때문이다. 아동기에 흥미가 발생해야 경험도 쌓이고 지식

도 배우게 된다는 것이 프뢰벨의 교육철학이다. 표현을 자유롭게 해 본 유아들이 자연 현상이나 사물에 대해 관심을 더 갖는 것을 관찰했 던 프뢰벨은 영유아기의 표현을 지식 터득의 기초 공사로 보았다.

유아 후기에서 아동기로 진입하는 시기에 유아들은 더 적극적으로 외부세계와 접촉할 수 있는 기회를 가져야 한다. 프뢰벨이 아이들의 성장 과정을 관찰한 결과, '자기활동' '자발적인 활동'이 활발한 유아들 은 아동기에도 지적 관심이 강하게 나타나고, 이 관심은 아동기에 그 들의 지식 탐구 동기를 일으키는 것을 발견했다. 프뢰벨이 출생 직후 의 아기들에게는 '표현', 영유아에게는 '관심', 아동들에게는 '관찰' '흥 미' '지식'이라는 용어를 사용하며 발달 시기에 따라 다른 교수방법과 태도로 가르친 것은 발달에 기초한 유아교육이었다.

프뢰벨 시대에도 선행학습이 문제였는지 그는 아동기 진입 직전의 유아를 둔 부모들이 발 빠르게 선행학습을 시켜 다른 아이들보다 빨 리, 다양한 교과목을 가르치려 한다면서 "이런 부모들은 유아의 삶이 아동기로 넘어가는 심오한 의미를 이해하지 못할 뿐 아니라 지식을 가 르치기 시작할 때를 잘못 판단하고 행동한다. …… 이런 부모들은 아 이들을 양육하는 데 실패할 뿐 아니라 잘못 안내하는 것이며 짓밟는 것이다."라고 적극 금지했다(Froebel, 2005).

독일의 철학자이자 교육사상가인 헤르바르트(Johann Friedrich Herbart)는 흥미란 학습자의 감정이 지식을 향해 움직여 가는 심리적 현상이라고 했다. 헤르바르트의 이론에 의하면 흥미는 아동으로 하여 금 지식을 배우려는 의지를 키우고 노력하게 만든다. 덧붙여 헤르바르 트는 교육의 궁극적 목적은 단순한 지식 습득만이 아니라, 도덕적 인 성 형성도 포함한다고 했다. 이 교육목적은 초등학교 이상의 아동들을 위한 프뢰벨의 궁극적 교육목적과 같다. 프뢰벨과 헤르바르트의 이론을 이어받은 듀이도 지식 습득, 도덕성 함양, 흥미 갖기를 강조한다. 듀이는 "아동들이 노력과 의지로 지식을 탐구하려는 태도를 갖게 해야 한다. 그렇게 교육하지 못한다면 교육을 한 것이 아니라 방임한 것이다." "지식을 가르치지 않는 교육은 잘못을 저지르는 것이다."라고 했다 (Archambault, 1974).

「의지 훈련과의 관계에서 본 흥미(Interest in Relation to Training of the Will)」라는 논문에서 듀이는 흥미란, 아동이 감정과 지식을 결합하여 그 가치를 알게 되는 "의식적 · 인지적 행위" "잠재 능력이 성장한다는 증거이자 징표" "머리에 떠오르지만 아직 모르는 지식을 향해 움직이는 생각의 흐름" "누가 시키지 않아도 알아봐야겠다는 의지로 지식을 향하는 것" "주관적 관심을 객관적으로 의미 있게 만드는 심리적 원동력" "아동의 학습 방향을 보여 주는 신호"라고 정의했다 (Archambault, 1974).

듀이에 의하면 유아 후기 또는 아동 초기 아이들은 사물에 대해 단

순한 흥미를 보인다. 이 단순한 흥미는 좀 더 심화된 후에야 지식을 배울 수 있다. 그래서 듀이는 유아들이 단순 흥미를 보일 때 적절히 도와주어 단순 흥미가 중재된 흥미(mediated interest)로 전환되게 해야 한다고 했다. 교사에 의해 중재된 흥미는 아동의 사고를 자극해 더 깊이 배우고 싶다는 마음을 일으키기 때문에 지식 수준을 향상시킨다는 것이 그 이유였다.

흥미에 대한 듀이의 교육철학 개념을 분석해 보면 유아교육자들이 가지고 있는 흥미에 대한 개념과 다르다. 듀이가 이야기하는 흥미는 초등학교에 입학한 아동들이 교육과정의 내용, 즉 지식에 대해 갖는 지적 호기심을 의미하는 반면, 유아교육자들이 생각하는 흥미는 유아들이 놀이와 사물에 대해 갖는 관심 수준이다. 따라서 대학에서 교직과목으로 듀이의 교육철학을 이수하고 프뢰벨의 교육철학을 접하지 못한 유아교육전공자들은 큰 아이들을 위한 듀이의 교육목적을 유아를 위한 교육목적으로 동일시하여 적용했을 뿐 아니라 흥미를 지식과 연결하는 대신 놀이와 자발 활동과 연결하는 결과를 초래했다. 그래서 유치원·어린이집에서 지식탐구를 과하게 시키는 경우도 발생했다.

듀이가 0~6세를 위한 유아교육철학을 제시한 적이 없는 사실을 감안할 때, 지금까지 유아교육계는 0~6세 영유아를 위한 교육에 듀이의 초등학생 대상 교육철학이론을 적용해 왔거나, 철학은 없이 놀이와 활동 중심의 교육을 해 왔다고 볼 수 있다. 프뢰벨처럼 듀이도 초등학교 아동들에게 지식을 선행학습시켜서는 안 된다고 했지만, 듀이는 교사의 도움이 절대적으로 필요하다는 말을 함께 하면서 "아동들이 노력과 의지로 지식을 탐구하려는 태도를 갖게 하지 못한다면 교육을 한 것이 아니라 방임한 것이다." "지식을 가르치지 않는 교육은 잘못을 저지르는 것이다."라며 교사 중재가 교과내용을 중심으로 되어야 함을 주장했다. 아동의 지식학습을 돕는 교사야말로 아동중심교육을 수행하는 훌륭한 교사라고 생각했던 듀이는 돕는 과정에서 아동들이 지적 흥미를 갖는 데 꼭 필요한 객관성·학습의욕·분석능력을 갖게 해야 한다고 했다.

유아교육전공자뿐 아니라 타급 학교 교육전공자들도 듀이의 흥미이론이 혼돈을 일으킨다고 토로했다(고윤희, 이기영, 2004). 혼돈을 일으키는 이유를 두 가지로 정리한 이홍우(1995) 서울대 교수는 첫째, 우리나라 교육자들이 주지주의자인 듀이를, 표현·놀이·경험을 중요히 여기는 진보주의 교육철학자로 오인했기 때문이다. 둘째, 듀이가 아동의 감정 생활과 지적 생활을 어떻게 연결할 수 있는지에 대해 이론을 제시한 적이 없고 교실 현장에서 실천으로 보인 적도 없었기 때문에 오해가 일어난다고 분석했다.

우리나라 교육자들이 듀이를 진보주의자로 혼돈하게 된 원인은 그가 컬럼비아대학교에 재직하는 시기에 킬패트릭도 교수로서 가르쳤기 때문에 킬패트릭의 진보주의 교육철학과 듀이의 철학 성향이 같다고 해석했기 때문이었다. 그곳에서 유학한 외국 학생들은 킬패트릭과 듀이 모두 진보주의 교육철학자라는 편견을 갖게 되었었다. 프뢰벨의 유치원 교육론을 심도 있게 공부했던 킬패트릭은 듀이의 교육철학 이론이 프뢰벨의 『인간의 교육』 후반부 아동기 교육의 이론과 유사하다고 평가했다. 킬패트릭은 이 사실을 1939년 듀이에게 직접 확인했다. 듀이가 자신은 진보주의 교육철학자가 아니며 주지주의자라고 인정했던 것과, 0~6세 영유아교육에 대한 관심은 없이 아동기의 지식교육에 집중했던 것을 알 수 있었던 면담결과였다.

## (2) 지식: 세상 사물에 대해 알기 시작해요

유아교육사전에 의하면 지식은 "올바른 근거에 입각한 참 신념, 즉 감각경험이나 타당한 추리를 통하여 대상을 명확하게 인식하여 의심하거나 혼돈하지 않는 마음의 상태를 말한다. 통속적으로 이 상태를 '언어로 표현한 진술'을 뜻하기도 한다. …… 예컨대, '지구는 둥글다'는 것을 '안다'는 것은 그것을 끊임없이 의식하고 있다는 뜻이 아니라, '지구는 둥글다'라는 사실이 필요할 때마다 동일한 내용으로 의식에서 꺼낼 수 있다는 뜻이다." 듀이에 의하면, 흥미는 아동 내면의 심리적·정서적 요인에서 시작되어 지식을 향하는 지적 관심의 흐름이다(Archambault, 1974). 지식은 내면에서 나오는 것이 아니라 외부세계에 쌓인 사회적 문화유산이다. 따라서 아동들이 지식을 배우고 싶다면 노력해서 배워야만 자기 것이 된다.

프뢰벨은 개별 유아가 성장하는 과정에서 지식을 접하게 될 때가 자연스럽게 오므로 영유아기부터 지식을 가르치지 말라고 했다. 아기 때는 표현하는 것으로 시작해서 외부세계에 관심을 갖게 되는 발달 특징을 갖고 있기 때문에 지식을 먼저 가르치는 것은 어린아이에게 어른 옷을 입히는 것과 같다. 유아가 커가는 과정에서 지식에 접해 볼 기회를 만나면 호기심이 생기고 관심이 더 가는 사물을 접하게 되면 관심이 관찰로 이어질 것이다. 아동기에는 관찰이 흥미로 바뀌고 흥미가 지식으로 연결되어 아동들의 지식 습득 능력은 향상된다. 유아중심교육 또는 아동중심교육은 그들의 발달 특징에 알맞은 내용을 가르치라는 의미이기 때문에 지식교육은 유아기가 아니라 아동기에 진입한 후에 가르치기 시작해도 늦지 않다.

프뢰벨은 유아들이 몇 살 되었을 때 지식을 제공해야 하는지에 대한 정답은 없다고 했다. 지식을 접목시켜 주어야 하는 연령이 정해진 것이 아니라 유아 개개인의 발달 수준에 따라, 관심 영역에 따라 그 시기와 교육방법이 결정되어야 한다는 것이 프뢰벨의 철학이다. 프뢰벨에 의하면 유아에 따라 관심의 수준이 폭넓고 깊은 유아가 있는가 하면 더 어린 연령의 유아들이 관심 수준에 머물러 있는 경우도 있다. 프뢰벨에 의하면 아이들의 발달에는 어느 영역이든 개인차가 있으므로 영유아 교사는 수동적으로 따라가고 아이는 능동적이 되어야 한다.

　듀이에 의하면 교사들은 아동들로 하여금 지식에 대해 흥미를 갖게 해야 한다. 그러나 흥미만 가지고는 지식을 배울 수 없으므로 교사는 아동들로 하여금 먼저 지식을 배우겠다는 결단력과 의지를 갖게 하고, 초등학교에 입학하면 교사가 적절하게 도와야 한다(Archambault, 1974). 아동들이 지식체계에 접근하려는 의지를 갖도록 다양한 방법으로 환경을 구성하고 다양한 교수–학습 방법을 적용하는 것을 예로 들 수 있다. 교사의 이러한 노력을 듀이는 교사의 '책임 있는 개입' 또는 '중재'로 불렀다. 아동들이 흥미를 느끼는 과정, 배우고 싶은 지식의 유

형, 의지력과 노력의 정도를 지속적으로 관찰하며 파악하고 있다가 도와주어야 할 시점을 파악하고 적절한 지식을 선택하여 개입 또는 중재하는 교사야말로 아동중심교육을 하는 교사이다. 그러나 사탕발림 전략으로 '위장된 자극'을 써서 공부하게 만들거나 아동 자신이 하고 싶은 것, 궁금한 것만 하게 내버려 두는 것은 의지력 없는 나약한 사람으로 키우는 것이라고 경고했다(Archambault, 1974).

앞에서 듀이가 말한 '책임 있는 개입' 또는 '중재'의 의미는 프뢰벨이나 실러가 이야기하는 의미와 차이가 있다. 프뢰벨과 실러는 영유아들이 의문과 관심을 갖기 시작할 때 교육을 유아로부터 시작하여 유아/아동들이 학습 주도권을 갖고 능동적으로 관찰도 하고 주의집중하는 등 자기 방식으로 놀이, 활동, 지식을 택하게 하는 것을 교사의 개입 또는 중재라고 보았던 반면, 듀이는 교사들이 아동들을 위해 선택한 지식의 내용을 단계별 교육과정으로 구성하는 것, 아동들이 열심히 노력해서 지식을 배우려고 노력하게 만드는 것이 아동중심교육이라고 보았다. 교사가 아동으로 하여금 지식 추구의 의지를 갖도록 주도적으로 돕는 것을 개입이고 중재라고 보았던 것이다.

듀이는 초등학교 아동들에게 지식을 효율적으로 가르치려는 교사는 먼저 지식 차원에서 준비가 되어야 한다고 강조했다(Archambault, 1974). 듀이에 의하면 교사는 지식을 충분히 쌓으면서 지내다가 아동들이 무엇을 알고 싶어 하든 아동과 지식을 연결시켜 줄 수 있어야 한다. 교사가 아동의 지식추구 의지를 독려하지 못한다면 아동들은 배울 수 없기 때문이다. 교사의 도움으로 아동들은 지식 그 자체를 객관적 · 분석적으로 이해할 수 있게 되는데 이 객관적 사고와 분석 능력은 고차원적 지적 흥미를 갖는 데 절대적으로 필요한 능력이다.

듀이는 "아동의 개별성, 엉뚱함, 경험은 무시하거나 최소화하라. 이러한 것들을 우리는 멀리할 필요가 있다. …… 교육자로서 우리들이 해야 할 일은, 아동들이 피상적이고 우발적인 방법으로 지식을 터득하게 되는 것이 아니라 안정적이고 체계화된 지식을 확실하게 배우도록 해야만 한다."고 강조했다(Archambault, 1974). 아동 개인의 느낌이나 생각이 교육내용으로 연결되는 것을 낭비로 본 것이다. 지식을 다루는 차원에서만 볼 때 듀이와 프뢰벨은 반대의 위치에 있다. 0~6세의 교육에 대해 말할 때 프뢰벨은 유아의 방식대로 놀이 활동을 할 수 있도록 기회를 주라고 했고, 듀이는 7~12세 아동들이 지식을 확실하게 배우는 것을 중요시했다. 프뢰벨도 7~12세 아동대상 교육에서 지식을 다루었지만, 듀이는 0~6세 영유아의 교육에 대해 관심이 없었다. 듀이가 프뢰벨의 영유아교육을 자신의 아동교육 잣대로 평가한 것이다. 교육현장에서 0~6세 유아들을 가르쳐 본 경험이 없었기 때문에 일어난 일이었다.

## 2) 놀이와 교육내용

코메니우스는 놀잇감과 놀이의 중요성을 세계 처음으로 밝혔지만 놀이 방법에 대한 이론은 제시하지 않았다. 놀이는 영유아에게 가장 중요한 교육활동이라고 하며 놀잇감까지 만들었던 철학자는 프뢰벨이다. 프뢰벨의 교육방법을 높게 평가한 초등교육 장학사 실러의 교수방법 역시 학습자중심 교수─학습 방법이어서 여기서는 프뢰벨과 실러의 놀이 관련 이론을 알아본다.

### (1) 놀이: 유아들의 사업

코메니우스에 의하면 부모와 교사는 0~6세 영유아들에게 생활에 필요한 기초적 수준의 윤리 · 도덕 · 기본습관을 배우게 하고 부지런히 일하는 습관을 갖게 해야 한다. 그러나 유아들에게 도덕, 윤리와 같은 추상적인 내용을 말로 가르치는 것은 어렵기도 하고 또 주입식으로 교육하면 효과도 없다. 대신 "나무토막으로 만든 말, 소, 양, 의자와 같은 놀잇감을 '자기 방식대로' 갖고 놀게 하면 어려운 내용이어도 조금씩 터득하게 된다." "감수성이 높은 출생 후부터 만 5~6세 사이의 유아들의 뇌는 자기 방식대로 놀며 배울 수 있을 때 그 기초가 잘 형성되기 때문"이다. 코메니우스는 이미 400년 전에, 관찰에 의해, 만 5세 미만 영유아의 뇌 발달이 이루어지므로 최선을 다해 양육하고 교육하라고 권고했다(Comenius, 2003).

프뢰벨은 영아기와 유아기에는 '놀이'라는 단어를 사용했고 아동기에는 경험 · 교육내용이라는 단어를 사용했다. 두 번의 결혼에도 아기가 없었던 프뢰벨은 젖먹이부터 아동기에 이르기까지의 조카들을 오랫동안 관찰하는 과정에서 자신의 교육철학이론을 구성했다. 영유아기에는 신성 발현의 과정에서 갓난아기들이 신체(손, 손가락, 입술, 혀, 다리 등)를 움직이며 자연스럽게 열심히 움직이는 것을 관찰한 프뢰벨은 "이것이 바로 아기들의 놀이"라고 정의했다. 아기들이 스스로 움직이며, 느낌을 표현하는 자유로운 몸짓이 아기들의 감각과 정신을 활성화하는 것을 발견했던 것이다. 세계 최초로 '아기의 움직임'까지도 놀이로 인정한 대단한 일이 프뢰벨에 의해 시작되었다.

프뢰벨에 의하면 부모들은, 영아기 아기들의 초기 놀이를 조심스럽게, 관심을 갖고, 지켜보다가 아기가 도움을 필요로 하는 순간 적절히 상호작용해야 한다. 심심하거나 불편한 상황이 많아지면, 자동적으로 눈과 얼굴을 찡그리는 아이로 성장하기 때문이다. 어려서부터 활발하게 놀며 긍정적인 인성을 형성하는 것은 대단히 중요한 일이다. 프뢰벨은 "어른들의 작은 관심과 사랑은 아기를 행복하게 할 수 있는 반면, 어른들의 무관심과 그릇된 양육은 아기를 불행하게 만든다. 아기의 얼굴에 근심, 두려움이 나타나는 상황이 반복해서 일어나면 아기의 자신감은 아예 발달하지 않는다. 다른 아이들과 친구를 맺는 것조차 두려워하는 외톨이로 성장할 가능성도 높아진다."고 우려했다(Froebel, 2005).

그러므로 부모들은 갓난아기 때부터 아기들이 다양한 사물을 보고, 자유롭게 보고 듣고 움직이며 놀 수 있는 환경을 마련해 주어야 한다. 예를 들어, 아기들 곁에 새장을 달아주어 움직이는 모습을 보게 하는 등 아기들의 마음이 쏠릴 수 있게 해 주기도 하고, 손유희도 함께 하고, 노래도 불러주고 색색의 털실을 짜서 공(요즈음의 모빌)을 만들어 걸어 주어 아기들이 손으로 건드리며 놀게 하는 것이다. 단순히 말을 걸어주고 아기가 내는 소리에 반응해 주는 것 자체도 아이들은 행복감을 느낀다.

프뢰벨은 0~6세 영유아들의 놀이를 관찰한 결과 연령에 따라 놀이의 선호도와 난이도가 달라지는 것을 관찰했다. 영아기에는 표현 그 자체에 몰입하고, 유아기에는 놀이 그 자체를 즐기며, 조금 더 커서 유아 후기에 진입하면 놀이의 목적을 세우고 활동한다. 초등학교에 입학할 연령에 이르면 지적 성취 본능을 만족시킬 수 있는 놀이를 선호한다. 초등학교 수준의 아동들도 영유아기 아이들처럼 어른들의 적절한 개입과 중재가 필요하다는 것을 프뢰벨은 관찰했다. 프뢰벨은 아이들의 놀이에 목적이 생기는 순간 놀이는 작업으로 바뀐다고 했다. 작업이 된 놀이는 더욱 심화되어 자신이 지금 하고 있는 작업이 좋은 결과를 거두기를 바란다. 또 부모나 교사 등 그들에게 영향을 주는 어른들이 인정해 줄 때 아이들은 자신이 한 작업의 의미를 파악한다.

나름대로 정성을 들여 그린 그림이나 작품을 어른들이 함부로 다루면 마음의 상처를 받기도 한다. 어른들은 아이들의 놀이나 작업을 신중하고 정직하게 대해야 한다. 칭찬을 해 줄 것은 사실에 기초해서 "이 부분이 ○○○ 그려져서 ○○한 느낌이 든다."든가 잘못한 부분은 야단을 치는 대신에 대안을 제시해 주면 된다. 유아들은 후기 유아기까지는 목적 없이 놀지만, 놀이 기회가 많아지고 인지 능력이 향상되면 서서히 규칙과 결과가 있는 놀이를 하다가 작업을 하게 된다(Froebel, 2005).

감각 기능과 신체 기능이 발달하여 '자기 방식대로' '말하고 행동하는' 유아기 아이들은 자신의 느낌과 생각을 다양한 형태로 놀이에 담는다. 이를 관찰한 프뢰벨은 "유아의 놀이는 생활 그 자체이다." "놀이는 유아기에 나타나는 가장 최고의 모습이다." "가장 순수하며 영적인 활동인 동시에 인간의 삶 전체를 표상하는 활동이다." "놀이는 성장한 후에 향유하게 될 삶의 싹을 가지고 있다." "놀이를 하며 영유아는 전인으로 발달한다." "놀이를 하며 마음속 깊은 곳의 가장 예민한 성향을 그대로 나타낸다."고 했다. 프뢰벨은 영유아들의 신성이 발현되는 동안, 그 과정을 유심히 관찰하며 필요한 도움을 주고, 아기의 놀이가 끝났을 때 그다음 무엇을 어떻게 도와줄지에 대해서도 생각하고 있다가 필요할 때마다 놀이 환경을 구성해 주어야 한다고 했다. 영유아 내면으로부터 표현되는 내용을 교육의 시작으로 하여 작업의 단계까지 이어지게 하라는 것이다. 프뢰벨은 영아/유아/아동들의 놀이를 활성화해 주고 싶어 게임, 손유희, 자연 관찰하기, 화단 가꾸기, 공놀이, 그림자 놀이와 같은 다양한 활동을 개발하여 제공했을 뿐 아니라 나무블록 놀이의 원조가 된 '은물'과 미술 활동의 기원이 된 '작업'도 다수 창안하여 제공했다.

프뢰벨의 교육철학을 따랐던 영국의 실천적 교육철학자 실러 역시 아이들이 즐기는 다양한 활동은 모두 놀이라고 했다. 실러에 의하면 놀이는 '사물을 가지고 노는 놀이'와 '누군가가 되어 보는 놀이'로 나뉜다. 사물을 가지고 노는 놀이는 모래놀이, 음악놀이, 블록놀이, 물놀이, 바깥놀이, 자전거 놀이 등이고 '누군가가 되어 보는 놀이'는 역할놀이, 극놀이로 분류했다. 사물을 가지고 노는 과정에서 유아들은 물질의 모양이나 질감을 느끼고 탐색하며 생각하게 될 것이고 그 느낌과 생각을 기초로 나름대로의 상상력을 발휘하여 창의적인 무엇인가를 만들어 내는 놀이를 한다. 누군가가 되어보는 대상은 사람뿐만 아니라 동물, 식물 등 생명을 가진 것 모두이다. 엄마, 아빠가 되어볼 수도

있고 선생님이 될 수도 있으며 고양이가 되어보고, 만화나 영화에 나오는 인물의 역할도 해 볼 수 있다. 다른 사람이 되어보는 놀이는 유아로 하여금 다른 사람과 동일시해 보는 기회를 주기 때문에 다른 사람을 이해하는 능력이 증진된다. 그런데 누군가가 되어보는 놀이는 유아 개개인의 흥미에 따라 다르게 시작되므로 유아 자신이 선택할 수 있도록 가능한 한 기회를 많이 주는 것이 좋다고 실러는 권고했다. 자신이 다른 사람처럼 옷 입고 생각하고 말해 보며 놀아보는 동안 그 유아는 자신을 타인과 동일시하게 되고 이해도 하게 됨으로써 사회적 성장을 시작한다. 따라서 유아의 놀이와 대화는 사회적 관계 맺기의 시작이자 과정이자 결과라고 실러는 단언했다. 이와 같이 놀이로 유아들이 전인으로 성장하게 된다는 실러의 신념은 프뢰벨의 이론과 맥락이 같다. 현대적 개념에서 볼 때, 영유아들이 노는 동안 전인으로 성장한다는 것은 신체적 발달, 정서적 발달, 사회적 발달, 인지적 발달이 모두 일어난다는 의미이다.

만약에 우리 어른들, 특히 아이들을 가르치는 교사가, 그들이 자유롭게 놀도록 놔둔다면 아이들은 그 상황에 대해 흥미를 갖게 될 것이다. 곧이어 그 흥미는 관찰을 하도록 자극을 줄 뿐 아니라 생각의 초점을 잡게 해서 사물이나 사건의 특성을 좀 더 명확하게 인식하게 만든다. 이 명확한 인식은 수학, 과학 등 지식을 쉽게 배울 수 있게 해 준다. 실러는 아동들에게 '자기 자신의 방식대로' 배울 수 있는 기회를 많이 준다면, 그리고 교사가 적절한 시기에 적절한 방법으로 중재와 개입을 한다면 어려운 지식도 다 배워 낼 수 있다고 했다. 실러는 초등학교 학생들을 가르칠 때 실제로 개별 아동중심의 교육을 실천하여 효과를 본 교육자이다.

실러는 영유아의 발달에 알맞은 놀이를 하도록 해 주고 아동기에 다양한 경험이 쌓이게 돕지 않는다면 교육에 투자되는 모든 재정지원과 노력은 효과가 없을 것이라고 했다. 누구에게 달렸을까? 부모와 교사의 교육철학이 바뀌어 유아중심/아동중심 교수-학습 방법으로 단 한 명의 아이도 놓치지 않고 실천하겠다는 의지가 생길 때 가능하다.

### (2) 교육내용: 선생님! 내가 알고 싶은 것을 가르쳐 주세요

'초등학교' '교육내용'이란 단어를 생각하는 즉시 '교과서'가 떠오른다. 유아에게는 교과서가 없어야 했지만 학교 다니는 아동에게는 체계적인 교육내용이 항상 있어 왔기 때문이다. 이 습관으로 인해 유아교육기관에 자녀를 보내는 학부모들 중에는 유치원에서도 유아용 지식이 담긴 책을 사용해야 한다고 주장하는 이들이 있다. 실제로 유아용 학습지를 만들어 파는 출판사도 있고 교과서 형식의 자료를 사용해 유아 대상 학원을 운영하는 곳도 많다. 프뢰벨 역시 영유아들에게도 교육내용이 있어야 한다고 했다. 단 그들의 발달 단계인 신생아기, 영아기, 유아기에 알맞은 교육내용을 개별 영유아에 맞추어 선택해야 한다는 것이 큰 차이점이다. 3세 미만의 영아를 둔 젊은 부모들이 반드시 해야 할 일은 1일 최소 3시간 정도의 시간을 아기들과 사랑을 나누며 상호작용하는 것이다.

프뢰벨이 권고한 신생아기의 교육내용은 전적으로 아기들의 표현에 의해 결정된다. 아기마다 표현하는 특성이 달라 그들을 위한 교육내용은 아기 수만큼 다양할 것이다. 아기가 출생한 직후에는 내면으로부터 표현되는 것이 교육내용이 되어야 하기 때문에 아기 한 명에 선생님이 최소한 한 명 있어야 한다. 그 선생님은 바로 그 아기를 낳은 엄마, 아빠일 것이고 그 가족이 될 것이며 가족에 버금가는 사랑과 친밀감을 가진 다른 사람일 수도 있다. 이제는 젊은 엄마들도 직업을 가지는 상황이어서 정부차원에서 아기 부모들이 애착형성에 직접 개입할 수 있도록 양육 정책을 수립하여야 한다. 지능이 높은 아기들이라도 아기 시절 인성이 망가지거나 심리적 트라우마가 생기면, 이후 고치기 힘들다는 것은 이제 상식이다. 게다가 그릇 형성된 인성은 비도덕적·비사회적 문제로 이어지기 때문에 경제적 손실은 더 크게 된다. 직장에 다니는 아기 엄마, 아빠는 아기를 보육시설이나 가족 또는 아기 보는 이에게 맡겨야 할 것이지만 보육시설의 유아담당 교사들이 실행해야 할 교육내용은 아기가 표현하는 내용을 관찰로 파악하여 상호작용하는 것이다. 아기가 표현하는 내용을 유심히 관찰하는 어른만이 그 아기에게 가장 알맞은 교육내용을 적용할 수 있다.

아기를 키우는 어른들은 아기가 내는 소리가 무엇이든지, 표정에 어떤 내용이 보이든지 아기의 몸 움직임으로 표현되는 내용을 파악해서 반응해 주어야만 한다. 아기를 사랑하며 주의 깊게 관찰하는 어른일수록 아기가 필요로 하는 교육내용에 근접할 수 있다. 신생아기가 지나 영아가 되면 외부세계로부터의 자극이 아기의 내면으로 들어와 섞이기 시작한다. 아기 때부터 상호작용을 해 준 엄마, 아빠에게 더 친근감을 보이는 것, 영아가 하는 옹알이가 어딘지 엄마, 아빠가 내는 소리와 비슷한 것 등이 그렇다. 잘 들어보면 아기마다 옹알이 소리가 다르다. 엄마, 아빠가 영아기 자녀의 소리를 추측해서 "속상했어?" "좋다는 말이야?" 하며 그 소리의 의미에 비슷하게 말로 해 주면 아기는 단어를 분명히 발음하지는 못하지만 같은 소리를 내보려고 노력한다. 자신이 표현한 것에 반응해 주는 어른들의 소리를 들으며 인정받는 느낌을 갖게 되면 더욱 자유롭게 표현한다. 영아에게 '엄마' '엄마'를 매일 반복해서 들려주고 관찰해 보라. 아이는 엄마, 아빠의 입에서 나오는 소리를 입을 오물거리며 시도하는 모습을 보인다. 또 눈은 엄마, 아빠의 입을 향해 있다. 어느 순간 아기가 어렵게 "어……" 할 때 크게 기뻐하며 "○○야, '엄마' 했어? 아이 예뻐라!" 하는 부모를 보며 자신이 뭔가 잘했음을 인지하고 있는 힘을 다해 다시 시도한다. 드디어 "엄마"가 튀어나오고, "아빠" 소리도 시도한다. 선생님인 엄마, 아빠는 영아가 해 낼 수 있는 내용을 기초로 시작하여 교육에 성공한 것이다.

유아기가 되면 외부로부터 들어오는 내용이 더 많아지기 때문에 아이들은 관심이 가는 사물을 선택하기 시작한다. 본인이 느끼고 생각하는 내용 이외에 외부에서 들어온 자극이 영향을 주기 때문에 교육내용은 주관적인 것에서 조금씩 객관적인 사실로 옮겨간다. 성장하면서 좀 더 객관적이고 복잡해진다. 따라서 놀이는 목적이 없는 놀이에서부터 목적을 가진 놀이로 옮겨가고, 다시 규칙이 있는 놀이로 옮겼다가, 작업으로 바뀐다. 교육내용의 수준, 유형, 범위가 다양해지고 넓어진다.

**나도
철학자**

**#4**

1. 요즘 흥미가 느껴지는 일이 있는가? 대학 1학년인 어떤 학생은 파스타를 잘 만들고 싶어 수차례의 시도 끝에 맛있는 파스타를 만들었지만 그렇다고 셰프가 될 계획은 없다고 한다. 내가 지금 흥미를 느끼고 있는 주제를 생각해 보자. 이 흥미를 발전시켜 지식으로 이어지게 할 수 있는 방법을 생각해 보자.

2. 유치원을 방문하여 만 3, 4, 5세 유아를 살펴보자. 각 연령대 유아들은 놀이를 무엇으로 어떻게 노는지 관찰하고 적어 보자. 이 세 연령대 유아들의 놀이 특성을 관찰한 후 토의하고 글로 써 보자.

3. 표현의 기회는 어른들에게도 중요하지만 아기들에게는 정말 중요하다. 출생부터 만 3세 미만 영아들의 표현을 관찰해 보자. 갓 태어난 아기, 돌이 된 아기, 두 살이 된 아기, 만 세 돌이 된 아기들을 만나 그들의 표현 활동을 관찰해 보자. 이를 위해 4~5명의 친구들이 소그룹을 만들어 계획하고 섭외하고 허락을 받아 사진을 찍어 그 경험을 서로 나누어 보자.

# 제 3 장

# 유아교육철학의 시작

유아교육전공 학생들은 '활동중심 통합교육' '상호작용이론에 기초한 유아교육과정' '생활주제 유치원 교육과정' '아동교육철학' '아동중심 교수–학습 방법' '생활중심교육' '경험중심교육' '학습자중심교육' '자기주도적 교육' '열린교육' 'High Scope Program' '발달에 적합한 교육' '눈높이 교육' '숲유치원' '레지오 에밀리아' '구성주의 유아교육' '발도르프 교육' 등 많은 프로그램 명칭을 듣게 된다. 각각의 프로그램은 그들 나름대로, 영유아들에게 최선이라고 생각하는 교육내용을 활동으로 바꿀 수 있도록 만든 0~6세 유아 대상 프로그램들이다.

이 프로그램들은 0~6세 유아를 위한 교육에 초점을 맞추었기 때문에 교육의 내용이나 방법이 같은 듯 다르고 다른 듯 비슷하다. 지금까지 우리나라 유아교육계는 이 프로그램들이 유아교육철학에 기초해서 만들어진 것이라는 암묵적 합의를 해 오고 있으나 교육철학적 개념에 기초하여 체계화된 것은 아니다. 역사에 기록된 교육철학자들 중 대부분은 문화적·역사적 사실을 후세대에 전달해 주는 것을 교육의 목적으로 보았기 때문에 지식교육이 시작되는 초등학교 이상의 아동들을 위한 교육철학자들의 이론이 주류를 이루고 있다.

# 1. 교육철학자의 무관심과 유아교육철학의 필요성

바로우(R. Barrow)와 우드(R. Woods)는 『교육철학입문』에서 "철학이란 지식의 체계로 고정된 것이 아니다. 철학이란 …… 다양한 사람들이 모여 사물에 대해, 우리들의 삶에 대해 함께 생각하고 진지하게 토의하여 합의에 이르는 역동적 사고의 과정이다."라고 했고(Woods & Barrow, 2006), 분석철학자 비트겐슈타인(Wittgenstein)은 '사고(思考)의 논리적 명료화'가 철학이라고 했다(Kneller, 1995).

이들의 정의에 기초해 볼 때, 교육철학은 교육받을 대상인 학생들이 가질 수 있는 다양한 문제를 함께 생각하고 진지하게 토의하여 해결책을 생각해 내거나 합의에 이르는 역동적 사고의 과정이다. 따라서 유아교육철학은 "영유아를 가르치는 교수·교사·학생·학부모들이 0~6세 영유아의 교육에 대해 진지하게 생각하고 토의하여 유아교육에 대한 제반 사항을 계획하고 행동하는 역동적 사고의 과정"이라고 정의할 수 있을 것이다. 그렇다면 교육철학자 중에 0~6세 연령에 해당하는 유아의 교육에 대해 관심을 가진 철학자들은 누구일까? 이에 대하여 0~6세 유아, 7~12세 아동의 교육에 관심을 가진 교육철학자로 분류해 살펴보자.

⟨표 3-1⟩ **교육철학자의 관심 연령 분류**

| 0~6세 | | 7~12세 이상 | |
|---|---|---|---|
| | | 소크라테스 | 470~399 B.C. |
| | | 플라톤 | 427~347 B.C. |
| | | 아리스토텔레스 | 384~322 B.C. |
| **코메니우스** | **1592~1670** | **코메니우스** | **1592~1670** |
| 오웬 | 1771~1858 | 로크 | 1632~1704 |
| **프뢰벨** | **1782~1852** | 루소 | 1712~1778 |
| 킬패트릭 | 1871~1964 | 칸트 | 1724~1804 |
| 실러 | 1895~1976 | 페스탈로치 | 1746~1827 |
| | | 훔볼트 | 1769~1859 |
| | | 헤르바르트 | 1776~1841 |
| | | **프뢰벨** | **1782~1852** |
| | | 듀이 | 1859~1952 |
| | | 킬패트릭 | 1871~1964 |

⟨표 3-1⟩에 제시한 교육철학자들을 살펴보면 코메니우스, 오웬, 프뢰벨, 킬패트릭, 실러를 제외한 철학자들의 관심대상 연령은 7세 이상의 아동이었다. 소크라테스, 플라톤, 칸트와 같은 관념론을 신봉하는 철학자들은 학생들이 도덕적 가치나 행위를 배워야 하고 실천해야만 한다고 확신했었고, 진선미(眞善美)와 같은 덕목을 중요하게 생각했다. "지식은 아동에게 주입되는 것이 아니고 아동으로부터 이끌어 내는 것 …… 그러나 교재는 아동이 그 자신을 위하여 결정하는 것이 아니고 교사가 아동으로부터 발전시킬 수 있는 것이어야 한다."고 말할 정도로 도덕교육과 지식교육에 관심을 갖는 교육철학자들은 7세 이후의 아동교육에 관심을 두어왔다(Kneller, 1995).

우리가 잘 알고 있는 페스탈로치는 초등학교 아동들에게 실물교육을 하게 하여, 지식을 배우더라도 실물로 하면 아동들이 더 쉽게 배울 수 있다는 것을 깨닫게 했다. 유아교육전공자들이 페스탈로치의 실물교육을 유아들에게 적용하여 많은 도움을 받았지만 페스탈로치가 관심을 두었던 교육대상 역시 초등학교 이상의 아동들이었다. 또 그들은 실물로 교육하면서 관련 지식을 터득하게 하는 것이 목적이었다.

루소는 "아동은 어른의 축소판이 아니다."라고 한 세계 최초의 철학자일 뿐 아니라 아동이 이성적으로 생각할 수 있는 능력이 생긴 후에야 추상적 사고를 가르쳐야 한다고 했다. 그러나 그의 유명한 교육소설 『에밀(Émile)』에서는 아동의 연령이 12~15세가 될 때 책을 읽히라고 했다. 그는 자신의 자녀들이 태어나자마자 모두 고아원으로 보낼 정도로 영유아의 발달이나 교육에 대해 무관심했다(정세화, 1997; Rousseau, 1976).

과거 대부분의 어른들은 0~6세 영유아는 교육의 대상이 아니라 돌봄의 대상이고 보모가 필요하다는 인식을 갖고 있었다. 이들을 위한 교육철학의 필요성도 느끼지 못했다. 학과 명칭이나 대학교재에도 '유아교육'이 아니라 돌봄을 의미하는 '보육'을 썼다. 그런 분위기에서 유치원 관계자들은 초등학교 아동들을 교육하는 것처럼 유아들도 교육의 대상이 되기를 소망하는 차원에서 '아동'의 범주에 0~6세를 포함시켜 사용했었다. 1979년 UN이 세계 어린이의 해를 선포한 다음 해인 1980년부터 중앙대학교 보육과와 덕성여자대학교 보육과가 유아교육학과로 개칭했고, 뒤이어 전국의 대학교 보육학과들이 유아교육과로 개칭했다. 이화여대는 1949년 보육학과(김애마 학장)를 '교육학과 학령전교육전공'으로 바꾸었다가 1994년 교육학과에서 분리하여 유아교육학과로 개칭했다. 대학교재에도 '유아~' 또는 '아동~'이 붙은 과목 명칭이 출판되기 시작했다. 그러나 이 시기에도 교육철학이라는 과목

은 있었지만 아동교육철학이라는 과목 또는 유아교육철학이란 용어
는 없었다.

아동중심교육(child-centered education)이라는 용어는, 프뢰벨의 교
육방법을 미국의 초등학교 교실에 접목해 교육개혁에 성공했던 장학
사 파커(Parker)가 처음 사용했다. 프뢰벨이 『인간의 교육』 후반부에
저술한 초등학교 아동을 위한 아동중심교육을 미국 초등학교 교실에
실천한 파커에 의해 진보주의 교육으로 확대되어 미국 전역으로 퍼지
면서 아동중심교육이라는 용어가 많이 쓰이고 있다. 특히 미국에서 교
육학을 전공한 학자들은 아동중심교육 또는 아동교육철학이라는 용
어에 익숙하다. 거의 암묵적으로 우리나라 유아교육자들은 0~6세 영
유아도 아동중심 교육철학의 대상에 포함해 왔다. 이제 유아교육의 학
문적 발전을 위해 초등학교 아동들을 위한 아동교육철학과 0~6세 영
유아교육을 차별화해서 유아교육철학을 별도로 사용해야 할 시점에
왔다.

코메니우스 이후 루소는 자연주의를 부르짖으며 자연환경에서 아
동들의 지적 호기심을 자극하고 정신적 존재로서 주어진 능력을 발현
하도록 해야 한다고 했으나, 본인의 자녀 5명을 모두 고아원에 보냈고
교육도 12세 이후에 해야 한다고 하여 영유아교육과 관련이 없다(정세
화, 1997). 페스탈로치 역시 실물교육을 주장했으나 관심을 두었던 교
육대상이 초등학교 이상의 아동들이었고 영유아교육에는 관심이 없
었다. 지금까지 우리나라 유아교육 분야는 '유아교육철학'이라는 용어
없이, 체계화된 이론도 없이, 교육학전공 분야의 교육철학 이론에 의
지해 프로그램을 만들며 실천중심의 교육을 열심히 해왔다.

이제는 유아교육철학을 체계화할 시점이다. 인간의 발달에서 가장

중요한 시기를 맞는 0~6세 영유아들의 발달에 대해, 그들의 가정생활 및 유치원/어린이집 생활에 대해, 무엇보다도 그들의 교육에 대해 진지하게 토의하며 철학적 개념을 체계화해야 한다. 프뢰벨은 1826년 『인간의 교육』을 쓸 때 0~6세 미만의 영유아를 위한 교육철학을 전반부에, 7~12세 아동을 위한 교육철학은 후반부에 제시했다. 아쉽게도 우리나라 유아교육자들은 0~6세 유아를 위한 교육과 7~12세 아동의 교육이 달라야 한다는 데 대해 명료한 이론을 체계화하지 못했었다. 가장 큰 원인은 유아교육전공자들이 아동의 범위에 0~6세를 포함시켜 왔고, 교육철학도 7~12세 교육을 주로 다루었던 듀이의 교육철학에 영향을 받으며 오랫동안 교육해 왔기 때문이었다.

최근 0~6세 영유아의 뇌 발달에 대한 연구가 많이 이루어지면서 이 시기의 발달은 독특하며 그 발달이 대단히 중요하다는 인식이 확산되어 이 연령대를 구분하여 전문화해야 할 필요성이 인식되기 시작했다. 프로이트(Sigmund Freud) 이후 아동발달 학자와 교육자들은 아이들의 감정이 출생 후 환경에 의해 형성된다고 생각해 왔지만, 최근의 뇌과학자들은 다양한 감정의 발생을 담당하는 감각 영역이 출생 전부터 영향을 받는다는 사실을 발견했다. 부모의 사랑과 돌봄이 태내부터 뇌에 입력된다는 사실에 유의하라고 가르치고 있다(Lieberman, 2015). 그런데 최근 뇌과학 전문가인 하버드대학의 캐서린 뒬락 교수는 암수 생쥐의 뇌에서 신호전달물질인 갈라닌 단백질이 새끼를 양육하는 행동을 유발한다는 사실을 세계 최초로 밝혔다. 이 연구는 어려서 양육을 제대로 하는 부모는 출생 즉시부터 아기의 뇌에 갈라닌(Galanin)이라는 신경전달물질을 넣는 과정을 발견한 것이다. 뒬락 교수는 지금까지의 이론을 뒤집는 과학자에게 주는 브레이크스루상으로 약 35억 6,000만 원을 상금으로 받을 정도였다(조선일보, 2020. 9. 12.). 유아교육전공자들, 특히 프뢰벨이 200년 전에 관찰에 의해 파악했던 진리가 과학으로 증명된 것이다.

유아들을 제대로 키워야 민족과 조국을 살릴 수 있다는 절박한 심정으로 유아학교를 세계 처음으로 시작한 코메니우스는 "그대들의 지도 아래, 오 아버지여! 하늘과 땅의 모든 세대들이 결정된다."라는 명제를 우리들에게 주었다. 또 세계 최초의 유아교육기관인 유치원을 창시한 프뢰벨 역시, 유아들의 생활을 유심히 살피면서 그들의 삶이 필요로 하는 것과 아이들이 말없이 요구하는 것을 인식하자는 의미에서 "우리 아이들과 함께 살자." "우리 아이들로부터 배우자."라는 구호를 제시한 바 있다.

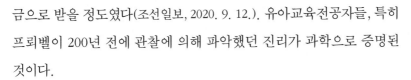

Let us live with our children.
Let us learn from our children.

## 2. 유아교육철학의 시조: 코메니우스와 오웬

과거 교육철학자들의 주요 관심사는 초등학교 이상의 아동들에게 도덕, 지식, 태도를 어떻게 하면 효율적으로 가르칠 수 있는지였다. 0~6세 유아교육에 대한 관심은 없었다고 보는 것이 옳은 표현일 것이다. 그런데 코메니우스는 세계 처음으로 0~6세를 구분하여 철학 개념을 다르게 제시했고, 오웬은 교육과 복지의 통합적 운영 가능성을 선

보였다. 코메니우스와 오웬 두 철학자는 유아교육철학을 체계화하지는 않았지만 0∼6세를 위한 교육철학의 필요성을 제시해 준 시조이다.

## 1) 코메니우스

### (1) 코메니우스의 생애와 공헌

코메니우스

코메니우스(Johann Amos Comenius, 1592∼1670)는 모라비아(Moravia, 현재의 체코)의 니브니스(Nionice)에서 형제교단의 목회자 아들로 태어났다. 형제교단은 종교개혁의 횃불이 된 순교자 후스의 가르침을 이어받은 교단으로 말과 행동이 일치되는 삶을 살기 위해 노력했으므로 그 당시 모라비아 인구의 90%가 형제교단 신도가 될 정도로 신뢰를 받았다. 형제교단은 교육의 중요성을 인식하고 교회를 세울 때에는 반드시 학교를 세웠다. 방랑 중 수많은 어려움을 겪으면서도 이를 극복해야 하는 이유를 합리적으로 생각할 수 있고 꿋꿋이 공동체를 지키며 협력하는 힘과 용기는 교육의 결과라는 것을 코메니우스는 관찰했기 때문이었다. 실제로 형제교단은 300여 년간의 방랑 중에도 모라비아인으로서의 정체성을 지켰다. 행복한 가정에서 네 자매와 살던 코메니우스는 12세 되던 해에 부모님과 여동생 2명이 전염병으로 사망한 후 삶의 기반이 무너졌다. 이로 인해 코메니우스는 4년간 숙모와 살면서 학교에 다녔는데 이때 다녔던 학교가 "소년들을 공포로 모는 곳, 마음의 도살장"이라고 회상했다. 그 후 코메니우스는 프르제로프(Prerove)

에 있는 형제교단 학교에 입학하여 3년간 공부했는데 아이들이 즐겁게 다닐 수 있는 학교를 만들어야겠다는 교육개혁의 꿈이 이곳에서 잉태됐다. 교장이었던 라네시우스(John Lanecius) 형제교단 주교는 코메니우스의 유능함과 천재성을 알아보고 교육개혁과 관련된 많은 것을 가르쳤다. 열심히 배우고 깨닫는 그에게 주교는 "Amos(지식을 사랑하는 자)"라는 중간 이름을 지어주었다. 코메니우스가 라네시우스 교장으로부터 전수 받은 것은 교육개혁에 대한 영감과 새로운 방식의 교수법이었다. 1616년 코메니우스는 형제교단의 주교가 되었다.

모라비아의 인구 90%가 형제교단 신도였기 때문에 대다수의 국민을 추방할 것은 생각도 하지 못했던 코메니우스와 형제교단은 날벼락을 맞았다. 당시의 천주교를 믿는 강대국 스웨덴과 스페인이 개신교인 형제교단을 해체하기 위해 시작한 십자가 전쟁으로 박해를 받게 되었기 때문이었다. 수천 명의 모라비아인들이 종교의 자유가 있는 헝가리, 네덜란드, 폴란드, 독일 등으로 이주했다. 코메니우스는 끝까지 조국을 지키려 했지만 점령자는 1627년에서 1628년 사이에 모든 형제교단 신도들에게 천주교로 개종을 하든지 아니면 모라비아를 떠나라는 명령을 내렸다. 이때 추방당한 형제교단 신도들은 고국에 돌아가지 못하고 유럽 전역을 유랑했지만 교육의 힘으로 젊은이들을 유능하게 키운 것으로 유명하다. 코메니우스는 우선 후세대가 하나님과 그의 모든 놀라운 일을 확실히 알도록 교육했고 그들이 배워야 하는 것은 그 무엇보다도 하나님에 대한 지식이라고 생각했다.

유랑 기간 동안 코메니우스는 쉬지 않고 글을 썼으며 모라비아 형제교단 아이들을 열심히 교육했다. 일생을 "우리는 무언가를 하라고 이 세상에 태어났다. 그러므로 활동적인 삶이야말로 진정한 삶이다. 게으름은 살아있는 자의 무덤이다." "모든 지식을 모든 사람에게"라는 신념과 목적을 가지고 어려운 시절에도 열심히 연구하고, 쓰고, 가르치며 살았다. 그의 박식한 학문과 새로운 교수법이 효과가 큰 것을 본 유럽의 많은 지도자들이 코메니우스를 초청해 교육개혁을 담당하게 했다. 라틴어로 된 교과서를 모국어로 바꾼 것은 모라비아 어린아이들에게 모국어로 가르쳐 쉽게 지식습득을 할 수 있게 하려는 목적이었지만 전세계가 라틴어 서적을 모국어로 바꾸는 대변혁이 일어났다.

이 험한 고난 중에도 코메니우스는 일생 동안 200여 권의 저서를 썼다. 그러나 코메니우스와 형제교단 신도들이 머물던 폴란드 레즈노에서 30년간 지속된 십자군 전쟁으로 그의 저서 대부분과 출판 예정이었던 원고가 1656년 전부 불에 탔다. 그의 저서 중 초등학교부터 대학에 다닐 청년들을 위한 『대교수학(Didactica Magna)』, 『유아학교(The School of Infancy)』, 『세계도록/세계도회(Orbis Pictus)』(라틴어-모국어 사전 세 가지로 번역되고 있음)는 지금까지 전해져 오고 있는 유아교육 관련 서적들이다.

『세계도록』은 많은 나라에서 번역된 결과 『세계도회(Orbis Sensualium Pictus)』, 『볼 수 있는 세계(The Visible World)』 등 다양한 이름으로 불리고 있다(Sadler, 1968). 처음에 어머니의 가정교육지침서로 집필했던 『가정학교』는 1633년 명칭을 『유아학교』로 바꾸고 0~6세를 위한 교육내용으로 보완했다. 어머니들이 접근하기 쉬운 이 소책자는 자녀들을 초등학교에 보낼 때까지 어머니들이 참고하며 영유아기 자녀를 양육하고 교육한 지도서였다.

코메니우스는 각국 정부의 초청을 받아 교육개혁을 도와주고 그 사례를 받으며 형제교단의 신도들을 보살피고, 경제적 도움을 주었으며,

신앙생활을 인도했다. 다음은 1670년 11월 4일 78세로 생을 마감하기 전 그가 쓴, 묘비문에도 쓰여 있는 글이다.

> …… 나를 갈망에 찬 사람으로 만들어 주신 것에 평생 감사드립니다. …… 그의 어린 양을 끊임없이 사랑하게 하시고 그들을 향한 사랑 때문에 나에게 영감을 주시어 노력을 쏟게 하신 그리스도에게 감사드립니다.

세상을 떠나기 조금 전까지도 벌거벗은 것보다 약간 나은 상태에서 집도 없이 조국도 없이 여기저기 흩어져 있는 동포들의 삶을 책임졌던 지도자 코메니우스, 망명지를 떠돌며 살면서도 0~6세 영유아들에게 최선의 교육을 제공하려고 애썼던 코메니우스가 눈을 감은 지 350년이 지났다. 유아교육에 대한 코메니우스의 공헌은 다음과 같다.

### 📖 어머니교육의 시작

코메니우스가 생각한 영유아는 '하나님의 가장 귀중한 축복' '측량할 수 없는 보물'이며 '사랑받아야 하는 존재'이다. 하나님께서 아이들을 우리의 선생님으로 의도하셨기에, 우리는 그들을 가장 많이 사랑해야 할 빚을 지고 있다. "우리가 아이들을 키우는 것이 아니라 그들이 우리를 살게 한다." 그는 성경에 기초하여 큰 거목의 수형(樹形)은 이미 그 나무가 묘목이었을 때의 모양에 따라 정해지는 것처럼 "인간도 몸과 영혼이 처음 형성될 때, 그가 일생 동안 지닐 모습이 어려서부터 그렇게 형성되어…… 나중까지 남는다."며 영유아를 제대로 양육하고 교육해야 할 소중한 존재로 보았다.

코메니우스는 영유아들이 연약한 새순과 같은 존재, 또 하나님으로부터 신성을 받고 태어나는 존재들이어서 특별한 교육을 받아야 한다는 사실을 세계 처음으로 주장한 교육철학자이다. 그 첫 번째 선생님은 부모, 그중에서도 '어머니'라고 했다. 코메니우스는 명실공히 어머니교육의 선구자이다.

### 📖 시청각교육의 시작

1960년대에 우리나라 시청각교육이 국가 정책이 되어 사범대학에 시청각교육과가 설립되었다. 지금은 교육공학과로 명칭이 바뀐 곳이 많고 시청각 기재도 다양화되었다. 시청각교육실이 학교마다 마련되어 있지만 더더욱 큰 변화는 아동들이 시청각 기계를 잘 다룰 수 있게 된 것이다. 이 시청각교육을 처음 주장한 교육철학자가 코메니우스였다. 관련 저서는 『대교수학』이다. 그러나 코메니우스가 최첨단의 기기를 추천한 것은 아니었다. 자연에서 발견할 수 있는 빛, 그림자, 나무, 돌, 산 등 눈으로 보고 귀로 들을 수 있는 것을 모두 활용하라는 교수-학습 방법이었다.

### 📖 『세계도회』를 마중물로 유아용 그림책 출판 가능성을 보여 줌

유아교육과 관련이 있는 저서로는 『유아학교』와 함께 『세계도회』가 있다. 『세계도회』는 최초로 그림을 삽입한 라틴어 사전이다. 라틴어 사전에 그림을 넣은 후 이를 모국어로 번역해 놓아 아동들이 어려운 지식을 쉽게 이해할 수 있도록 돕는 것이 목적이었다. 세계 최초로 그림이 있는 책이어서 후일 아동문학가가 영유아 대상 이야기에 그림을 함께 그려 넣음으로써 현대판 그림책의 효시가 되었다.

코메니우스의 『세계도회』

### 📖 유아학교의 기간학제 포함 가능성 제시

코메니우스가 세계 교육사에 미친 가장 큰 공헌은 유아교육을 학교 체계에 포함시킬 수 있는 가능성을 제시한 것이다. 우리나라도 코메니우스의 기간학제와 같다. 코메니우스는 세계 최초의 체계적인 교육학 이론서 『대교수학』을 저술하였는데 교육목적론, 학교론, 일반교수론, 종교교육론, 도덕교육론, 훈련이론, 학교제도론 등의 내용이 포함되어 있다. 코메니우스는 『대교수학』를 발달에 알맞은 학교를 단계별로 나누어 제시하면서 '0~6세 어머니학교'를 기간학제에 넣었다. 국어학교, 라틴학교, 대학은 가르치는 이들이 있고 교육내용이 있으며 배우는 학생은 물론 배우는 장소도 있는 반면, 가정학교는 어머니가 선생님이고 유아가 사는 집이 학교였다. 코메니우스가 제시한 단계별 학교제도를 현대에는 기간학제라고 하는데 그 당시의 기간학제는 실질적으로 국어학교, 라틴학교, 대학이었다. 그런데 코메니우스는 비록 가정학교에 자격증을 갖춘 교사도 없고 교육내용도 없으나 어머니가 가르치는 것이 너무나 중요하다고 여겨 '학교'라는 명칭을 붙였다. 그는 『유아학교』에 0~6세를 위한 유아교육의 필요성 및 중요성을 강조했

2003년에 국내에서
번역 · 출간된 코메니우스의
『유아학교』
(이원영, 조래영 공역)

고 교육내용과 교수–학습 방법도 제시했다.

아버지의 뒤를 이어 형제교단의 지도자가 된 코메니우스는 조국 모라비아에서 내몰린 후 유럽을 방랑하는 과정에서 이 책을 썼다. 그는 아기 때부터 형제교단의 신앙과 기독교 정신을 몸에 익힌 유아들은 성장해서도 그 믿음을 지켰지만 유아기에 어머니로부터 그런 가르침을 받지 못한 아이들은 형제교단을 떠나는 것을 보고 유아기 교육의 중요성을 절감했기 때문이었다. 영유아를 학생으로 인정하는 의미만 있고 실제 학교는 아니었던 '유아학교'라는 명칭을 코메니우스가 17세기에 가칭으로라도 썼기 때문에 기간학제 진입이 가능했다. 코메니우스가 시작한 '0~6세 어머니학교/유아학교'는 1633년 독일어로 번역된 후 여러 나라의 언어로 번역되어 0~6세 영유아를 위한 학교로 자리 잡기 시작했다. 19세기가 되었을 때 프뢰벨이 영유아들은 교육의 대상이고, 훈련받은 교사가 필요하며, 교사들은 교사양성기관에서 유아교육을 전공하여 자질을 갖추도록 하게 했다. 20세기에 진입하자 각국 정부는 경쟁적으로 유아를 위한 교육기관을 만들기 시작했다.

〈표 3-2〉 **기간학제의 기원**

| 연 령 | 코메니우스가 창안한 명칭 | 우리나라 기간학제 기관 |
|---|---|---|
| 0~6세 | 어머니학교(The School of Mother) | 어린이집, 유치원 |
| 6~12세 | 국어학교(The Vernacular School) | 초등학교 |
| 12~18세 | 라틴학교(The Latin School) | 중 · 고등학교 |
| 18세 이후 | 대학 및 여행(The University and Travel) | 대학 및 대학원 |

〈표 3-2〉에 제시된 우리나라의 기간학제는 명칭만 다를 뿐 연령 구분과 학교의 기능이 코메니우스의 기간학제와 같다.

### (2) 코메니우스의 교육목적

코메니우스는 유아교육의 목적을 다음과 같이 제시했다(Comenius, 2003).

- 하나님을 믿고 경외하게 한다.
- 도덕적으로 바르게 생활하게 한다.
- 언어와 예술을 이해하게 한다.

유아교육의 목적을 앞의 세 항목으로 정리한 코메니우스는 교육목적의 순서를 절대로 뒤바꾸지 말라고도 했다. 언어와 예술을 익히기 전에 도덕적으로 바른 인간이 되도록 길러야 하고, 바른 인간이 되기 전에 하나님을 믿고 경외하는 사람으로 성장하도록 교육해야 한다는 것이다. 하나님을 믿고 경외하도록 가르치는 것은 어린 영혼이 바라보고 갈 북극성이기 때문이다.

> **어린이들을 돌보는 책임을 맡은 모든 사람에게**
>
> 사랑하는 이들이여.
> 당신들의 맡은 바 의무에 대해 여러분 모두에게 말하고자 하는 것이 나의 목적이기에 나로서는 다음의 세 가지를 밝힐 수밖에 없다.
>
> I. 하나님께서는 당신이 보물처럼 귀중히 여기는 어린이들을 그대들에게 위탁하셨다.

Ⅱ. 하나님께서는 어린이의 교육이 바르게 이루어져야 한다는 목적을 갖고 계시며
   이를 그대들에게 (책임으로) 부여하셨다.

Ⅲ. 젊은 세대는 좋은 교육을 너무나 갈망하기 때문에 만일 이를 성취하지 못한다
   면 필연적인 것을 잃는 것이다.

이러한 원칙을 설정하고 나는 당신들이 맡고 있는 유아기 어린이의 양육에 관한
여러 영역을 순서대로 설명함으로써 나의 목적을 달성하고자 한다. 그대들의 지
도 아래, 오 하나님 아버지시여! 하늘과 땅의 모든 세대들이 결정된다.

출처: Comenius (2003).

### (3) 코메니우스의 교육내용

17세기 교육철학자인 코메니우스는 성경의 잠언 4장을 요약하여
"지혜를 완전하게 소유하여 끌어안아 자기의 것으로 만들어야만 한
다."는 것을 가장 중요한 경건 교육의 목적으로 삼았다. 그래서 성경
의 지식과 지혜를 그 무엇보다 먼저 배워야 하는 교육내용으로 제시했
다. 코메니우스에 의하면, 부모들은 생후 첫 6년 동안 온 힘을 다해 자
녀에게 하나님을 경외하도록 교육해야 한다고 했다. 묘목일 때 구부러
진 나무의 모양을 나중에 바꿀 수 없는 것처럼 어린 시절 잘못 길들여
진 아이의 신앙심은 나중에 다시 가르치기 힘들기 때문에 아기가 태어
나는 순간부터 어머니는 아기의 의식주를 돌보는 동시에 이야기 나누
고 사랑하며 키워야 한다고 했다.

중세에 태어났던 코메니우스는 기독교 신앙을 몸에 익히게 하는 것
을 가장 중요한 교육목표로 했다. 코메니우스가 중요하게 생각한 것은
6세 이전에 하나님의 존재를 가르치고 그 말씀을 배우게 하는 것이다.
이른 시기에 가르치지 못하면 나중에 가르치기 힘들다는 것을 코메니

우스는 모라비아인 부모들에게 끊임없이 일깨웠다. 이 나라 저 나라를 다니며 방랑자 생활을 할 수밖에 없었지만 형제교단 신도들은 그의 권고를 받아들여 자녀들이 태어나는 즉시부터 신앙심을 공고하게 했고 유아교육에 초점을 맞추어 열심히 양육하고 교육했다. 가르쳐야 할 사람은 부모, 그중에서도 어머니였기 때문에 0~6세 영유아교육을 맡을 어머니들을 교육하는 데 코메니우스는 최선을 다했다. 우리나라 유치원이 부모교육, 그중에서도 어머니교육을 강조하고 실천하는 전통을 갖게 된 것은 코메니우스와 프뢰벨 시대부터 내려오는 소중한 전통이다. 만일 유아가 커서 학교에 갈 때 선생님께 배우면 된다고 생각하는 부모가 있다면 실수하는 것이라고 그는 경고했다. 특히 어머니가 아무 노력을 하지 않는다면 올바른 모습으로 성장하지 못하고 커서 바꿀 수도 없다고 했다.

어려서부터 지적 호기심이 많아 책을 끊임없이 읽었던 코메니우스는 인류가 쌓아놓은 지식을 다음과 같이 제시하였는데 〈표 3-3〉과 같다. 과목명은 어른들이 사용하는 어려운 단어를 그대로 썼지만 실제 활동 내용은 유아의 발달 수준에 알맞은 단어로 제시했다.

코메니우스는 교육내용을 크게 '경건, 도덕과 덕, 건전한 학습, 건강과 강건' 네 범주로 나누었다. 그중 세 범주는 유아들이 직접 배우고 행하고 관찰하고 기억해야 하는 교육내용이므로 〈표 3-3〉 '코메니우스가 제시한 0~6세 교육내용'이라는 제목으로 제시했다. 네 번째 범주인 '건강과 강건'은 영유아들을 키우는 부모, 특히 어머니들이 직접 해야 하는 일들이기 때문에 〈표 3-4〉 '0~6세 유아의 건강과 부모의 역할'이라는 제목으로 별도 제시했다.

**〈표 3-3〉 코메니우스가 제시한 0~6세 교육내용**

| | |
|---|---|
| 경건 | • 하나님은 살아 계신다.<br>• 어디나 계시고 우리를 보고 계신다.<br>• 순종하는 사람에게 먹을 것, 마실 것, 의복 등 필요한 것을 주신다.<br>• 도덕에 어긋난 일을 하지 않으면 좋아하신다.<br>• 하나님을 사랑하고 도움이 필요할 때 이야기하듯 부탁한다.<br>• 하나님이 원하시는 것이 무엇인지 열심히 생각한다.<br>• 정직하게 행동한다. |
| 도덕과 덕 | • 음식을 탐내지 않는다. 깨끗이 씻고, 옷을 단정히 입으며 예의를 지킨다.<br>• 어른을 존경한다. 말과 행동을 바르게 하고, 예의를 지킨다.<br>• 공손하게 말하고 행동한다.<br>• 정직하고 공정하게 행동한다. 있는 그대로 이야기하고 거짓말하지 않는다. 다른 사람의 물건을 허락 없이 만지지 않는다.<br>• 어려서부터 다른 사람을 존중하고 친절하게 대한다. 시기하지 않는다.<br>• 부지런히 일하고 게으르게 행동하지 않는다. 노동을 천히 여기지 않는다.<br>• 인내한다. |
| 건전한 학습 — 가. 알기 | • 자연물(불, 물, 공기, 비, 눈, 얼음, 나무, 들의 식물, 화단의 화초, 각종 동물, 신체 부위의 이름)<br>• 눈으로 보는 것(어둠, 빛, 색의 이름 등)<br>• 천문학(해·달·별 구분하기), 지리(태어난 곳, 사는 곳; 마을과 도시의 차이; 성당의 위치; 들과 숲의 차이; 강이 주는 도움과 피해 등<br>• 연대학(1시간·1일·1주일 1개월·1년; 봄·여름·가을·겨울), 역사(어제 일어난 일, 최근에 일어난 일, 지난해에 일어난 일),<br>• 가정사(가족에 대해 알기, 가족 구별하기, 가족 중 어른께 존대하기, 동생 돌보기, 욕구 절제하기, 인내하기)<br>• 정치학(우리나라 알기, 나라의 어른 알기, 선거의 의미 알기 등) |
| 건전한 학습 — 나. 실제 해 보기 | • 질의응답(질문을 잘 듣고 맞는 대답하기), 산수(수세기: 1~10까지 세기로 시작, 크면 20까지 좀 더 크면 60까지, 많고 적음 알기), 기하와 측정(작은 것과 큰 것, 좁은 것과 넓은 것, 얇은 것과 두꺼운 것 등의 차이를 아는 것)<br>• 음악(시편 중 쉬운 것 외우기, 찬송가 외워서 부르기)<br>• 머리와 손을 쓰는 쉬운 작업(자르기, 쪼개기, 다듬기, 구멍 내기, 순서대로 놓기, 묶기, 풀기, 말아놓기, 말아놓은 것을 다시 풀기 등) |

| 다.<br>말·글로<br>표현해<br>보기 | • 문법(생후 6년간은 사물에 대해 아는 만큼 충분히 표현할 수 있는 기회<br>　주기, 말로 표현하기)<br>• 수사학(유아들이 생활하며 하는 행동을 관찰하며 가르치기)<br>• 시작(詩作: 운문이나 운율을 기억하게 하는 것으로 충분함) |
| --- | --- |

〈표 3-4〉 0~6세 유아의 건강과 부모의 역할

### 건강과 강건

아이들로 하여금 열심히 노력하게 하려면 그들이 건강하게 자라야 한다. 아프고 병든 아이를 어떻게 유능하게 키울 수 있겠는가? 어머니들은 앞의 교육내용을 가르치기 전에 어린 자녀들의 건강부터 살펴야 한다. 특히 어린 아이들이 정서적으로 마음의 상처를 받지 않도록 유의한다.

1. 부모는 모든 면에 절제 있는 생활을 하여야 한다. 나무라기, 피나도록 때리기, 냉담하게 대하기 등을 하지 않는다. 부모의 이러한 행동들은 어린 영혼에 상처를 입히거나 쇠약해지게 만드니 조심한다.
2. 부모 자신이 무모하게 행동하지 않는다. 술 취해 비틀거리지 않으며, 무조건 반대하지 않으며, 욕하지 않는 등 경솔하게 행동하지 않는다. 부모가 이런 행동을 하면 연약한 아기들은 마음에 상처를 입는다.
3. 임신한 여성은 화, 슬픔, 마음의 혼란을 느끼지 않도록 하며 자신의 모든 감정을 다스려야 한다. 어머니가 정서적으로 건강해야 아기도 건강하게 태어날 것이고 잘 자란다.
4. 어머니들은 잠을 지나치게 많이 자거나, 게으름, 무기력에 빠지지 말며 항상 민첩하게 행동하고 준비성 있게 활동해야 한다.
5. 아기는 어머니 자신이 키울 때 제일 잘 자란다. 아기 때부터 깨끗이 씻어주고, 따뜻하게 옷 입혀주며, 적절한 음식을 제때 준다.
6. 경제적으로 부유한 부인들이 아기 양육을 다른 여인에게 맡기는데 잘하는 일이 아니다. 어머니에게 피치 못할 사정이 있는 경우를 제외하고는 아기에게 '잔인한 일'이다.

　교육내용을 제시하는 순서는 첫째, 경건, 둘째, 도덕, 셋째, 지식이다. 〈표 3-4〉의 건강과 강건은 경건, 도덕, 지식을 가르칠 때마다 반드시 함께 해야만 이 세 범주의 교육내용을 제대로 배우고 실천할 수 있으므로, 필요할 때마다 배우게 한다.

### (4) 코메니우스의 0~6세 유아교육 방법

어머니들의 자녀양육 현장을 관찰할 기회가 많았을 뿐 아니라 수십 년을 함께 유랑하며 그들의 성장 과정을 출생부터 청년이 될 때까지 지켜보았던 코메니우스는 0~6세 영유아기의 중요성을 어머니들에게 강조했는데, 그 내용이 현대 뇌과학자들이 발표한 연구결과와 같은 맥락이었다. 영유아를 제대로 교육하려면 지식을 주입하는 것이 아니라 유아중심교육을 해야 한다고 한 그의 주장은, 기독교 교리를 주입식으로 교육하던 17세기에 사람들에게 쉽게 받아들여지지 않았다. 유아중심의 교육을 제시한 코메니우스야말로 영유아를 사랑한 미래지향적인 교육철학자였다. 21세기인 지금도 유아중심교육이 활성화되지 않은 것을 보면 17세기 코메니우스가 유아중심교육 또는 아동중심교육을 제시한 것은 대단한 일이었다.

그는 아이들을 관찰하거나 가르칠 때 더 나은 방법을 발견하면 그것을 기록했다가 어머니들에게 제공했다. 이 책에서 소개하는 교육방법은 0~6세 유아의 어머니들을 위한 양육서로 시작했다. 부모교육서에 '가정학교'라는 명칭을 붙일 정도로 어머니의 역할을 중요하게 여겼던 코메니우스는 그것도 모자라 14년 후인 1633년 이 제목을 다시 '유아학교'로 바꾸었다. 따라서 코메니우스가 제시한 교육방법은 어머니를 대상으로 한 부모교육 내용이지만 20세기에 진입하면서 유아교육 전공자들이 알아야 할 교육서가 되었다. 0~6세 영유아는 어머니는 물론 유아교육기관의 교사들이 함께 협력하여 가르쳐야 하는 교육대상이 되었다. 유아교육기관도 다양한 유형으로 전문화되었고 교사양성기관도 전문화된 것은 코메니우스의 아이디어에서 비롯되었다.

### 작은 관심의 힘! 사랑으로!

코메니우스는 "나의 모든 방식이 뜻하는 목적은 고역과 같은 학교교육이 놀이와 즐거움으로 바뀌는 것이다."라고 했다. 이는 영유아를 위한 교육이 놀이처럼 즐거움을 주는 활동이어야 한다는 것이다. 이와 함께 코메니우스는 이런 환경을 제공해 주기에 앞서 모든 교사는 아이들을 진심으로 사랑해야 한다고 했다. "굳은 얼굴과 거친 말, 심지어는 체벌로 권위를 세우려고 하고 …… 두려움의 대상이 되어야 아이들이 교사의 말을 들을 것이라고 생각하는 교사들이 있는데 바람직하지 않다."

코메니우스에 의하면 유아들은 '그리스도가 피로 사신 가장 순수하고 사랑스러운 존재' '살아 역사하시는 하나님의 살아있는 형상' '부모만이 갖고 있는 독특한 재산' '금과 은은 소유주가 바뀌지만 아무도 자녀를 부모들로부터 빼앗아 갈 수 없는 귀한 존재' '하나님의 가장 귀중한 축복' '측량할 수 없는 보물'이므로 우리는 진지한 관심으로 유아들을 대해야 한다. 엄마가, 아빠가, 선생님이 시시때때로 보이는 작은 관심이 어린 유아들의 마음에 사랑을 채울 것이다. 작은 관심의 힘! 사랑!

### 아이들이 이해할 수 있는 순간에 이해하는 만큼!

코메니우스에게 '가르친다.'는 행위는 어른이 아는 것을 말로 쏟아 놓는 것이 아니라 '아이의 관심에 행동으로 반응하는 것'이다. "아이가 아무 반응도 없이 입을 다물고 있다면 그 어른은 그 아이의 주의를 끄는 데 실패한 것이다. …… 아이들은 어른의 뜻대로 조각할 수 있는 나무조각이 아니라 '살아있는 존재'이므로 스스로 성장하는 존재이다. …… 어른이 해야 할 일은 아이들의 관심을 알아내어 그들이 상상력을 발휘하며 놀게 하는 것이다. 아이들이 세상을 실험실로 생각하고 다양한 감각활동을 할 수 있다면 아이들을 잘 기르고 있다는 증거이다."

　가르치는 사람이 해야 할 일은 자신이 아는 만큼 가르치는 것이 아니라 "배우는 사람이 이해할 수 있을 만큼 적기에 가르치고 연습하게 하는 것"이고, 기쁜 마음으로 반복하게 하는 것이다. 중요한 것은 가르치는 사람이 모범을 보일 것이며 배우는 사람의 관심을 파악하며 가르쳐야 한다. 그러나 코메니우스 시대의 교사들은 유아중심 또는 아동중심의 교육을 하지 못했다. 그런 교육을 해야 한다는 생각조차 못했던 시대였다. 이와 같은 교사의 무능함에 대해 코메니우스는 "…… 학교는 더 이상 놀이와 기쁨의 장소가 아닌 곳이 되었다. 학교는 고통과 번민의 힘든 장소가 되었다. 교사들이 하나님의 경건함과 현명함을 모르는 무능력한 사람들이라면 특히 더 그렇다. 그들은 나태함으로 마비되어 있고 비열한 비도덕자로 전락했으며 자신을 교사라고 부르면서도 최악의 본보기를 보이고 있다."고 했다.

　우리나라의 학교는 어떠한가? 2020년 당시 A고등학교(직업학교) B교장이 학생들을 상담해 본 결과 남학생의 경우 99%가 공부를 포기하고 가는 곳이 PC방이었다(조선일보, 2020. 10. 31.). B교장은 "교사나 부모가 기다려 주지 않으니 포기하고 낙오한다."며 선생님도 부모도 아이들을 존중하며 기다려 주고 도와주어야 하는데 어른들 중심으로 주입식 교육을 함으로써 학생들이 학교를 '지옥' 같은 곳으로 여기는 경우가 많았다. B교장선생님은 학부모들의 반대를 무릅쓰며 개별 학생을 존중해 주고 그들에게 흥미가 있는 것을 먼저 해 보게 했다. B교장선생님은 우리나라에서 드문 교육개혁 마인드를 가진 분이어서 직업학교 학생들이 훌륭한 직장인들이 되었다. 그런데 국가 전체가 바뀐 나라도 있다. 핀란드이다.

　　핀란드의 교육개혁가 파시 살베리(Pasi Sahlberg)는 핀란드의 끝없는 도전은 정부의 교육개혁 정책에 의해 성취된 것이 아니라 교사들의 노력과 헌신에 의해 이루어졌다고 하며 정부가 아이들의 성적을 서열화하는 교육정책부터 없애야 한다고 했다(Sahlberg, 2016, p. 308). 우리나라의 경우는 전국의 아이들이 수능시험을 보는 순간 1등에서 꼴등까지의 성적표를 받는다. 지금처럼 특정 일류대학에 들어가기 위한 교육정책이 아니라 '모든 젊은이가 자신의 재능을 발견할 수 있는 공동체'를 만드는 교육정책으로 바꾸어야 한다. 핀란드의 경우는 항상 성공만 해야 하는 것이 아니라 실수하고 실패해 보며 다시 시도하며 배우고 성공하는 교육이 가능한 나라가 되게 하였더니 이제는 세계 각국이 배우러 오는 나라가 됐다. 우리는 유아교육전공자들이다. 초등학교 개혁에 앞서 유치원/어린이집의 내가 가르치는 학급에서부터 교육개혁을 시도해 보자.

### 📖 눈! 귀! 손을 움직이며

　　코메니우스가 제시한 교육방법은 '시각과 청각'이다. 시각과 청각으로 무엇을 가르치라는 것인가? '지혜'였다. 코메니우스는 성경에 솔로몬이 "아버지가 내게 가르쳐 이르기를 지혜를 완전하게 소유하여 끌어안아 자기의 것으로 만들어야 한다고 하셨다."는 말을 인용하면서 부모들은 어린 자녀의 의식주를 해결해 주고 교과서에 담긴 지식을 가르치기에 앞서 그들의 마음에 지혜가 쌓이도록 전력을 다해 힘썼다. 지혜를 얻는 사람은 생명나무를 얻은 것이어서 삶이 즐겁고 평안할 것이고 부귀가 따라올 것이므로 복된 삶을 살게 된다고 그는 생각했다.

　　코메니우스는 역사상 가장 지혜로웠던 솔로몬 왕이 그에게 지혜를 가르쳤던 부모에 대해 "아버지는 내가 태어나는 즉시 가르쳤고, 또한 지극히 사랑하는 아들이었어도 어머니는 나를 이 훈련에서 제외시키지 않았다."고 기록한 내용을 예로 들었다. 코메니우스에 의하면 신생아라도 생각할 수 있고 깨달을 수 있으므로 태어나는 즉시부터 눈으로 보는 것, 귀로 들을 수 있는 것, 손으로 만질 수 있는 다양한 상황들을 다 접해 보게 하라고 했다. 지혜의 교육은 출생 즉시부터 상호작용함으로써 시작해야 한다.

### 📖 오손도손 소통하고 질문을 주고받으며 생각하고 말할 기회를 주어야……

대부분의 아기들은 태어나자마자 주변 사람들이 하는 소리를 열심히 듣는다. 의미는 모르지만 단 하나의 소리라도 내보려고 노력을 많이 한다. 소리를 내더라도 갓 태어난 아기가 내는 소리를 우리는 정확히 알기 힘들다. 단지 아기의 표정을 보고 관찰하며 엄마는 "응가?" "맘마?" "자장자장?" 등 가능성을 소리 내어 제시하며 아기의 상황에 가장 알맞은 말을 찾아낸다. 사랑으로…….

한국인은 우리말로, 영국이나 미국 엄마는 영어로 할 터이니 갓 태어난 아기가 듣는 소리는 나라에 따라 각각 다르다. 한국인이 미국에 거주하는 동안 아기를 낳으면 그 아기는 숙제가 더 많다. 태중에 있는 동안에는 엄마, 아빠의 한국말을 간접적으로 들었지만 병원에서 듣는 소리는 영어이다. 이런 경우의 아기들은 모국어만 듣는 아기들보다 단어를 사용해 말을 배우는 것이 늦다. 그러나 후에 제2외국어는 더 빨리 배울 수도 있다. 아기가 태어나 엄마, 아빠, 할머니, 할아버지 등 어떤 어른들이 어떤 소리의 말과 행동을 얼마나 하는지에 따라 아기들의 언어장벽의 높이는 다르다. 코메니우스는 "사람과 동물이 다른 가장 큰 두 가지 특징은 이성과 언어이다. 이성은 자기를 위해 필요하고, 언어는 자기 이웃을 위해 필요하다."고 하였다. 그러므로 어른들, 특히 엄마, 아빠들은 가능한 한 아기 주변에 있으면서 아기의 '정신(지적 능력)과 혀(언어)'를 똑같이 훈련하는 데 전심전력으로 해야 한다.

아기가 소리를 낼 때마다 웃고 기뻐하며 반응하는 것이 이 시기의 놀이이고 교육이다. 열심히 또렷한 말로 소리 내는 어른들의 말을 들으며 아기는 손발을 활발하게 움직이는 것으로 반응하다가 입을 움직여 소리를 내기 시작한다. 예를 들어, 엄마가 아기가 내는 소리 중에 "어……" 소리를 강조하며 "어~ 어~ '엄마' 하고 싶어?"라고 하면 열심히 들은 아기는 "어 어~엄마" 한다. 이 한마디에 쏟아부은 아기의 노력을 기뻐하고 인정해 주는 엄마, 아빠에 의해 아기의 어휘는 어느 날 '엄마'로 완성된다. 어른들로부터 소리를 많이 들어 본 아기는 그렇지 않은 아기에 비해 언어 발달이 더 빠를 것이다. 코메니우스는 언어 발달이 빠른 유아는 돌 반이 되면 단어에 "아, 에, 이……" 등의 어미를 붙이며 소통하려고 노력한다. 두 돌에 접어들면 단어와 단어를 함께 묶어 짧은 문장으로 말하기 시작할 것이나 개인차는 클 것이다. 아기가 어떤 소리를 듣든지 엄마, 아빠는 물론 어른들은 그 소리를 진지하게 들어야 한다. 큰 아이들이 질문할 때 잘 들어야 그 아이가 궁금해하는 것을 가르쳐 줄 수 있는 것처럼, 아기가 내는 소리는 그 아기의 답이자 질문이므로 잘 듣고 반응하게 기회를 주어야 한다.

초등학교에 진학하기 직전의 5~6세 유아들에게는 지식을 가르쳐야 할 경우가 있지만 "책에 의해서가 아니라, 하늘과 땅, 떡갈나무와 너도밤나무로 가르치라."고 코메니우스는 권고했다. 이른 나이에 책으로 가르치려 할 경우 아기들은 공부를 어려운 것으로 여길 것이다. 주변의 다양한 자연물을 직접 보고, 듣고, 만지며 친근함을 느끼게 하는 것으로 시작하자. 요즈음은 그림이 있는 책이 있어 지식을 시청각 자료로, 그림책으로 소개할 수 있지만 영유아들에게는 그림 자료를 소개하기에 앞서 사물을 직접 보고, 만지고, 소리 듣고, 이야기 나누고 질문해 보는 기회를 갖는 것이 더 효과 있다.

### 📖 자기 방식대로 놀며 배우게

코메니우스에 의하면 유아들은 또래친구와 놀 때 더 많은 것을 배울 수 있다. 또래 유아들은 행동이나 생각이 비슷하기 때문에 자신이 발견한 것을 다른 아이가 알아듣기 쉽게 설명할 수 있기 때문이다. 또 유아들은 어른과 달리 다른 아이를 지배하려 하거나 강요하거나 위협하고 공포를 주는 일이 없다. 대신 유아들은 서로 사랑하고, 솔직하고, 자유롭게 대화하는 능력이 있다. 어린 아이들은 서로 다른 친구가 잘하는 것이 무엇인지 알아차리고 그 능력을 발휘하게 하여 더 재미있게 논다. 그래서 유아들은 매일 만나 뛰어놀게 해야 한다. 오르내리고, 만들고, 나르는 등 항상 무엇인가를 하게 하되 아이들이 다치지 않도록 신중히 활동하게 하고 어린 유아들이 노는 곳에 반드시 어른이 함께 놀아주면서 도움을 주어 안전하게 놀게 해야 한다. 코메니우스 생존 당시 아테네 최고의 통치자 데미스토클레스(Themistocles)가 어린 아들과 긴 작대기로 말타기 놀이를 함께 할 때, 어떤 청년이 "통치자가 아이하고 놀다니요? 안 되십니다." 하자 통치자는 그 청년에게 "자신이 아들을 갖기 전까지는 어느 누구에게도 그런 식으로 말하지 말라." 고 충고했던 사례를 소개할 정도로 코메니우스는 엄마, 아빠가 어린 자녀들과 함께 놀아주는 것을 중요하게 생각했다. 함께 놀고 생활하며 부모들은 아이들에게 해야 할 일과 하지 말아야 할 일을 구분할 수 있게 도울 수 있다.

코메니우스는 "어린 유아들이 아무런 활동을 하지 않는 것은 아이의 마음과 신체에 더 큰 상처로 남는다."면서 아기의 생활 전체가 아기의 놀이라고 생각해야 한다고 확언했다. 생후 1년의 아기들에게 입 벌리고 먹기, 고개 쳐들기, 손으로 물건 잡기, 앉고 일어서기도 놀며 배울 것이고, 조금 더 큰 2~3세에게는 달리기, 점프하기, 그릇에 물 붓고 쏟기, 물건 이곳저곳으로 옮기기, 물건 내려놓기와 들어올리기, 엎드렸다 일어나기와 같은 운동기능 능력을 높이는 놀이이다. 초등학교에 입학하기 전의 유아들은 그리기, 모양 알아보기, 노래 부르기, 숫자놀이, 무겁다ㆍ가볍다 알기 등의 활동들이 모두 놀이이다.

## 2) 오윈: 교육과 복지의 융합 시도

오윈(Robert Owen, 1771~1858)이 태어나기 100년 전에 '유아학교'라는 이름을 생각해 냈던 교육철학자는 코메니우스였다. 그는 어머니가 가정에서 유아기 자녀를 가르칠 때 학교라고 생각하고 양육할 정도로 진지하게 가르치라는 의도에서 '학교' 명칭을 붙였지만 학교는 아니었다. 실제로 유아를 위한 기관에 '유아학교'(=성격형성학원) 명칭을 세계 처

오윈

음으로 붙인 교육철학자는 로버트 오윈이었다(김옥련, 1983).

### (1) 오웬의 생애와 공헌

산업혁명기 영국의 사회개혁가, 공상적 사회주의자, 박애주의자였던 오웬은 프뢰벨보다 11년 먼저 태어났고 6년 더 생존했으므로 오웬과 프뢰벨은 동시대를 살며 유아교육철학 형성에 큰 영향을 미쳤다. 그는 영국 북웨일즈(North Wales)의 뉴타운(Newtown)에서 말발굽을 파는 상인의 아들로 태어났다. 개방적인 아버지는 오웬이 아홉 살이 되었을 때부터 데리고 다니며 상인으로서의 실무를 익히게 했다.

오웬은 19세에 맨체스터(Manchester) 시의 방직공장 지배인이 되어 운영을 성공적으로 해냈다. 이를 지켜본 공장 주인은 오웬을 사위로 맞았다. 결혼 후 오웬은 장인으로부터 뉴 래너크(New Lanark)에 있는 방직공장을 물려받아 운영했다. 산업혁명이 영국에서 시작되었었기 때문에 농민들은 도시로 몰려들어 공장노동자가 되었고 하루 16시간을 일해야 할 정도로 노동착취가 보편화되었다. 생활고를 해결하기 위해 만 5, 6세 유아들까지도 임금노동자로 일하며 생계를 도와야 했다. 오웬의 공장에서 일하는 노동자가 2,000명이었는데 그중 5, 6세 유아가 500명이나 되었다. 열악한 환경의 공장에서 일하는 유아들은 장시간 노동 후 피곤하여 쓰러져 잠만 잤기 때문에 교육이란 것은 꿈도 꾸지 못하는 상황이었다. 3, 4세 유아들은 더 문제였다. 어른들이 일하러 간 사이에 사람이 붐비는 곳에서 놀면서 소매치기를 하거나 가게에서 물건을 훔쳐 사회적 문제를 일으켰으므로 오웬은 유아가 집 밖에서 집단으로 교육받는 것은 나이가 어리면 어릴수록 좋다고 생각하고 유아들을 위해 크고 깨끗한 학교를 만들어야 한다고 생각했다. 젖먹이 아기들과 영아들 역시 문제였다. 노인들에게 약간의 용돈을 주며 아기들을 맡기고 일하러 나갈 수 있었던 엄마들은 형편이 나은 편이었지만,

경제적 능력이 없는 이들은 어린 아기를 기둥에 끈으로 묶어 다치지 않게 하려고 노력했지만 떨어져 죽거나 다치는 아이들이 많았다. 유아들을 사회주의적인 신세대로 키우기 위해 더 나은 환경과 학교를 만들어 주는 것을 목표로 했던 오웬은 1819년 유아노동을 금지하는 공장법(Factory Act)을 성공적으로 제정했다. 세계 최초의 아동노동 금지법이었다.

'공장법'이 제정되기 3년 전인 1816년, 오웬은 자신이 경영하는 방직공장에 유아를 위한 '준비학교(Preparatory School)'를 설립하였는데, 페스탈로치가 1800년 스위스에 세운 실험학교(1825년 폐교됨)를 모델로 한 유아를 위한 학교였다. 오웬은 후에 이 학교의 명칭을 '성격형성학원(The New Institute for the formation of Character)'으로 바꾸었다. 영유아기에는 성격 형성이 가장 중요한 교육목적이어야 한다고 확신했었기 때문이다. 오웬의 유아를 위한 학교는 코메니우스가 제시했던 유아학교와는 개념이 다르다. 코메니우스의 유아학교는 어머니가 주축을 이루는 가정을 의미했었지만, 오웬의 유아학교는 6세 미만 유아들이 배우는 교육기관이었다. '유아학교'라는 단어를 학교명칭으로 처음 사용했지만 학교의 교육목적이 아이들을 제대로 키우는 것이므로 오웬은 '성격형성학원'이라는 명칭을 공식적으로 사용했다. 오웬은 노년에 자서전을 쓸 때는 '유아학교(Infant School)'로 바꾸어 썼다(김옥련, 1983).

성격형성학원에서는 1세부터 3세까지는 아기반, 4세부터 6세까지는 큰 아이반, 초등학교 연령 이상은 아동반으로 구성하여 세 등급으로 나누었다. 오웬을 탁아소의 창시자로 소개하는 경우도 있는데 그가 창설했던 성격형성학원은 탁아소가 아니라 영유아를 위한 종일반

학교였다. 오웬은 '유아학교'라는 명칭을 처음 창안했음에도 불구하고 그 당시 영국 학부모들에게 인정을 받지 못해 보편화되지 못했고 결국은 문을 닫아야 했다.

오웬보다 21년 젊은 윌더스핀(S. Wilderspin)은 런던에 '유아학교'라는 명칭을 붙인 학교를 세우고 유아들에게 읽기, 쓰기, 셈하기 등을 가르쳤다. 학부모들이 좋아하는 교과중심의 교육을 함으로써 학부모들의 호응을 얻었던 윌더스핀은 유아학교협회를 설립해 영국 각지에서 유아학교 운동을 전개했고 유아학교 교사도 양성했다. 윌더스핀의 유아학교는 학부모들의 적극적인 지지를 받아 영국 전역으로 확산된 반면, 오웬의 성격형성학원은 교과중심이 아니어서 배척당했다. 윌더스핀의 교과중심 유아학교는 사립이었지만 영국 전역으로 퍼졌다(Beatty, 1998). 그가 제시한 교육내용은 국어, 산수, 자연, 사회, 음악, 종교교육이었다(김옥련, 1983).

오웬은 인간의 성격은 태생적으로 타고나는 제1차 성격의 창조가 있고, 이차적으로는 환경에 의해 형성되는 제2차 성격 창조가 있다고 생각했다. 이 두 요인이 상호작용해야 바람직한 성격을 형성할 수 있으며 유아기의 환경이 성격 형성에 도움이 되어야만 합리적인 성격이 형성될 수 있다고 했다. 오웬은 "성격은 환경과의 상호작용에 의해 형성되는 것이지 아기 개인이 주도적으로 형성할 수 있는 것이 아니다."라고 하며 성격 형성에 사회적 환경이 중요함을 강조했다. 짧은 기간이었지만 오웬은 유아교육에 큰 족적을 남겼다. 다음은 그의 공헌 목록이다.

• 유아교육과 사회복지서비스를 융합하는 정책 가능성을 보였다.

- 학교라는 단어를 유아교육기관에 사용함으로써 국가가 유아교육에 관심을 갖게 했다.
- 바깥놀이, 이야기 나누기, 그림놀이, 음악과 율동 같은 교육 활동을 교육과정에 처음으로 도입하였다.
- 세계 최초의 아동노동 금지법을 제정하였다.
- 사회환경이 성격 형성에 미치는 영향을 강조하였다.

### (2) 유아교육에 대한 오웬의 견해

월더스핀이 유아학교라는 명칭을 사용하며 교과중심교육을 실시하여 학부모들의 지지를 받자 오웬의 성격형성학원은 폐교됐다. 폐교로 인해 그가 구상했던 프로그램의 실제는 세상에 알려지지 못했다. 그러나 유아교육에 대한 그의 견해는 분명했다.

오웬은 성격형성학원에서 유아들을 "책으로 가르치는 것은 무익한 것 이상이다. 해가 더 많다."(Owen, 1920)라며 지식을 가르치지 말라고 했다. 그 대신 "그들의 주변에 흔한 사물을 이용하여 실물교육을 해야 한다. 아이들이 질문할 때 자연스럽게 이야기를 나누며 알게 해야 한다."고 했다.

성격형성학원은, 영유아의 성격 형성을 최우선 순위에 놓으며, 지식교육이 아닌 직관교육, 실물교육을 먼저 실시할 것을 권고했던 유아교육기관이었다. 그가 제시했던 교육내용은 자연물 탐색, 정원 가꾸기, 바깥놀이, 실물 또는 모형으로 배우기, 그림으로 놀이하기, 담화(이야기 나누기), 협동, 행진, 손뼉치기, 춤추기, 사회와의 조화, 음악과 율동, 행진, 군사 훈련 등이다. 이야기 나누기, 그림놀이, 음악하기, 율동하기 등은 지금도 유치원 및 어린이집에서 계속 이어지고 있다.

오웬은 자서전에서 교과중심의 교육을 받는 유아들은 불행하게 느끼는 모습이었던 반면, "뉴 래너크의 성격형성학원에 있는 유아들은 자신이 본 아이들 중에서 가장 행복해 보였다."고 회고한 바 있다. 덧붙여 교사들은 어떻게 하면 유아들을 즐겁게 해 주면서 가르칠 수 있는지에 대해 끊임없이 연구하고 실천해야 한다며 유아중심의 교육을 하는 교사의 역할이 중요함을 강조했다(Wolfe, 2002, pp. 145-146). 다음은 오웬이 제안한 교사의 역할이다.

- 벌주지 말라. 잘못 행동하면 불리해진다는 '자연적 귀결'을 경험하게 하여 스스로 고치게 하라. 자신이 잘한 것에 대해서는 기쁨을 느끼게 하고 스스로 발전하려고 노력하게 하라.
- 선생님은 유아에게 항상 친절히 대하라. 어느 유아에게나 친절한 목소리, 얼굴표정, 말, 행동으로 차별 없이 대하라. 그래서 사랑과 행복을 느끼게 하라.
- 교육은 유아의 경험에 근거해서 하라. 교육내용을 선택할 때는 실제 상황을 파악하고 그 내용의 질적 수준을 알아보라. 이 내용을 설명할 때 교사는 유아가 쉽게 알아들을 수 있는 말로 한다. 유아를 소집단으로 나누어 서로 이야기 나눌 수 있게 하는 방법을 사용하라.
- 춤, 동시, 노래, 음악 시간을 많이 가져라. 유아들에게 다른 나라의 댄스를 가르쳐라. 반드시 그 나라의 의상을 입고 춤추게 하라.
- 유아들이 질문해 올 때 친절한 목소리로, 합리적으로 답하라. 책으로 공부시키는 대신 주변에서 찾을 수 있는 사물들을 사용하며 질문하면 호기심이 증가한다.
- 바깥놀이 시간을 미리 정해놓고 내보내지 말고, 유아들이 실내 활동으

로 피곤할 때 바깥놀이 시간을 주어라. 바깥놀이는 날씨가 좋을 때, 아이들의 체력이 될 때 한다.

- 자연과 관계가 있는 것을 배우게 하라. 유아들로 하여금 정원, 들, 숲에서 볼 수 있는 것, 집에서 기르는 동물, 자연에서 일어나는 일들에 익숙해지도록 돕는다.

---

**나도 철학자**

**#5**

1. 〈표 3-1〉에 기록한 교육철학자들의 이름을 살펴보자. 0~6세 영유아에 대한 교육철학 이론을 제시한 철학자의 수효가 7~12세 아동을 위한 교육철학 이론을 제시한 철학자들보다 적다. 그 이유를 본문에서 찾을 수 있겠지만 이와 달리 창의적으로 생각해 보자. 여성의 권리 또는 영유아의 인권과 연결해 보아도 좋을 것이고, 경제적 · 정치적 능력과 연관 지어 볼 수도 있다.

2. 코메니우스의 교육철학 이론이 현대에도 적용될 수 있을 정도로 유아중심교육인 것을 발견할 수 있다. 현대인으로서 코메니우스의 교육철학 이론 중 현대 교육자들이 기피하거나 무시하는 개념이 있는지 살펴보자. 왜 그럴까? 본인에게도 기피하고 싶은 개념이 있는지 살펴보자.

3. 오웬은 유아학교라는 명칭을 세계 처음으로 사용했지만 그가 생존하고 있던 시기에 그 공로를 인정받지 못했다. 이유는? 이런 상황을 오웬을 대신해 변론해 보자.

# 제 4 장

## 프뢰벨의 유아교육철학

코메니우스가 400년 전에, 유아는 존중받아야 하는 존재임을 처음으로 알렸다면, 프뢰벨(Friedrich Wilhelm August Froebel, 1782~1852)은 200년 전에 갓 태어난 아기도 존중받아야 하는 존재이고 학교인 유치원에 다녀야 한다는 사실을 알렸다. 유아교육철학을 시작한 시조는 코메니우스, 유아교육철학을 체계화한 교육철학자는 프뢰벨

프뢰벨

이다. 개발도상에 있는 나라의 유아들은 아직 가난으로 인해 유아교육의 혜택을 받지 못하는 경우가 많지만, OECD 회원국가를 비롯한 다수의 정부들이 0~6세 대상 유아교육기관을 설립해야 한다고 생각하고 지원하는 것이 보편화되었다.

사회주의자로 오인 받아 유아들을 가르치는 일을 중단해야 했고, 1851년 푸르시아 정부로부터 유치원 폐쇄 명령까지 받아 유치원을 닫아야 했던 프뢰벨은 유치원이 다시 개원되는 것을 보지 못한 채 1852년 세상을 떠났다. 킬패트릭에 의하면 프뢰벨은 0~6세 영유아를 특별히 사랑했고 이 시기의 중요성을 이론으로 밝힌 최초의 교육철학자였다(Kilpatrick, 1916).

# 1. 프뢰벨의 생애와 공헌

프뢰벨은 독일의 튀링겐(Thuringian) 숲 오버바이스바흐(Oberweissbach)에서 태어났다. 목사 가정의 막내아들로 태어난 프뢰벨은 생후 11개월에 어머니와 사별하고 계모에 의해 양육되었다. 계모는 아기 프뢰벨을 따뜻하게 돌보다가 자신의 아들이 태어나자 프뢰벨을 홀대했다. 그때부터 프뢰벨은 집 근처 숲에서 홀로 꽃이 피고 지는 것, 나무가 자라는 것, 열매 맺는 과정을 관찰하며 성장했다. 자연을 보며 성장한 프뢰벨은 자연의 모든 것이 다양하지만 그 다양성 속에 통일성이 있음을 파악했다. 프뢰벨이 20세가 되었을 때인 1802년 아버지까지 타계하자 경제적으로 독립해야 했으므로 이런저런 일을 많이 했는데 대부분 산림관 견습생, 산림관리소 기사, 농장 등 자연과 관련된 직종이었다. 프뢰벨이 교육에 관심을 갖게 된 것은 어려서부터 자연에서 관찰한 식물의 신비로운 성장 과정을 지켜보았기 때문이었다.

프뢰벨은 페스탈로치의 교육을 익히기 위해 1805년부터 1811년까지 6년간 프랑크푸르트에서 페스탈로치 방식으로 운영하는 모범학교에서 교사를 하였으며, 그중 3년은 홀츠하우젠(Holtzhausen)가의 세 아들 가정교사도 했다. 1811년에 가정교사를 그만두고 괴팅겐대학교(Gottingen University)에서 고전어, 자연과학(물리, 화학, 광물학)을 수강했고, 1812년에는 베를린대학 광물학연구소에서 조교로 일했으며, 1813년에는 의용군에 입대하여 나폴레옹 군대와 싸웠다. 1814년 다시 베를린대학으로 돌아가 바이스(Weiss) 교수의 조교를 하며 슐라이어마허(Schleriermacher) 교수의 수업을 청강하기도 했다. 프뢰벨 방식의 새 교육은 1816년 11월 13일 백 명 정도의 주민이 사는 튀링겐 그리스 하임(Griesheim)에 '일반 독일 교육원'을 설립함으로써 시작되었다. 이때 프뢰벨은 조카와 친구의 자녀들을 교육했다. 0~6세를 위한 유아교육 이론은 1826년에 저술한 『인간의 교육』에 발표했다.

프뢰벨은 아기들이 출생할 때 그들은 하나님으로부터 신성을 받고 태어나며 연령이 어릴수록 내면의 신성이 외부세계로 표현되도록 기회를 주어야 전인으로 성장할 수 있다고 하였다. 프뢰벨은 『인간의 교육』을 저술하면서 전반부에는 0~6세 유아교육을 다루었고, 후반부에는 7~12세 아동의 교육에 대한 내용을 다루었다. 결과적으로 프뢰벨은 0~6세를 위해서는 유아교육철학을, 후반부에서는 7~12세 초등학교 아동을 대상으로 아동교육철학을 집필했다고 볼 수 있다. 그는 세심히 관찰하고 직접 가르쳐 본 후에 0~6세 유아에 대한 철학적 개념을 분명히 했다. 여기서는 프뢰벨의 생애와 공헌점을 다음과 같이 간단히 살펴본 후, 이어지는 내용에서 교육목적, 교육내용, 교육방법을 자세히 알아본다.

〈프뢰벨의 생애〉

1826년    『인간의 교육』 출간

1837년    '어린이와 청소년을 위한 놀이 및 작업시설' 설립
            은물(恩物)을 제작해서 보급

1838년    첫째 은물과 둘째 은물에 대한 글 발표
            교육주간지 『일요신문』 발행

1839년    1818년 결혼한 헨리에테 빌헬르미네 호프마이스터 사망
            '어린이지도자를 위한 교육시설' 설립

'놀이 및 작업시설' 설립

1840년  '일반 독일 유치원' 창립

『일요신문』에 유치원의 설립과 운영 계획 초안 발간

어린이 지도자 과정 개설

1842년  바트블랑켄부르크(Bad Blankenburg)에 여성 유치원 교사

과정 개설

1851년  루이제 레빈과 재혼

사회주의자였던 조카가 체포됨에 따라 오해를 받고 정부

의 폐쇄령으로 유치원 닫음

1852년  마리엔탈(Marienthal)에서 사망

6월 21일 바트리벤슈타인(Bad Liebenstein) 근처 슈바이나

(Schweina)에 묻힘

〈프뢰벨의 공헌〉

• 0~6세 영유아는 태어나는 순간부터 사랑으로 키워져야 하는 존
재임을 알렸다.

• 갓 태어난 아기에게도 표현의 기회를 주어야 함을 알렸다.

• 영유아의 삶은 삶이라서 중요한 것이 아니다. 영유아기의 삶의 질
은 성장한 후의 삶의 질을 결정하기 때문에 중요하다고 일깨웠다.

• 영유아기에는 놀이가 필요함을 알고 세계 최초의 놀잇감과 작업
을 체계적으로 개발해서 보급했다.

• 프라이어(Preyer)가 1882년 아동발달학을 체계화하기 전에 출생
부터 청년기에 이르는 발달 단계를 소상하게 정리했으며 각 발달
단계에 알맞은 교육내용과 교육방법을 제시했다.

- '유치원사범과'를 수료한 사람에게만 교사자격을 수여함으로써 영유아 교사 양성기관을 세계 처음으로 설립했다.
- 어머니교육으로 시작했지만 부모가 함께 영유아기 자녀를 교육해야 함을 알려 후세의 유치원은 부모교육을 실시하는 전통을 갖게 했다.

## 2. 프뢰벨 유아교육철학의 중심개념과 교육목적

프뢰벨이 1826년 저술한 『인간의 교육』 내용을 큰 주제별로 범주화하면, 교육철학의 중심개념, 교육목적, 발달 단계별 교육내용, 교육원리, 학교 · 가정 · 교육내용 간의 연계이다.

제2차 세계대전이 끝날 때까지 유럽은 물론 동양권의 어른들은 6세 미만 유아들에게 무관심했고 함부로 대했었지만 프뢰벨은 갓 태어난 아기의 인권을 존중하고 사랑했다. 인성의 기초가 출생 순간부터 형성되기 시작하기 때문에 가정에서 부모가 잘 키워야 하는 것은 물론 이들을 위해 학교가 필요하다고 생각해 유치원을 창시했다. 유아 존중과 유치원 창시는, 자신의 권리를 주장할 수 없는 영유아들에게 프뢰벨이 준 최고의 선물이었다. 그의 중심개념과 교육목적을 알아보자.

### 1) 프뢰벨 교육철학의 중심개념

프뢰벨 교육철학의 가장 핵심이 되는 중심개념은 '하나님은 만물의 유일한 근원이시다.'와 '전인'으로 기르는 것이다. 프뢰벨은 그가 살던 19세기의 유아는 물론 미래의 유아들에게도 하나님은 만물의 유일한 근원이시고 어린 아이들을 사랑하는 분이라는 것을 알게 하려고 노력했다. 태어날 때부터 사랑을 받는 아기만이 전인으로 성장할 수 있으므로, 부모들은 아기가 태어나는 그 순간부터 사랑해야 한다. 그러나 아이들이 부모의 사랑을 받기 어려운 상황에 처할 때는, 그들이 하나님의 사랑을 생각하며 살아가게 하려는 것이 프뢰벨 유아교육철학의 중심개념이 되었다. 자신이 생후 11개월에 어머니를 잃은 후 사랑을 하나님으로부터 받았다고 생각했기 때문이다. 덧붙여 그는 하나님의 존재를 아는 사람만이 아기들이 하나님으로부터 신성을 가지고 태어나는 것을 믿을 것이고, 신성 발현 과정에서 전인으로 조금씩 성장할 것임도 믿고 교육할 것으로 생각했다. 창조하심은 하나님 편에서 일어나는 일이고 전인이 되는 것은 인간이 이루는 일이다. 하나님에 의해 창조된 아기들은 이 과정에서 성장하고 궁극적으로는 전인이 된다는 것이 프뢰벨 철학의 중심개념이다.

목사의 아들로 태어나 독실한 기독교인이었던 프뢰벨은 유아기를 대단히 중요한 시기로 여기는 유아교육철학을 창시했다. 그래서 프뢰벨 교육철학의 핵심 내용은 성경에 그 기초가 있다. 17세기 코메니우스가 0~6세 영유아는 교육받을 권리가 있다고 처음 이야기한 후 200년이 지나서야 프뢰벨의 유아교육 이론이 시작되었음을 고려할 때, 유아의 인권과 유아교육의 필요성이 보편적인 가치로 인식되기까지는 오랜 세월이 걸렸음을 알 수 있다. 프뢰벨은 기독교 정신에 기초해 유아들이 인간이기 때문에 유아교육이 필요한 것이 아니라 유아기의 양육과 교육이 그 아이 미래의 삶에 지대한 영향을 미칠 만큼 중요하기 때문에 중요하다고 믿었다.

1980년경까지 우리나라의 유치원 대부분은 사립유치원이었고 교회 부설이 대부분이었던 것도 프뢰벨 때문이었음을 알 수 있다. 또한 미래의 생활이 더 기계화되고 전자화될 가능성이 높은 지금 우리가 기억해야 할 것은 이 세상에 태어나는 모든 아기는 코메니우스와 프뢰벨이 제시한 사랑과 관심으로 양육되고 교육되어야 한다는 것이다. 5G 시대가 될지라도 아기들은 코메니우스와 프뢰벨의 유아교육철학에 기초한 교육방법으로 키워져야 한다는 의미이다. 프뢰벨은 『인간의 교육』 목차를 중요한 소제목 105개를 선택해서 썼다. 맨 앞의 첫 내용은 '하나님과 통일성'이고, 맨 뒤 결론은 '자기 내면의 신성이 전인으로 되어, 창의적 자유를 누리며 사는 삶'이다. 이 두 명제가 프뢰벨이 생각했던 유아교육철학의 중요한 중심개념이다.

첫째, 하나님은 만물의 유일한 근원이시다.

프뢰벨의 유아교육철학은 만물의 유일한 근원이신 하나님으로부터 시작됐다. 만물은 통일성을 갖고 있는 하나님으로부터 존재하게 되었으며 내면에 있는 신성도 하나님으로부터 왔다. 그런데 하나님이 심으신 신성은 아기의 내면으로부터 밖으로 발현되어야만 존재하게 된다. 이를 위해 그들에게 표현의 자유와 기회를 주어야 언젠가 전인으로 성장할 것이고 창의적 자유도 누리게 된다.

생모가 사망한 후 숲에서 대부분의 시간을 보냈던 프뢰벨은 씨를 심어 꽃이 피어나는 것처럼 자기 내면의 신성도 그렇게 피어나는 것을 관찰했다. 화단에 구멍을 파고 씨를 뿌리면 오랫동안 아무런 변화가 없다가 싹이 나올 때 '아! 뿌리가 땅에 내렸겠구나.'라고 상상하는 것처럼 갓 태어난 다른 아기들의 인성도 어른들의 말과 행동에 의해 크게 영향을 받으며 피어난다고 보았다. 프뢰벨은 아기가 어릴수록 엄마, 아빠는 힘들지만 자신이 중요한 일을 하고 있다는 신념을 갖고 최선을 다해야 함을 터득했다. 신념이 없거나, 몰라서, 귀찮아서, 아기에게 함부로 하는 부모들이 있는데 절대로 그러면 안 된다는 것이 프뢰벨의 경고이다. 한 사람의 인생에 가장 중요한 일이 일어난다고 생각하고 아기의 발달에 알맞은 양육과 교육을 해야 한다.

하나님에 의해 창조된 이 세상에 존재하는 모든 것들은 처음에 창조될 때만 하나님 안에 있는 것이 아니라 그 후에도 하나님의 섭리 안에 있다고 프뢰벨은 믿었다. 우리들이 일상생활을 할 때 생각을 밖으로 표현하지만 그 생각은 계속 머릿속에 남아 있는 것과 같은 의미라고 했다. 아기의 신성을 잠재 능력이라고도 표현한 프뢰벨은 이 신성 또는 잠재 능력은 아기의 연령이 어릴수록 발현의 기회가 많아야 하고 자유롭게 느끼며 움직일 수 있어야만 제대로 성장한다고 하면서 영유아기를 가장 중요한 시기로 보았다. 출생 직후 아기들의 발달까지도 중요하게 생각한 이 내용은 20세기 초반의 진보적인 교육자 킬패트릭이 높게 평가한 부분이다(Kilpatrick, 1916).

영유아기가 성장과 발달에 지극히 중요한 것을 프뢰벨 시대의 사람들은 인정하지 않았었지만 21세기가 되어 뇌과학자들이 이 사실을 증명해 주고 있다. 영유아기는 아기가 생존해야 해서 중요한 것이 아니라 그 아이의 일생에 영향을 줄 심리적 현상들이 이 시기에 결정되기 때문에 중요함을 프뢰벨은 반복해서 강조했다.

둘째, 아기 내면의 신성이 발현되어 전인으로 성장할 뿐 아니라 창의적이고 자유로운 삶을 살게 한다.

　아기들이 태어날 때부터 보이는 신성은, 하나님 스스로 존재하며 만물 위에 운행하듯, 스스로 발현된다. 아기의 잠재 능력이 하나님의 신성을 닮았다고 생각했던 프뢰벨은『인간의 교육』앞부분에서 통일성과 다양성이 있는 온전한 인간, 즉 전인은 유아기에 완성되는 모습이 아니라고 했다. 성인이 되어서도 계속 노력하며 성취해야 하는 인성적 특징이라고 했다. 프뢰벨은 인성 발달의 첫발을 떼는 출생 순간부터 전인교육을 목표로 양육과 교육을 시작하라고 했다.

　프뢰벨은『인간의 교육』에서 유아교육이란 갓 태어난 순간부터 내면의 신성이 자유롭게 발현되도록 기회를 주는 전인교육이어야 하므로 출생하는 바로 그 순간부터 전인교육을 목표로 교육해야 한다고 했다. 그런데 부모의 마음은 다른 개념에서 시작되기 때문에 문제가 된다.

　프뢰벨은 자녀를 똑똑하게 키우겠다는 일념으로 영유아에게도 지식·기술·태도를 주입시키려는 열성 부모들이 있는데 절대로 그렇게 하지 말라고 말렸다. "아이들이 자신의 능력을 스스로 발휘하도록 기다려 주어야 건강한 성품을 갖게 된다."며 강조 또 강조했다. "만일 기다려 주지 않고 조기교육을 한다면 어른들은 아이들의 영혼을 시들게 할 것이다." 조기교육은 발달에 적합하지도 않고 전인교육에도 해가 된다는 것이 이유였다. 프뢰벨의 이러한 자연주의 유아교육철학은 동양의 노자 사상에도 있다. 영유아를 특정지어 말한 것은 아니지만 노자는 씨앗을 땅에 심은 후, 뿌리가 땅에 내리기 전에 뽑아 비료를 주고, 물을 흠뻑 주어 다른 농부보다 빨리 많은 열매를 따고 싶어 하는 행위를 알묘조장(揠苗助長)이라고 했다. 알묘조장은 가냘프게 조금씩 내리고 있는 뿌리를 파내어 인위적으로 조작하는 것이어서 자연의 법칙에 어긋난다. 씨앗이 스스로 뿌리 내릴 때까지 기다려 주지 않은 탓에 그 식물은 제대로 자라지 못하고 말라 죽는 것을 빗대어 한 말이다. 프뢰벨의 신성 발현 이론은 노자의 알묘조장과도 같은 맥락이다.

프뢰벨은 신성이 피어나는 과정은 꽃이 피는 과정과 같다고 반복해서 얘기했다. 뿌리처럼 영유아기의 발달도 어릴수록 오래 걸리고 어른의 마음에 들지 않는 모습이 더 많을 것이지만, 씨앗에 들어있는 식물의 특성에 따라 채송화는 채송화로, 해바라기 씨는 해바라기를 피어낼 것이므로 우리집 아이와 다른 집 아이를 비교하지 말라고 했다. 프뢰벨은 아기들이 자기 스스로 성장하도록 돕는 과정을 자연주의에 기초한 유아교육이라고 했다.

신생아기의 아기들이 젖을 충분히 먹고 포근한 사랑을 느낄 수 있어야 애착 형성이 되듯이 유아기 아이들에게 노래 부르기, 그림 그리기, 뛰기, 놀이와 활동의 기회가 있어야 신성이 발현된다. 그래야 느끼고 생각하며 힘을 얻고, 시야가 넓어지게 되어 전인으로 성장하는 과정이 쉬워지는 것을 프뢰벨은 조카들을 아기 때부터 키우며 경험으로 터득했다. 또 유아기에도 지적 관심이 그들의 발달에 알맞은 방식으로 충족되면 아동기의 지적 능력이 발달할 것이라고 했다. 프뢰벨은 다음과 같이 경고했다.

이 세상에 태어난 아기가 자유로운 분위기에서 성장할 수 있는 기회를 갖지 못한다면 …… 그들은 전인적 삶을 가능하게 하는 정신을 발달시킬 수 없을 것이다. …… 어른이 되면 그 손실을 보충할 수 있는 기회가 충분히 있을 것이라고 생각하지만, 착각이다. …… 부분적으로 한두 가지는 회복될 수 있다. 그러나 …… 영유아기에 제대로 키워지지 못한 발달과업들을 큰 다음에 모두 회복시킬 수는 없다. …… '내 아이는 뭔가 뚜렷하고, 장래 직업을 갖는 데 필요한 교육을 받아야 해. 실제 먹고 살아야 하고, 자신의 생계를 위해 돈을 벌거나 부모를 도와 일을 도와 주어야 할 테니까…….'라며 세상에서 살아가는 데 필요해서, 또는 아이를 위한다는 명목하에, 그 아이의 발달에 적합한 놀이나 활동을 하게 하지 않고 지식·기술·태도를 억지로 가르치려 한다면 아이의 전인적 인성 형성에 나쁜 영향을 받는다는 것을 알아야 한다. 혹시 어른이 되어 그 손실을 보충할 수 있다고 생각하는가? 하나 또는 둘 정도는 부분적으로 회복시킬 수 있을 것이나 전반적인 인간의 발달과 교육은 결코 회복될 수 없다. 부모들이 주입한 지적 교육으로 커서 중요한 공직에 올라갈 수도 있고 전문적 업무나 돈벌이가 되는 일을 할 수도 있으며 높은 사회적 지위에 있을 수도 있겠으나 유아기에 받지 못한 사랑 때문에 생긴 불안정한 마음과 미완성의 감정은 완전히 없앨 수 없다(Froebel, 2005).

성장 단계마다 아이들은 발달에 적합한 정신적 성숙을 해야 하는데 그렇지 못하다면 그건 발달의 어느 시점에서 그 아이의 신성이 발현되지 않았기 때문이다. 고치는 방법은 한 길밖에 없다. 신성이 발현되지 못했던 그 시점, 영아기, 유아기 또는 아동기로 되돌아가 회복시키는 방안을 모색해야 한다. 프뢰벨은 이 일 때문에 1, 2년 혹은 더 길게 학교를 다녀야 할지 모르지만 빨리 교육과정을 마치고 사람다운 사람이 되지 못하는 것보다는 가치 있는 목적을 달성하는 것이 더 좋은 것이 아닐까 하고 반문했다.

인류에게 최고로 중요한 사명은 …… 내면의 신성을 표현하는 것이
다. 신성을 자유롭게 표현해서 전인으로 성장하는 것은 인간의 운명이
자 사명이다.

---

나는 신성(神性)을 품고 태어났어요.

꽃처럼 내 마음의 신성도 피!어!나!요!!!

사랑으로 기다려 주세요.

---

프뢰벨 교육철학의 중요한 두 기둥, '만물은 신성한 통일성의 상징
인 하나님으로부터 왔다.'와 '전인으로 성장', 이 두 축 사이에 신
성 발현이 되며 성장과 발달이 일어나고 이 성장과 발달은 교육에 의
해 더욱 바람직한 방향으로 안내되어 전인적 성격 형성으로 이어진다.
프뢰벨에 의하면, 주요 교육목적은 아이 내면의 신성을 외부세계로 발
현하게 하여 전인으로 성장하게 하는 것이다. 아기가 전인으로 성장하
는 데는 여러 단계가 있는 것을 관찰한 프뢰벨은 발달 수준에 따라 다
르게 표현되는 어린아이들의 느낌과 반응에 부모도 교사도 다르게 반
응해야 한다고 했다.

## 2) 프뢰벨의 교육목적

암기교육 시대였던 19세기에, 6세 미만 유아들을 위해 세계 최초의
유치원을 설립하여 다니게 하고 세계 최초의 놀잇감인 은물(恩物, 하나
님의 선물)과 작업 11종을 만들어 주었던 프뢰벨의 교육목적은 다음과
같다(Froebel, 2005).

- 자신 내면에 신성이 있음을 안다.
- 능동적이고 자유롭게 신성을 발현한다.
- 지혜로운 사람으로 성장하게 한다.
- 지성인, 전인으로 성장하게 한다.

프뢰벨은 교사들에게 영유아의 내면에 신성이 있음을 인식하고 교육하는 것이 첫 번째로 기억해야 할 교육목적이라고 했다. 프뢰벨에 의하면 '신성'은 아기가 이 세상에 태어날 때 하나님이 아기 내면에 심은 무한한 잠재 능력이다. 그 잠재력은 유아 내면에서 스스로 피어 나온다(unfolding). 프뢰벨에 의하면 "아기들은 내면의 신성을 밖으로 발현함으로써 존재한다." 따라서 어른들은 이 신성을 자기 방식대로 가르치려 하지 말고 영유아 내면의 신성이 '자기 방식대로' '자연스럽게' 발현되도록 기다려 주어야 한다. 방임하며 기다리라는 것이 아니라 아기를 유심히 관찰하며 그들의 필요에 맞추어 반응해 주어야 한다 (Heiland, 2007). 그 과정에서 아기 자신도 자기의 잠재 능력을 조금씩 인지하게 된다. '나 할 수 있어.'라는 자신감이 아주 조금씩 생기기 시작할 것이고 점점 성장하면서 능동적인 행동을 하게 될 것이다. 어린 아기들의 능동적인 소리내기와 행동에 엄마, 아빠들이 긍정적으로 반응해 주면 자신감이 더욱 커져서 더 많이 표현하는 능동적인 유아로 성장한다.

둘째, 신성이 능동적이고 자유롭게 발현되도록 도우라는 프뢰벨의 두 번째 목적은 억압이 있는 곳에서는 아이들의 자유가 파괴되거나 감소되는 것을 관찰한 결과로 생각한 개념이다. 프뢰벨은 아기가 성장해 유아기에 진입하더라도 유아 내면의 신성을 자유롭게 표현할 수 있게 해 주고 자기결정을 할 수 있는 기회를 많이 주어야 한다고 했다. 프뢰벨의 이론을 유치원 교사의 입장에서 정리하자면 "(유아)교육은 반드시 유아의 생각과 표현을 존중하며 따라가야 한다. 즉, 수동적이어야 하며, 보호하고 지키는 것이어야만 한다. 교사가 권한을 갖고 명령하는 식, 규정적이거나 명확하게 범주화하거나 간섭하는 방식이어서는 안 된다." 어른의 위치에서 보면 수동적, 발달순응적으로 따라가는 교육이지만 아기나 어린 유아의 입장에서 보면 자기를 사랑해 주고 존중해 주는 어른이 자유롭게 표현할 기회까지 주는 따뜻한 엄마, 아빠, 선생님이다.

프뢰벨은 부모 마음대로 키우려 하지 말고 끊임없이 관심을 가지고 관찰하며 아기가 팔다리를 힘껏 흔들면 웃어주고, 함께 손잡아주거나, 말 걸어주는 등 아기 스스로 표현할 때마다 어른들이 받아주면 아기는 스스럼없이 자신의 느낌과 생각을 키우고 표현하게 될 것이라고 했다. "아기 때 능동적이고 자유롭게 신성이 발현되도록 도우면, 큰 노력을 들이지 않고도 행복한 유아로 자랄 것"이라고 프뢰벨은 굳게 믿었다.

셋째, 지혜로워지게 한다.

프뢰벨은 지혜로워지는 것을 중요하게 생각했다. 영유아들에게 어려서부터 지식을 주입식으로 공부시키는 일이 지혜를 갖게 하는 데 방해가 된다고 한 바 있다. 지혜와 지식이 다르다는 것을 강조한 것이다. 지혜는 인간이 성취해야 할 가장 중요하고 가장 숭고한 목적이지만 자칫 놓치기 쉽다. 프뢰벨은 인간이 이 세상에 출생하는 순간부터 지혜의 기초가 형성되기 시작하기 때문에 부모가 교육목적을 세웠든 그렇지 못했든 간에 지혜를 갖게 하는 교육은 이미 시작되었다고 생각해야 한다고 했다. 그러므로 아기가 태어날 때부터 이를 교육목적으로 삼아야 한다.

어려서부터 자신이 하는 일이나 해야 할 일을 생각하고 아는 일, 자기 방식대로 자유롭게 행동할 줄 아는 것, 자기결정 능력을 갖는 것이 프뢰벨이 유아기에 알맞은 지혜라고 보았다. 어른들이 생각하는 추상적인 차원의 지혜를 의미하지 않았다. 어려서 이런 인성적 특징을 가지려고 노력하며 자기 자신을 교육하는 것은 중요한 일이다. 그러다가 성장한 후 다른 사람을 지혜롭게 성장하도록 교육하는 선생님이 된다면 그 사람은 지혜를 두 배로 성취하는 것이다.

프뢰벨은 어려서부터 지혜를 가지려고 노력한 아이들이 어느 순간 성취한다면 그 아이는 가장 인간답게 사는 길로 들어섰다고 보아야 한다고 했다. 이는 내적 성숙을 확실하게 이루어 내고 외적인 성취 또한 달성하게 할 것이기 때문이다.

넷째, 지성인, 전인(全人)으로 성장하게 한다.

프뢰벨에게 있어 '지성인'이란 내 마음에 신성을 있게 한 불변의, 영원한 법칙을 가진 존재가 있음을 아는 사람, 그 법칙의 기원과 본질을 알고 전체를 보는 통찰력이 있는 사람, 관계를 파악할 능력이 있는 사람, 그 법칙이 미치는 강력한 효과를 아는 사람, 법칙 안에서 일어나는 삶을 총체적으로 인지하며 행동하는 사람이다. 프뢰벨에 의하면 유아가 아동/청소년/성인으로 성장한 후에도 자유롭게 신성을 표현하며 생각하고 활동하고 탐구할 수 있도록 교육을 받는다면 그들은 자신에게 신성을 심으신 하나님을 잘 알게 될 것이라고 했다. 이 신성은 다양한 특성의 지적 성향을 갖고 있어 청년기가 되면 어떤 형태로든 표현될 것이므로 지성이 높아지고 지혜로운 전인으로 성장한다. 아기들을 포함해서 모든 인류와 만물은 통일성의 상징인 하나님으로부터 왔기 때문에 궁극적으로는 통일성을 이해하는 전인으로 성장할 것이라고 프뢰벨은 확신했다.

프뢰벨은 교육의 시작, 교육의 중심, 교육의 끝을 영유아에게 두며 노력하는 과정에서 아이들은 자연스럽게 전인이 된다고 생각했다. 어른들이 수동적으로 아이의 신성 발현 과정을 따라가면 "아직도 창조의 과정 중에 있는 아이들이, 신성을 갖고 태어난 하나님의 피조물로서, 자신이 할 수 있는 한 최선의 상태를 추구할 것이다. …… 아이는 그의 타고난 기질, 잠재 능력, 수단뿐 아니라 그가 처한 상황에 전체적으로 적응하게 될 것이다."라고 보았다.

## 3. 프뢰벨의 인간 발달 단계와 교육 내용 및 방법

프뢰벨은 아동발달학 또는 아동심리학이라는 명칭을 쓰지 않았지만 아동의 발달 수준에 따라 교육내용을 구분하여 분류했다. 프뢰벨 사후 30년 후 독일의 프라이어(Preyer)가 1882년에 발달 단계를 기초로 '아동심리학' 분야를 창시했다. 프뢰벨의 설명을 표로 작성하여 현대 이론과 비교한 결과는 〈표 4-1〉과 같았다. 프뢰벨은 인간 발달 단계를 크게 '영유아기의 인간(Man in the Period of Earliest Child)' '소년기의 인간(The Boyhood of Man)' '학생으로서의 인간(Man as a Scholar or Pupil)' '청년기'로 나누었다.

프뢰벨이 분류한 '영유아기의 인간' 단계는 0~6세 연령이 포함되는 유아 발달 단계로서 신생아 · 영아 · 유아들이 이 단계에 속한다.

영유아기의 총체적인 발달 특징을 프뢰벨은 '놀아야 하는 아이'로 표현했다. "놀이는 생활이다."라는 프뢰벨의 유명한 명제는 이 시기의 아이들이 해야 할 일이 바로 놀이라는 뜻이다. 놀이는 그들에게 능동적인 삶의 방식이다. 그러나 부모들 중에는 유아교육기관의 놀이는 방임이어서 배울 것이 없다며 영유아기 자녀들을 유아교육기관에 보내지 않고 과목별 수업을 하는 학원에 보내는 이들이 있다. 하지만 프뢰벨은 200년 전에 '놀아야 하는' 발달 단계에 있는 영유아들에게 지식을 주입시키지 말라고 했다.

　프뢰벨은 자유롭게 놀아야 하는 영유아기가 있고, 놀며 탐색해야 하는 유아 후기와 아동 전기가 있으며, 흥미의 범위가 넓어지고 깊어져 지식 획득을 위해 놀며 탐색하는 아동기가 있다는 사실을 『인간의 교육』에서 분명히 밝혔다. 프뢰벨이 '놀아야 하는 아이, 놀며 탐색하는 아이, 배워야 하는 아동, 공부해야 하는 청년'으로 나눈 것을 헬무트 하이란트는 '놀고 있는 아이'와 '배우는 학생' 둘로 단순화했다(Heiland, 2007). '놀아야 하는' 영유아들에게 신성을 표현할 수 있는 기회를 주는 것 이외에 그 어떤 유형의 지식도 가르치지 말라고 한 프뢰벨은 7~12

〈표 4-1〉 **프뢰벨이 제시한 단계별 발달 과업**

| 프뢰벨의 발달 단계 | 현대 아동발달학의 구분 | 프뢰벨의 발달 과업 |
| --- | --- | --- |
| 영유아기의 인간 | 신생아기<br>영아기<br>유아기 | 놀아야 하는 아이 |
| 소년기의 인간 | 초등학교 입학 직전의<br>유아 후기 유아/아동 전기의 아동 | 놀며 탐색하는 아이 |
| 학생으로서의 인간 | 지식을 공부하는 아동 후기 | 배워야 하는 아동 |
| 청년기의 인간 | 청년 | 공부해야 하는 청년 |

세의 '배우려는' 아동들이 도움을 필요로 할 때 무심히 놔두지 말고 그들이 배우려는 지식을 제공하고 안내하고 이끌어 주라고 했다.

놀아야 하는 시기에 아이들의 놀이를 끊임없이 관찰하여 활동하게 해 주고, 배우고 싶어 하는 아동들에게는 어떤 지식의 내용을 언제 어떻게 선택하고 안내해 주어야 할지 생각해야 한다. 최근 뇌를 연구하는 후성유전학자들이 이구동성으로 '처음 두 해라는 결정적 시기'에 선행 조기학습을 시키지 말고 엄마, 아빠와의 사랑으로 키우라고 한 것과, '한 아이 곁에서 지낸다는 건 그 아이의 뇌 특화과정에 참여하는 것'이라며 출생에 가까울수록 더 많은 사랑을 주며 스스로 배우게 하라는 뇌과학자들의 권고와 같은 이론(Alvarez, 2020)을 프뢰벨은 이미 200년 전에 관찰로 파악했었다.

1950~1960년대 유아교육전공자들이 제일 많이 혼돈을 느꼈던 프뢰벨의 이론은 '교육내용'과 '교육방법'이었다. 프뢰벨은 유치원 아이들에게 '은물'과 '작업'을 하게 했고 교수−학습 방법도 교사중심 및 주입식이었기 때문에 현대 유아교육에 맞지 않는다는 것이 문제의 핵심이었다. 게다가 독일어판 『인간의 교육』은 문장 하나가 한 페이지일 정도로 길어서 문장의 앞부분을 읽다가 끝에는 무슨 말인지 모를 때가 많고, 영문판 역시 전체 맥락을 정리해 내기 힘든 점도 한몫했다. 이에 대해 킬패트릭은 프뢰벨 교육철학연구가인 퀵(Quick)의 말을 인용해서, "프뢰벨의 이론을 읽으며 이해할 수 있을 때, 나는 그가 빼어나게 지혜로운 교육철학자라는 생각을 한다. …… 그러나 그의 글을 전혀 이해할 수 없을 때에는 그가 심오한 진리를 말하고 있는 것인지, 아니면 완전히 황당무계해서 전혀 의미 없는 말을 한 것인지 분간하기 어

렵다."(Kilpatrick, 1916)고 토로했다. 어느 나라 학자이든 프뢰벨의『인간의 교육』을 읽는 독자들은 퀵과 킬패트릭의 어려움을 겪는다.

'프뢰벨의 교육내용은 무엇인가?'라는 질문을 받으면 쉽게 '은물과 작업'이라는 답을 하게 된다. 그만큼 은물과 작업은 오랜 세월 동안 프뢰벨의 대표 교육내용으로 간주되어 왔기 때문이다. 그런데 프뢰벨은 무조건 유치원에서 은물과 작업만 가르치라고 한 적이 없고 놀이만 하라고 한 적도 없다. 발달 수준에 따라 교육내용을 다르게 선택해야 한다고 했다. 프뢰벨이 신생아를 위해 생각한 교육내용은 아기 내면의 신성을 100% 자유롭게 표현하게 했을 때 나타나는 내용들이다. 갓 태어난 아기가 내는 소리와 표정이 좋은 예시이다.

프뢰벨은 교사와 부모들이 각 발달 단계에 따라 아이들의 말과 행동을 관찰한 후 교육내용을 선택하고 조직해야 하는데 쉽지 않은 일이라고 했다. 그러나 프뢰벨은 '반드시 해야만 하는 일'이라고 강조하며 끊임없이 아이들의 말을 들어주고 관찰하여 어떤 내용을 제공하고 도울지에 대해 생각하라고 했다. 다음은 프뢰벨이 갓난아기부터 초등학교 입학 전 영유아들에게 필요한 교육내용을 제시한 것을 정리한 것이다.

## 1) 출생 직후의 아기들: 100% 표현하기

출생 직후의 아기들은 다른 사람으로부터 보고 배우기 전에 스스로 표현하기 시작한다. 그래서 프뢰벨은 부모들에게 이 표현의 과정을 "조심스럽게, 관심을 갖고 지켜보다가 아이가 도움을 필요로 하는 순간, 관찰한 내용에 알맞은 방법으로 상호작용해야 한다."고 했다.

아기가 보이는 표정과 소리는 아기가 선택한 교육내용이고 그 아기와 함께 있는 어른은 아기의 표현 내용을 보며 알맞은 방법으로 반응해 주어야 하는 선생님이다. 아기가 자유롭게 마음속의 신성을 표현하고 엄마나 아빠는 아기가 내는 소리와 표정을 보면서 상호작용하려고 노력하기 때문에 아기는 학생, 부모는 선생님이다. 프뢰벨은 갓난아기부터 큰 아이들까지 성장하는 과정을 지켜보며 항상 그들의 필요를 생각했으며, 아이들에게 필요한 것이 무엇인지, 좋아하는 것은 무엇인지 관심을 가지고 봤다. 이 과정에서 아기들이 몸짓, 소리, 표정, 눈빛으로 내면의 신성을 발현하는 동안 아기가 필요로 하는 교육내용을 알 수 있었다.

끊임없는 관찰 결과, 프뢰벨은 아기 때의 표현이나 몸짓이 성장한 후에도 그대로 나타나는 것을 발견했다. 아이들의 성장을 따라가며 유심히 지켜본 어른들은 유아기에 그 아이가 보였던 사소한 표현과 몸짓들이 커서 나타날 정도로 영향력이 큰 것을 발견할 수 있으므로, 아기 때부터 어른들은 올바른 말투, 태도, 표현을 쓰며 상호작용해야 한다고 했다. 그리고 갓난아기이지만 아기가 표현하는 내용을 관찰하며 교육내용을 결정해야 한다. 프뢰벨의 관찰에 의하면 '활발하게 움직이는 것'과 '소리 내보는 것'도 아기가 외부세계로 자신을 표현하는 방법이다. 아기여서 모를 것으로 여기고 무심히 지나지 말고, 자유롭게 표현할 수 있는 공간과 기회를 더 많이 주어야 한다. "아기의 내면에 있는 존재감, 영혼, …… 신성이 표면에 드러나면 더 명료해진다."며 이 내용이 그 순간 그 아기가 필요로 하는 교육내용이라고 했다.

프뢰벨은 출생 직후의 아기들이야말로 어른들이 유심히 관찰한 후 그 아기의 필요에 맞춰 주어야 하는 존재들이라고 했다. 발달의 시작점에 있는 아기들이기 때문에 모든 것이 아기 맞춤형이어야 한다. 아기들이 '자기 방식대로' 내면의 느낌을 '소리'나 '표정'으로 표현할 때 주변 어른들이 그 소리와 표정에 반응하면 아기들은 무언가를 배운다. 아기는 이 새로운 배움에 근거해 새로운 소리를 내 보려고 노력할 것이고 표정도 달라진다. 그래서 프뢰벨은 아기들이 자신의 느낌과 생각을 매일 매 순간 표현할 때 그 내용과 의미를 알아내는 것이 중요하다고 본 것이다. 오직 세심한 관찰만이 이를 가능하게 한다고 보았다. 부모들은 이 표현의 과정을 '조심스럽게, 관심을 갖고 지켜보다가 아이가 도움을 필요로 하는 순간, 관찰한 내용에 알맞게 반응'해야 한다. 그는 아기가 소리를 낼 때 가만히 혼자 놔두거나 반응을 보이지 않는 것은 방임이라고 했다.

프뢰벨은 아기들이 스스로 발현하는 '신성(神性)'을 가진 것만으로 충분하지 않다고 했다. 아기들은 발달 특성상 어른의 도움을 받아야만 자기가 하고 싶은 표현을 자유롭게 표현할 수 있다. 그러므로 부모, 교사들은 밝음, 견고함, 평온함을 유지하여 아기들이 자기중심으로 신성을 표현하도록 도와주어야 한다. 이 표현 과정은 어른들이 선호하는 지식교육보다 훨씬 중요하다.


## 2) 영아: 표현하기와 단순 놀이

갓난아기에게 100% 표현하기를 하게 했다면 조금 더 성장한 영아에게는 표현하기를 많이 할 수 있는 기회와 함께 간단하고 단순한 놀이를 할 수 있는 기회를 주어야 한다. 돌이 가까워지면 신생아 때보다 표현하는 내용과 방법이 달라져 '단어 하나'로 표현하기 시작한다. 단순한 놀이도 한다. 2세 전후 시작되는 영아들의 단어들은 아기 때 부모의 반응을 보고 들으며 반복해서 많이 들었던 단어들이다. '엄마, 아빠, 맘마'와 같은 짧은 표현을 아기들이 가장 많이 하는데 그만큼 많이 들었다는 증거이다.

프뢰벨에 의하면 갓 태어났을 때 '활발하게 움직이는 것'과 '소리 내보는 것'이 교육내용이었듯이 영아를 무릎에 앉히는 것, 옷 갈아입히는 것, 품에 안고 반응해 주는 것 등 모든 것이 교육내용이다. 그러나 아기 때와 달리 영아들은 좀 더 자유로워져서 그들 스스로 내재해 있는 법칙에 따라, 감각 기능이 활성화되고 신체를 보다 자유롭게 움직일 수 있어서 표현 내용이 다양화되며 조금씩 복잡해진다. 위험한 상황임을 판단할 능력이 없으므로 어른들이 끊임없이 관찰하면서 안전에 유의하는 동시에 표현할 공간과 기회를 준다.

어른들이 안전을 보장해 주는 장소에서 손발을 자유롭게 움직이며 신체 표현의 기회를 가져보게 하는 것, 엄마를 쳐다보며 한두 단어로 말하는 영아의 의도를 파악하여 반응해 주는 것, 손유희를 함께 해 보는 것, 함께 단순한 숨바꼭질 놀이를 하는 것도 이 시기의 교육내용이다. 다양한 단어들을 듣는 횟수는 영아의 어휘력과 언어구사 능력에 영향을 미친다.

영아 후기가 되면 단순한 놀이를 하고 싶어하므로 아이와 함께 공원 걷기, 공원의 놀이 기구를 보호자와 함께 타기, 화단에 꽃 심어 보기 등 단순한 활동을 함께한다. 이런 활동을 할 때도 대부분의 일은 어른이 하지만 영아는 꽃삽으로 흙을 덮는 정도의 단순한 협력을 하게 하는 것으로도 행복하다. 영아기 후반부터는 그림을 보게 하여 생활 모습을 간접으로 보게 하고, 좀 더 자라면 눈에 보이지 않는 것도 생각해 보도록 안내함으로써 외부세계에 대한 기초적 수준의 관심을 갖게 하라고 프뢰벨은 제안했다.

　프뢰벨이 3세 전후의 유아들을 위해 가장 흥미를 보였던 놀이/게임은 친구들과 어울리는 단순한 활동들이었다. 프뢰벨은 영아들이 팔다리를 움직일 수 있는 공놀이, 공을 차는 게임도 추천했다. 이를 위해 마을마다 공동의 놀이터를 마련해 주자고 세계 처음으로 제안하기도 했다. 프뢰벨은 영아기를 지나 유아기에 들어서면 아이들은 눈으로 직접 보지 않아도 생각하며 배울 수 있으므로 영아기에 어려운 내용을 공부시키려 들지 말라고 부모들에게 부탁했다.

### 3) 3, 4세: 표현하기와 바깥세상에 관심 갖기

　3, 4세 정도가 되면 아이들은 서서히 바깥세상의 자연물·사물·사람들에 대해 관심을 갖기 시작한다. 외부세계로부터 영향을 받기 시작하기 때문에 당연히 아이들의 느낌과 생각도 변한다. 바깥으로 향하던 3, 4세 영아의 관심은 "다시 내면세계로 돌아가, 새로워진 느낌을 근거로 생각하기 시작한다." 아기들이 처음 표현할 때에는 100% 자기중심의 표현을 하지만 영아기부터는 외부세계에서 받은 자극을 기초로 표현 내용을 수정·보완한다. 내면의 신성을 표현할 기회가 많았던 아기일수록 그렇지 못한 아기보다 외부로부터 새로 받아들이는 내용을 흡수하는 것도 빠르고 관심도 많아지는 것을 프뢰벨은 관찰했다. 이 시기에는 신성이 내면에서 외부세계로 표현되고, 다시 외부세계에서 내면으로 되돌아가는 '신성의 순환 과정'이 일어나는데, 이 신성의 순환 과정은 영유아에게 더 많은 의미를 주어 내면세계와 외부세계의 관계도 알게 한다. 이 과정에서 영유아는 점점 더 많이 자유롭게 활동하게

되고 자신이 원하는 것을 스스로 결정할 수 있게 된다.

　프뢰벨은 신생아기에 표현의 기회를 많이 가질 수 있었던 아기들이 영아기, 유아기를 지나면서 주변 환경에 더 많은 관심을 갖게 되고, 초등학생이 되어 지식을 접하게 될 때도 더 잘 배운다고 했다. 21세기인 요즈음 학부모들은 출생부터 영유아중심교육을 해야 한다는 사실을 당연한 일로 알고 있지만, 프뢰벨 시대에는 지식중심교육을 교사주도로 하던 시대였으므로 프뢰벨의 아기중심 교육철학은 인정을 받지 못했었다.

　프뢰벨은 "많은 부모가 아이들에게 학교에 입학한 후 배우게 될 지식을 어릴 때 미리 가르치려 하는데 절대 해서는 안 될 일"이라고 하며 어린 영유아기의 지식주입 교육은 "어린아이들의 교육을 엄청나게 실패하게 하며, 부모와 아이 사이에 끝없는 오해를 불러일으키고, 쓸데없이 불평하거나 아이들을 부적절하게 책망하게 만들며, 아이들에게 무분별한 요구를 끊임없이 하게 한다."며 금했다.

### 4) 5, 6세: 표현하기와 바깥세상 탐색하기

　프뢰벨은 "생애 첫 단계의 아기들은 본능적으로 표현중심으로 움직이지만 아기의 느낌과 생각이 밖으로 표현되는 그 순간부터 아기들은 환경의 영향을 받는다. 이때 받는 영향은 5, 6세 유아들이 외부세계에서 받는 자극의 수준과 양에도 영향을 미쳐 개인차를 크게 벌린다." 자기 방식대로 판단하고 분석하는 능력에도 차이를 보인다. 그런데 5, 6세 유아들은 어린 아기나 영아보다 다른 아이들과 비교하기 시작한다. 어려서부터 자기 방식대로 자신 있게 놀고 탐색하고 활동한 유아들은 이 시기에도 자기 방식대로 표현하고 환경을 탐색한다. 그러나 자신감이 부족한 유아들은 자신감이 떨어져 어려움을 겪는다.

이 시기 유아들을 가르치는 교사는 자신감이 적은 유아들이 초등학교에 입학하기 전 유아교육기관에 다니는 동안 '자기 방식대로' 자신 있게 활동하도록 도움을 주어야 한다. 활동을 선택하지 못할 때 선택을 쉽게 하는 질문을 하여 유아가 선택과 결정을 직접 해 보게 하면 도움이 될 것이다. 프뢰벨은 유아가 필요로 느끼기는 하지만 어떤 내용을 선택해야 할지 모를 때는 교사가 선택해 주어야 한다고 했다고 했다(Froebel, 1908).

유아기에는 아이들이 관심을 보이는 자연과 사물을 탐색하는 것, 외부세계의 사람들을 만나 상호작용하는 것이 중요한 교육내용이고, 초등학교 입학 직전의 큰 유아들에게는 놀이와 게임, 자연 관찰하기, 화단 가꾸기, 최소 주 1회 산보하기, 손유희(finger play)와 노래하기가 필요하다고 했다.

프뢰벨은 생존 중 게임들을 재구성하여 유아기 아이들이 신체활동을 쉽게 할 수 있게 했다. 그는 '달리기'를 교육내용에 넣었는데 그중에서도 바깥공간에서 공을 가지고 노는 게임을 많이 개발했다. 유아들이 옆의 친구들과 손을 잡아 원을 만들어 걷기, 걸어서 이웃집 방문하기, 친구들과 손잡고 뱀처럼 꼬아보았다가 다시 풀어 일렬로 만들기, 바퀴 만들어 보기 등이 프뢰벨

이 개발한 교육내용이었다. 킬패트릭은 프뢰벨이 재구성한 이 유아 대
상 게임들은 유아교육에 지속적으로 영향을 주는 위대한 공헌이라고
하였다(Kilpatrick, 1916). 그러나 프뢰벨이 공과 원으로 하는 게임을 통
합성과 다양성의 원리로 설명함으로써 유아교육전공자들에게 혼돈을
주었다고 하였다. 유아교육에 대한 프뢰벨의 이론은 다음과 같다.

"교육의 시작 · 과정 · 중심은 유아이다."라는 프뢰벨의 유명한 명제
는 유아에게 지식을 가르치지 말라는 의미가 아니라는 것과 지식을 소
개하는 시점이 적절해야 한다는 두 가지 중요한 사항을 전제로 하고 있
다. 태어날 당시의 온전한 모습이 망가지기 전에, 아니 나쁜 영향을 받
기 전에 먼저 표현의 기회를 주는 것이 중요하기 때문에 유아기에 지
식을 가르치지 말고 표현을 충분히 하게 하라는 의미이다.

프뢰벨도 지식을 중요하게 생각했던 교육철학자이다. 하지만 교육
대상의 연령과 발달에 적합한 시기여야 함을 강조했다. 예를 들어, 출
생 직후에는 아기의 표현 능력이 길러지는 것이 중요하고, 영아기에
는 표현과 함께 다른 사람, 사물, 자연에 대해 탐색하려는 마음을 갖
게 해야 하며, 지적인 내용은 초등학교 입학 전인 유아 후기에 해야 한
다. 어릴 때 자유롭게 표현할 수 있는 기회와 공간이 있었던 아이들은
태어날 당시의 온전한 모습을 보존하였다가 유아기에 이르러 외부세
계로부터 많은 자극을 받게 될 때 그들이 받는 내용에 "자신의 존재감,
영혼, …… 신성한 본질"을 적용하여 배우기 때문에 잠재력이 향상되
어 더 잘 배우는 것을 프뢰벨이 관찰했기 때문이었다.

'교육내용'이라면 책에 쓰인 지식만 생각하는 어른들이 많지만 지식
은 책에만 있는 것이 아니다. 자연, 사물 등 주변의 모든 것이 교육내
용이 될 수 있다. 아이가 준비되지 않은 시기에 아이에게 버거운 문서

화된 지식을 미리 가르치는 조기교육은 그 내용이 무엇이든 간에 '배우는 것은 무서운 것, 모르는 것, 힘든 것'이라는 부정적 느낌을 갖게할 것이니 절대 하지 말아야 한다고 프뢰벨은 발달 시기별로 교육내용을 이야기할 때마다 조기 선행교육을 반대했다.

　지식을 제시하는 시기가 관건이다. 지식은 인류가 오랫동안 축적해 놓은 문화적, 지적 유산이어서 유아들도 언젠가는 배워야 한다. 그러나 어른들이 중요하다고 생각하는 지식을 적절하지 않은 시기에 가르치는 것은 성장 발달에 해롭다. 유아가 배울 수 있는 시기가 될 때까지 기다리라는 것이 프뢰벨이 유아와 지식 간의 관계에 대해 갖고 있는 확고한 신념이다. 아이들마다 지식을 가르칠 수 있는 시기가 다르니 아이들의 관심이 무엇을 향해 움직이는지 부모, 교사는 세심히 관찰해야 한다. 프뢰벨은 『인간의 교육』 후반부에, 아이들이 지식을 효율적으로 배울 수 있는 교육방법을 상세히 제시할 정도로 지식교육을 중요하게 생각했던 교육철학자이지만 지식을 제시하는 시점이 아이들의 발달 수준과 관심 수준에 적합해야 한다고 했다.

　유아중심교육이란 유아 내면세계의 신성이 외부세계와 만나는 과정에서 그들의 발달에 적합한 방식으로 상호작용하며 스스로 배우게 하는 교육이다. 유아중심교육은 선생님·엄마·아빠가 상호작용하며 돕되, 유아 스스로 놀며 배우도록 아이의 발달 수준에 알맞은 교육내용을 그 아이가 자기 방식대로 배워낼 수 있는 시점에 활동을 마련해 주는 교육이다.

## 5) 유아 후기에 제시하는 프뢰벨의 은물과 작업

출생 직후의 아기들은 물론 영아기 아이들에게 신성이 자유롭게 표현될 수 있도록 기회를 주는 것 이외에 그 어떤 유형의 지식도 가르치면 안 된다고 한 프뢰벨도 초등학교 입학 직전의 유아 후기 및 초등학교 아이들을 위해서는 지식을 교육내용으로 제시했다. 1826년에 저술한 『인간의 교육』 후반부에 소개된 아동대상 교육내용의 큰 범주는 종교교육ㆍ자연과학ㆍ수학ㆍ언어ㆍ예술이다.

유아들이 성장하여 '유아 후기'가 되면, 눈으로 직접 보지 못하는 추상적인 지식도 배울 수 있게 되다가 큰 학생으로 성장하면 영적인 측면, 즉 하나님의 존재를 느끼고 생각하며 배울 수 있는 교육내용도 포함해야 한다고 했다.

프뢰벨이 6년간 홀츠하우젠가의 자녀들을 가르칠 때 교육내용에 대해 많이 생각했다. 시골이어서 교육내용은 자연과 관계가 있는 활동들을 주로 선택하였는데 산책, 정원 가꾸기, 신체단련, 종이로 작업하기, 나무로 무언가 만들어 보기와 같은 활동들이었다. 이때 연령이 각각 다른 아이들을 가정교사로 가르치면서 창안한 교육내용들이 기반이 되어 유치원 연령 유아와 초등학교 아동을 위한 교육내용 선택 기준이 생겼다.

프뢰벨은 1840년 세계 최초의 유아교육기관인 유치원(Kindergarten, 어린이의 정원/어린이의 낙원)을 설립한 후 은물과 작업을 가르쳤는데 최초의 유치원 교육대상은 유아 후기의 큰 아이들 및 초등학교 1학년 정도의 학생들이었다. 이 당시만 해도 지금처럼 정부가 개입하여 공교육을 한 것이 아니어서, 설립한 이의 교육철학에 따라 각각 달랐고 학년도 법적 관할을 받지 않았다. 그 당시 프뢰벨이 창안한 은물은 6종이었고 작업은 11종이었다. 은물과 작업에 대한 지침서가 프뢰벨 사후 프뢰벨 정통파에 의해 출판되어(Heiland et al., 2007) 유럽, 미국, 일본, 한국에서 오랫동안 사용되었다.

프뢰벨이 유치원에서 가르친 교육내용은 은물과 작업 이외에 놀이와 게임, 자연 관찰하기, 화단 가꾸기, 최소 주 1회 유아들과 산보하기, 손유희, 노래이다. 킬패트릭은 20세기 초반 미국의 유치원에서도 교육내용은 같았다고 했다. 다음의 은물과 작업은 큰 유아들과 초등학교 저학년 아동들을 대상으로 한 놀잇감이었던 것에 유의하여야 한다.

### (1) 은물

프뢰벨은 은물(Gift)이 유치원 교육의 가장 중요한 내용이라고 했다(Heiland et al., 2007). 1805년 교육자가 되기로 결심한 프뢰벨은 시골에서 홀츠하우젠가의 네 자녀를 교육하면서 산책과 정원 가꾸기, 신체단련, 종이와 나무를 활용하여 무언가 만들기를 교육내용으로 선택했다. 이후 여러 차례 교육원을 열었지만 실패하다가 1840년 바트블랑켄부르크에 유아를 교육하는 기관을 세우고 유치원(Kindergarten, 어린이의 정원/어린이의 낙원)이라는 명칭을 붙였는데 세계 최초의 6세 미만 유아를 교육한 학교였다. 프뢰벨이 그의 유치원에서 한 교육내용은 다음과 같다(일본옥성보육, 1979; Heiland, 2007).

### ① 제1은물

둥근 공(구) 6개. 1838년 만들어 놀게 했는데, 삼원색과 삼보색 털실로 짜서 만든 6개의 공.

### ② 제2은물

1844년 창안. 나무로 만든 지름 6cm의 둥근 공, 나무로 만든 한 변이 6cm인 정육면체, 양면의 원지름이 6cm이고 높이가 6cm인 원기둥을 나무상자에 함께 넣어 놓은 은물.

### ③ 제3은물

두 번째 기본형의 은물 중 한 변이 6cm인 정육면체 모양을 가로, 세로, 대각선으로 다양하게 잘라 쌓기놀이를 하게 만든 나무 놀잇감.

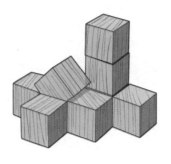

### ④ 제4, 5, 6은물

제4, 5, 6은물은 제3은물 나무토막 놀잇감에 대한 유아들의 반응이 좋은 것을 보고, 프뢰벨이 모양과 크기를 변형해서 만든 나무토막 놀잇감이다. 프뢰벨은 1852년 타계할 때까지 정육면체의 나무토막인 제2은물을 다양하게 잘라 제4은물, 제5은물, 제6은물로 변형해서 만들었다. 이러한 제3, 4, 5, 6은물은 '쌓기블록'이라고도 한다.

프뢰벨이 세상을 뜨기 전, 제7은물과 제8은물도 창안하였지만, 조각이 너무 작고 많아져 유아들이 꺼내서 논 후에 다시 은물상자에 정리해 넣을 수 없었다. 프뢰벨이 이 문제를 해결하지 못하고 타계하자 그가 창안한 은물은 제6은물까지로 정리되었다.

제4은물

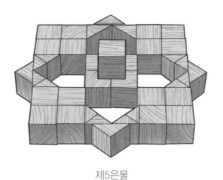

제5은물

제6은물

일본은 지금도 프뢰벨의 은물을 제작·판매하는 프뢰벨사(社)가 있어서 계속 개발하고 있으며, 프뢰벨의 작업 중 종이 오리기와 색종이 접기 등을 계속하여 이론과 실제를 발전시켜 '오리가미(折り紙)'로 세계적인 명성을 갖고 있다.

우리나라의 초기 유치원들도 프뢰벨의 교육내용인 은물과 작업 등으로 교육했다. 1897년 부산에 처음으로 설립·운영됐던 부산유치원, 1913년 한성(현 서울)의 경성유치원, 1914년 미국 신시내티 출신 유치원 교사이자 선교사였던 부래운(富來雲, Miss Brownlee)이 이화여자전문학교 정동캠퍼스(현 이화여고 자리)에 설립하여 운영했던 정동 이화유치원, 1916년 경성 인사동 중앙감리교회 내에 설립되었던 중앙유치원(현 중앙대학교 부속 유치원)도 은물과 작업이 주요 교육내용이었다.

### (2) 작업

현대 유치원의 다양한 미술 활동의 원조는 프뢰벨의 11종 작업(Occupation)이다. 프뢰벨의 은물과 11종 작업은 미국뿐 아니라 전 세계의 유치원에서 유아들을 가르쳤던 교육내용이다(Kraus-Boelte & Kraus, 1892). 이 책에 소개된 '작업'은 미국에서 출판된 영문판으로 1892년 처음 출판된 내용이다. 1891년, 1892년 연이어 미국과 영국에서 출판된 이 책은 유치원 교사의 필독서였다.

프뢰벨 '작업'의 목표는 유아들이 다양하고 아름다운 형태를 알고, 지식을 향상시키는 것이었다. 프뢰벨 사후 프뢰벨 정통파였던 크라우스(Kraus) 등 영어권 저자들이 11종의 작업내용을 책으로 출판하였다. 그들은 유아들에게 작업을 가르칠 때 프뢰벨의 철학을 기본으로 하고, 교수원칙도 그의 방법을 따라야 한다고 기록했다. 작업을 할 때 사용하는 재료들은 주변에서 쉽게 구할 수 있는 것들이었고 다양했으며, 은물에 비해 융통성 있게 교육할 수 있었다. 프뢰벨은 각각의 작업을 유아를 위한 초급 수준부터 초·중등학생들까지 할 수 있는 높은 수준까지 제시했었지만, 이 책에서는 유아용 내용만을 예시로 간단히 소개한다.

### ① 제1작업: 종이에 구멍 뚫기

유아들이 모눈종이에 구멍을 뚫는 작업이다. 이 작업은 모눈종이에 바늘로 1cm씩 구멍을 뚫어놓고 정한 규칙에 따라 모눈의 칸 구석에 구멍을 뚫는 작업이다. 구멍들을 연결하면 모양이 나오게 되지만 1작업은 구멍만 뚫는 작업이다.

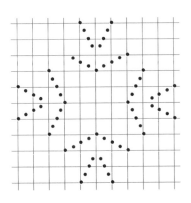

### ② 제2작업: 바느질하기

어른들이 굵은 바늘에 털실을 꿰어 모눈종이 또는 헝겊 위에 뚫린 구멍에 바느질을 하면, 유아들은 옆에서 이를 관찰하고 그대로 따라 하는 작업이다. 이 바느질하기는 프뢰벨 시대의 동유럽 국가들에서 아이들이 어릴 때부터 가르쳤던 활동이다.

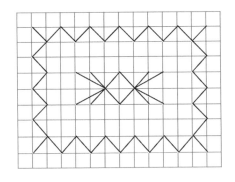

### ③ 제3작업: 그림 그리기

프뢰벨에 의하면 그림 그리기는 유아들이 자신의 느낌과 생각을 선으로 표현할 수 있는 활동이다. 어린 시절에 아이들은 주변의 사물을 관찰하는 능력을 길러 사물의 모양과 특징을 관찰한 후 이를 표현할 수 있게 된다. 프뢰벨은 그리기는 유아의 관찰 능력, 주의집중력, 사물에 대해 회상하는 능력, 창의력 발휘하기, 논리적으로 생각하기 능력을 발달시킨다고 했다.

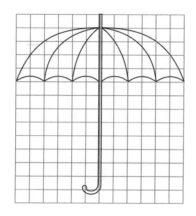

### ④ 제4작업: 색칠하기, 물감으로 그리기

색칠하기, 물감으로 그리기는 미술의 요소인 형태(모양)·빛·음영·색채(빨주노초파남보)에 대해 알게 한다. 영유아들은 색깔의 이름은 몰라도 색깔은 좋아한다. 유아들은 스스로 사물을 그릴 수 없으므로 어른들이 도와야 한다. 제4작업은 유아들이 모눈종이에 그려본 사물 그림에 색칠을 하게 하는 것이다. 또 다른 방법은 나무에서 딴 잎사귀를 그림종이 위에 얹어 놓은 후 연필로 본을 뜨게 한다. 그 후 그 잎모양 안에 잎맥, 줄기를 그려 넣게 한 후 금 안에 색칠하게 한다.

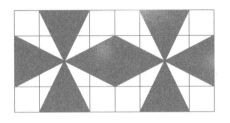

#### ⑤ 제5작업: 종이끈 얽어 짜기

제5작업은 어떤 자료이든지 함부로 버려서는 안 된다는 프뢰벨의 신념 때문에 생긴 활동이다. 정교하게 종이끈을 얽어 짜는 작업은 큰 아동들에게 적합하고, 유아들은 초보적 단계의 종이끈 얽어짜기를 하게 한다. 예를 들어, 색종이나 흰종이를 2cm 너비로 긴 것, 짧은 것으로 다양한 길이로 잘라 지팡이를 만든다거나 동물 모양을 만드는 작업이다.

#### ⑥ 제6작업: 짜기

종이, 헝겊, 털실 등을 매트가 될 판에 줄을 내고 규칙적으로 다른 색의 줄을 엮는 작업이다. 다음 칸은 한 칸 어긋나게 줄을 넣는다. 간단한 매트 짜기는 만 3세 유아도 할 수 있다. 이 작업은 양손을 써서 하는 것이기 때문에 오른손과 왼손의 손놀림이 함께 좋아질 것이다.

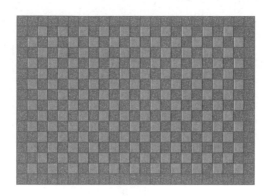

⑦ **제7작업: 종이접기**

종이접기는 어려서부터 주변에서 흔히 볼 수 있는 종이를 활용해 유용한 놀잇감을 만드는 습관을 기른다. 또 부지런히 손가락을 움직이는 동안 아이들의 뇌도 상상하고, 기억하고, 창의적으로 생각하게 된다. 아이들은 종이접기를 하면서 오른쪽·왼쪽, 위·아래·가운데, 앞·뒤를 익히게 된다. 종이접기는 일본에서 더 많이 발전시켜 지금도 많이 활용되고 있다. 이때 아이들에게 주는 종이는 정방형으로, 우리나라에서는 무지개 색깔의 묶음으로 파는 색종이가 일반적이다.

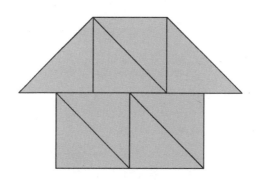

⑧ **제8작업: 종이 오려서 바탕지에 붙이기, 자유롭게 오리기, 손그림자 본떠서 오리기**

가위를 주어 종이를 오리게 하는 활동은 아이들의 주의집중력과 정확히 자르는 능력을 길러주고 종이를 오려서 나타나는 다양한 모양을 익히게 한다. 가위를 안전하게 사용하고 다루는 습관을 갖게 하는 것도 중요한 목적이다. 이 작업을 만 6세 미만 유아들이 어느 정도 할 수 있는지에 대한 설명은 없다.

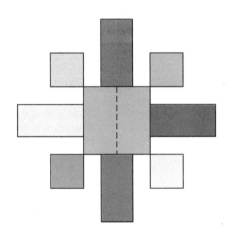

⑨ **제9작업: 콩작업하기**

우리가 먹는 콩을 물에 불려 이쑤시개 같은 가는 나무로 연결하는 작업으로 경비가 들지 않는다. 이 작업은 유아로 하여금 자기 생각대로 다양한 모양을 만들어 내는 경험을 하게 하는 것이 목적이다.

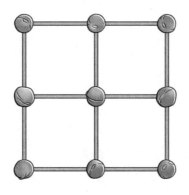

#### ⑩ 제10작업: 골판지로 입체모양 만들기

모양에 대한 지식 갖기, 삶의 방식 알기, 대칭에 대해 알기가 목적이며 다음의 그림과 같다.

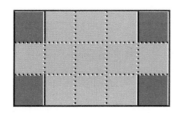

#### ⑪ 제11작업: 진흙으로 만들기, 진흙으로 작업하기

제1~10작업에 사용하라고 제공한 재료들은 종이, 콩, 나무토막, 굵은 바늘 등 형태가 있는 것들이었지만 제11작업은 형태가 없는 진흙 그 자체를 주어 본인이 모양을 만들어 내는 작업이다. 진흙 이외에도 모래 또는 점토를 주기도 한다. 진흙을 반죽하기 위해 물을 함께 주는데 아이들은 물과 진흙으로 작업하는 것을 즐긴다. 모래도 마찬가지이다. 모든 아이들이 진흙으로 모양이 있는 물체를 만들지만 연령이 어린 아이들은 손으로 진흙을 주무르거나 손가락 사이로 삐져나오게 해 보거나 두들기고 뜯어보며 즐길 수 있다. 진흙의 촉감을 싫어하는 아이들은 모래로 시작할 수 있다. 요즈음은 진흙은 바깥놀이에서 작업하고, 실내에서는 밀가루 반죽이나 상품화된 점토를 활용하여 놀게 한다.

## 6) 놀이와 게임

『인간의 교육』에서 프뢰벨은 출생부터 아동기에 이르기까지의 교육을 다루고 있어 실천적 이론과 추상적 이론이 섞여 있다. 놀이와 게임도 마찬가지여서 어린아이들이 쉽게 놀 수 있는 놀이가 있는가 하면, 규칙이 복잡해서 큰 아동들이나 할 수 있는 게임도 있다. 프뢰벨에 의하면 놀이는 규칙이 없이 혼자 또는 친구들과 어울리며 활동하는 것이고, 게임은 규칙이 있는 놀이 활동이다. 프뢰벨은 바깥공간에서 놀 수 있는 놀이와 게임을 많이 개발했다. 하나님과 인간, 인간과 인간 사이의 관계를 중요하게 생각했던 프뢰벨이 가장 흥미를 보였던 놀이와 게임의 특징은 친구들과 함께 할 수 있는 활동이었다. 유아들이 옆 친구들과 손에 손을 잡아 원을 만들어 걷기, 걸어서 이웃집 방문하기, 공으로 함께 놀기, 친구들과 손잡고 원으로 만들었다가 다시 풀어 일렬로 만들기, 바퀴 만들어 보기, 달리기가 대표적인 예이다. 사회적 관계가 형성되고 사회적 상호작용이 일어날 수밖에 없는 종류의 활동이었다. 그만큼 프뢰벨은 유아들의 사회적 관계 형성을 중요하게 생각했다.

유아들은 단순히 손에 손을 잡아 동그라미를 만들었다가 두 아이가 서로 손을 놓아 원이 한 줄로 되는 단순한 놀이를 하게 한 반면, 아동들은 원을 만들었다가 사각형을 만들기도 하고 삼각형 모양을 만들다가 다시 원으로 만드는 등 복잡하고 다양한 활동을 하게 했다. 율동을 세계 최초로 유치원 교육내용에 넣었는데 이것도 현재까지 지속되고 있다. 이 역시 프뢰벨의 혁혁한 공로라고 킬패트릭은 기록했다 (Kilpatrick, 1916).

킬패트릭은 프뢰벨이 유아를 위한 놀이와 게임을 유치원 교육내용에 포함시키고 철저히 유아중심으로 할 것을 권고했다며, 세계 최초의 유아중심 교육철학자라고 기록했다. 프뢰벨은 항상 생각하고, 생각한 것은 행동으로 옮긴 교육철학자였다. 그는 유아들이 자유롭게 노는 과정에서, 아동기에 게임을 하는 동안 또 율동을 하는 중에 능동적으로 생각하고 생산적인 활동을 할 수 있게 해 주었다.

프뢰벨은 놀이와 게임 과정에서 어른의 생각과 지식을 억지로 강요해서 집어넣으려 하지 말고 '유아의 방식대로' '아동의 방식대로' 교육하라고 권고했다. 그것으로 끝나지 않았다. 아이들이 놀이를 시작할 때 또는 놀이 과정에서 무언가 이야기하고 싶어 할 때, 어머니/교사들은 가르치려고 하지 말고 먼저 아이들이 말하는 내용을 진지하게 들으라고 했다. 킬패트릭은 프뢰벨이 구성한 이 유아 대상 놀이와 좀 더 큰 유아들이 하는 게임들이야말로 유아교육에 지속적으로 영향을 준 위대한 공헌이지만, 무엇보다도 그 자신의 유아중심 교육철학을 교육현장에 실천했다는 측면에서 세계 최초의 유아중심 교육철학자이자 실천가였다고 했다(Kilpatrick, 1916, pp. 155-157, 167). 프뢰벨이 1830∼1850년 사이 20여 년간 구상해서 만들었던 은물과 작업, 기타 놀이와 게임들은 킬패트릭이 생존했던 1960년대까지 유아들이 놀았으며, 지금도 현대화된 모습으로 유아들의 사랑을 받고 있다.

## 7) 자연 관찰하기, 화단 가꾸기, 유아들과 동네 걷기

프뢰벨은 유아들이 바깥에서 동물, 식물을 관찰하거나 돌볼 때, 씨를 심어서 꽃이 피고 지는 것을 볼 때 스스로 느끼는 것이 많아지고 표현하는 내용도 다양해지는 것을 보았다. 무엇보다도 유아들은 이런 유형의 활동에 참여할 때, 즐겁고 행복해하므로 유치원 마당에 화단을 만들어 씨를 심고 물을 주며 싹이 나고 꽃 피고 열매 맺는 것을 직접 느끼고 생각하라며 화단 가꾸기를 했다. 프뢰벨이 시작한 후 지금에 이르기까지 유치원에서는 화단 가꾸기가 계속되고 있다.

생후 11개월에 생모를 잃었던 그가 성장 과정에서 꽃, 나무, 동물을 돌보고 기르며 시간을 보냈었기 때문에 이 교육내용의 효과를 잘 알고 있었다. 프뢰벨은 이 경험에 대해 "그 어떤 것보다도 나는 대못으로 고정한 것처럼 꽃에서 눈을 떼지 못했었다. …… 마치 끝없는 심연을 보는 것과 같았다. …… 자연을 관찰·탐색·경험하는 동안 지구에 살고 있는 어린 소년인 나와 하늘의 하나님 사이를 아름답게 연결해 주는 것을 난 확신했다."고 회상했다.

프뢰벨은 유아들에게 동식물을 사랑하고 함께 놀고 정을 느낄 수 있는 기회를 주기 위해 엄마, 아빠, 교사들도 반드시 꽃, 나무를 길러보고, 자연도 관찰하고, 산보도 하라고 독려했다. 실제로 집이나 유치원 마당에 화단을 만들어 아이들이 씨를 심고 물을 주어 싹이 나고 꽃 피고 열매 맺는 것을 직접 보게 하면 한없이 신기해하고 정서도 안정된다. 세계 어느 나라든지 유치원이 있는 곳에는 작은 화단이라도 가꾸는 곳이 많은 것은 프뢰벨 시대부터 내려온 아름다운 전통이다. 요즈음처럼 아파트에서 성장하는 도시 아이들을 위해서는 반드시 필요한 교육내용이다.

프뢰벨은 최소 주 1회 유아들을 데리고 자연 숲을 거닐라고 강조했다. 교사들은 걸을 때 아이들을 양떼 몰듯이 끌고 다니지 말 것이며, 군대가 행진하듯이 하지 말고 아버지(어머니)가 아들을 데리고 산보하듯이, 큰형이 어린 동생들을 데리고 산보하듯 계절에 따라 자연이 보여 주는 다양한 상황을 느끼고 생각하고 친해질 수 있도록 도우라고 부탁했다. 이 과정에서 유아들은 식물들의 어울림을 보며 다른 사람과도 잘 어울리며 지내야 한다는 것을 배우게 된다는 것이 그가 '화단 가꾸기'를 교육내용에 포함한 이유이다.

이 교육내용은 우리나라에 유치원이 도입되기 시작한 1914년 이후 지금까지 많은 유치원에서 실행하고 있다. 여건이 허락하지 않는 대도시의 유치원은 체험학습으로 숲/자연을 경험하게 한다.

## 8) 손유희와 노래

아주 어린 영아들을 위해 프뢰벨은 『어머니와 아기의 노래』라는 책을 써서 엄마들이 아기와 함께 손유희를 할 수 있도록 했다. 그런데 이 손유희는 프뢰벨이 창안한 것으로 생존 당시 전세계의 가정과 유치원에서 아기들과 함께 즐겨 사용했다. 심지어는 필자가 1967년 이화여대 부속 유치원 교사로 재직했을 때에도 손유희를 많이 했고, 1975년 중앙대학교에서 가르치기 시작했을 때 중앙대학교 부속 유치원에서도 사용했다. 놀잇감이 개발되기 전이었고 유아용 그림책도 출판되지 않을 때여서 교사들이 유아의 주의를 집중해야 할 때, 유아들을 함께 모이게 해서 이야기 나누기 시간을 운영할 때 손유희와 노래가 큰 도움이 됐다.

요즈음은 핸드폰, TV 등에서 다양한 프로그램을 볼 수 있지만 1990년대까지만 해도 프뢰벨의 손유희를 교사 또는 엄마가 노래 부르며 함께 했다. '짝짜꿍, 짝짜꿍' '지금은 높은 곳, 지금은 낮은 곳' '머리, 어깨, 무릎, 발 무릎 발' '엄지 어디 있소? 엄지 어디 있소?' '옥토끼야 옥토끼, 네 귀는 왜 그리 기니?'는 많이 했던 손유희였다.

프뢰벨이 창안해 사용했던 유치원의 교육내용들은 속속들이 영향을 주어 변형되고 향상되어 지금도 세계 각국의 유아교육기관에서 사용하고 있다. 은물은 나무토막 놀잇감인 유니트 블록(unit block)으로 발전했고, 털실로 만들어 놀게 했던 공놀이는 크고 작은 다양한 크기의 고무공으로 바뀌었다. 지금은 장난감을 만드는 기업들이 앞다투어 새로운 유형으로 다양하게 개발하여 시장에 공급하고 있다. 작업은 '작업'이라는 용어 그대로 사용하거나 '미술 활동' '만들기'라는 용어로 바꾸어서 유아교육기관에서 하고 있다. 프뢰벨은 발달 단계별 교육내용을 제시할 때 다음의 네 가지 원칙을 지킬 것을 제안했다.

- 유아 스스로 느끼고 생각하고 표현할 수 있도록 기회를 줄 뿐 아니라 안내하고 도와준다. 프뢰벨의 유아교육철학은 당시의 교육자와 부

모들로부터 엄청난 사회적 비난을 받았지만 유아중심 교육방법을 적용하여 유아 스스로 배우는 즐거움을 느끼게 했다(Froebel, 2005).

- 발달과 성장의 법칙을 따른다. 부모는 아이의 본성을 따르는 교육을 해야 한다. 학자들은 이를 발달순응적 법칙이라고 부른다. 아기는 아기같이, 영아는 영아답게, 유아는 유아답게, 아동은 아동답게 그들의 잠재 능력이 자유롭게 표현되게 하는 것이 발달과 성장의 법칙을 따르는 교육이다.

- 관찰한다. 아기가 태어나서 신생아기, 영아기, 유아기를 지나면서 놀며 생활할 때 그들이 표현하는 내적 본질, 느낌, 생각, 행동을 유의해서 본다. 영국 교사들은 영국 유아학교의 교수 방법을 질문하면 첫째도 관찰, 둘째도 관찰, 셋째도 관찰하라고 말해 준다.

- 이끌어 주고 안내한다. 관찰한 내용에 기초해서 영유아에게 필요한 일들을 해 주는 것이다. 경청해야 할 순간인지, 두 손을 마주잡고 아이의 눈을 쳐다봐야 하는 시점인지, 함께 놀이터에 가야 하는지, 간판에 쓰인 글자를 한 자 한 자 손가락으로 가리키며 읽어 주어야 하는 상황인지, 동화책을 읽어 주어야 할지 등 이끌어 주고 안내하는 것을 말한다.

## 4. 프뢰벨 유아교육철학에 대한 오해

프뢰벨의 유아교육철학은 『인간의 교육』 전반부에 제시되어 있다.

또한 영유아의 발달에 적합한 그림 그리기, 만들기, 공놀이, 자연 관찰하기, 화단 가꾸기, 산보하기, 자기 생각 이야기하기와 같은 내용 및 사용 방법을 소개하고 있을 뿐 아니라 현재도 많은 유아교육기관들이 사용하고 있을 정도로 유아 발달에 적합하다. 그런데 이 교육내용들이 200년 전 프뢰벨에 의해 시작되었다는 사실을 유아교육자들조차도 인지하지 못하고 있는 실정이다. 그들은 프뢰벨의 공헌이라고 생각하기보다는 이웃 유치원이 하는 것을 보고 서로 배웠다고 쉽게 생각하거나 각국에서 개최되는 교사연수에서 배울 때 그 당시의 학문적 주류가 되는 학자들의 이론에서 비롯되었다고 추론한다. 특히 듀이의 교육철학에 소개되었다고 생각하는 경우도 있는데 실은 프뢰벨의 『인간의 교육』 전반부에 제시되었던 내용들이다.

프뢰벨이 0~6세 대상 유아교육철학 개념을 『인간의 교육』 앞부분에, 7~12세 아동교육철학 개념을 후반부에 썼다는 것이 미국이나 유럽의 문헌에도 기록되지 않은 이유는 무엇일까? 반면, 0~6세 영유아교육에 대한 이론을 발표한 적이 없을 뿐 아니라 교육실제에 대한 공헌은 더더욱 없는 루소나 듀이의 교육철학이 유아교육과 더 큰 관련이 있는 것으로 대우받는 학문적 분위기는 왜일까? 이런 의문은 킬패트릭의 교육철학 시간에 학생들에 의해 제기되었다. 학생들은 프뢰벨 교육철학의 구석구석을 탐색·분석할 것을 요구했다. 킬패트릭은 학생들의 의견을 받아들여 『인간의 교육』 등 프뢰벨의 이론을 함께 분석했다. 학생들과 갑론을박 토의한 내용을 킬패트릭은 동시대의 교육철학자이자 친구인 캔들(I.L. Kandel) 박사, 그레이브스(Frank P. Graves) 교수, 노스워시(Naomi Norsworthy) 교수, 힐(Patty S. Hill) 교수에게도 부탁해서 프뢰벨의 교육철학이 교육철학으로서 의미가 있는지 없는지를 검토해 줄 것을 요청했다. 이 자문교수들이 제공한 프뢰벨 교육철학에 대한 분석결과를 기초로 킬패트릭은 『프뢰벨의 유치원 교육원리 재조명』이라는 저서를 1916년에 출판했다. 동료교수들은 프뢰벨의 교육철학이 읽기 난해한 부분이 있으나 아기부터 아동에 이르기까지 사랑과 관심으로 교육해야 한다는 것을 강력히 제시했다고 공감했다.

그러면서 이들은 프뢰벨의 교육철학을 교사중심교육 또는 주지주의적 교육이라고 오해했던 이유를 다음과 같이 밝혔다.

첫째, 『인간의 교육』이 출판된 시대의 주요 관심사는 초등학교에 입학한 아동들에게 지식을 효율적으로 가르치는 것이었다. 때문에 0~6세 교육에 대한 프뢰벨의 교육철학은 양육서 내용 정도의 낮은 수준으로 보았기 때문이다.

1980년대에 이르기까지 세계의 유아교육전공자들은 유치원 설립 및 확대에 온 힘을 기울여야 할 정도로 만 5, 6세 유아를 위한 유치원의 양적 확대가 더 큰 문제였다. 그러니 갓 태어난 아기를 교육해야 한다는 개념을 제시한 프뢰벨이 유아교육철학자로서는커녕 교육철학자로서도 인정받지 못하는 상황이었다.

프뢰벨 자신도 자신의 이론은 200년 후, 후세대들이 완성시킬 수 있을 것이라고 할 정도로 그가 생존했던 시기에 받아들여지지 않을 것을 알았다. 울프(J. Wolfe)는 그녀의 저서 『과거로부터 배우기』(2002)에서 "프뢰벨은 1836년에 이미 자신의 이론이 배척받고 있음을 인지하고 이 유치원 교육이론과 실제는 독일이 아닌 미국 신대륙에서 더 많은 열매를 맺을 것"이라고 예상했다.

둘째, 프뢰벨 타계 후 은물과 작업을 주입식, 교사중심으로 가르쳤기 때문이었다. 킬패트릭(1916)은 프뢰벨 사후 유아교육자들이 『인간의 교육』 전반부에 프뢰벨이 제시한 유아교육철학을 이해하지 못했을 뿐 아니라 그를 교사중심 교육자로 오인한 것을 개탄해 했다.

1851년 재혼한 프뢰벨의 두 번째 부인 루이제 레빈(Luise Levin)이 1852년 6월 21일 프뢰벨이 타계하자 프뢰벨 정통파의 지도자가 되어 프뢰벨이 설립했던 유치원사범과를 운영하였다. 영국, 미국, 일본을 비롯한 여러 나라의 유치원 관계자들이 이곳에서 교사자격증을 취득한 후 귀국하여 유치원사범과를 설립하여 유치원 교사를 양성했다. 프뢰벨 정통파들이 양성한 교사들은 책상을 칠판을 향해 놓고 아이들이 선생님의 지시에 따라 은물과 작업을 따라하게 했다.

이에 대해 킬패트릭은 프뢰벨이 타계한 후, 프뢰벨의 둘째 부인 루이제가 프뢰벨 정통파 지도자들과 함께 은물 및 작업 사용 지침서를 독일어는 물론 영어로 출판하여 유럽과 미국에서 교사교육을 했기 때문이라고 했다. 그 당시 미국의 유치원 원장들은 직접 독일의 유치원 사범과에 유학하여 그곳에서 발행하는 유치원 교사자격증을 취득한 후 미국에서 일했기 때문에 그 영향력이 미국에 더 넓게 퍼졌다. 영국은 유치원 교사 임용고사를 이 지침서 중심으로 출제까지 했다. 당연히 프뢰벨의 교육내용은 교사중심 임용고사에 합격하기 위해 프뢰벨의 은물과 작업에 대한 이론을 암기해야 했고 놀이 방법도 주입식 교육으로 되었다.

프뢰벨 정통파 단체는 교사들에게 자격증을 수여했으므로 지원자가 많아 은물과 작업의 내용을 교재로 출판하여 사용했다. 교재는 프뢰벨 자신이 쓴 것이 아니라 그의 사후에 크라우스 부부가 1권은 은물, 2권은 작업으로 집필했다. 그림과 함께 설명이 자세히 되어 있는 방대한 내용의 지도서였다(Kraus-Boelte & Kraus, 1892).

　프뢰벨이 0~6세 유아 중 갓 출생한 아기들의 발달을 제일 중요하게 생각했던 것은 이 지도서에 기록되어 있지 않았다. 은물과 작업 사용 방법만 자세하게 설명되어 있었다. 은물과 작업 지도서만이 프뢰벨의 정식 교육과정이라는 암묵적 합의가 유치원 원장, 교사, 학부모들 사이에 이루어져서 거의 전세계의 유치원 교육계에 퍼졌다.

　왜 그들이 프뢰벨 이론의 정통파인지에 대한 이유는 기록으로 정리되지 않았지만 유치원 교사라면 누구나 읽고 공부해야 하는 책이었으므로 정통 프뢰벨파의 방식이 프뢰벨의 교육철학이라고 인정하고 프뢰벨의 교육철학을 평가했기 때문이었다. 실제로 프뢰벨은 0~6세 영유아에게는 놀이중심의 교육을 했다.

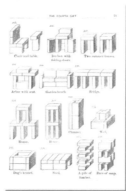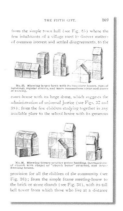

크라우스 부부가 집필한 『The Kindergarten Guide』

## 5. 프뢰벨 교육철학에 대한 듀이의 평가

프뢰벨 이전에 코메니우스가 유아기의 중요성을 강조했었지만 출생부터 아동기에 이르는 발달 시기를 체계화하지는 않았다. '아동발달학'이라는 명칭을 붙여 체계화하지는 않았지만 프뢰벨은 세계 최초로 출생 이전의 태아기의 특성부터 아동기에 이르는 발달 단계의 특성과 부모의 역할을 상세히 설명했다. 그런데 듀이는 프뢰벨이 유아 및 아동 발달에 대해 아는 것이 없다고 평가했고, 놀이 기반의 유아교육에 대해 부정적인 견해를 갖고 있었다.

### 1) 아동발달학의 시조임을 부정

시카고대학교가 설립했던 '실험학교'의 기록(Dewey, 1900)에 듀이는 "프뢰벨은 당시 사람들에게 어린이들의 놀이는 그들의 성장에 필수적이라는 것을 알게 했다. 우리들은 그(프뢰벨)가 더 향상되고 더 심화된 심리학을 흔쾌히 받아들인 첫 번째 인물이라고 말할 수 있을 것이다."라고 평가했다. 그는 실험학교의 이론과 실제가 프뢰벨의『인간의 교육』과 관련이 있으며 프뢰벨의 은물을 자기 방식대로 놀게 했던 진보적 유치원 교육자 안나 브라이언(Anna Bryan) 원장의 자문을 받으며 운영했다는 진술은 하지 않았었던 것처럼 프뢰벨이 0~6세 영유아에게는 자기 방식대로 자유롭게 놀게 해야 한다고 한 내용을 듀이는 실험학교 보고서에 쓰지 않았었다(Tanner, 1997).

"프뢰벨이 …… 더 심화된 심리학을 흔쾌히 받아들인 첫 번째 인물……"이라는 듀이의 표현은 사실과 맞지 않는 내용이었다. 프뢰벨은 아동발달학이라는 명칭을 사용하지는 않았지만, 출생부터 아동기에 이르는 발달 시기를 『인간의 교육』에서 아기 · 영아기 · 유아기 · 아동기 · 청년기로 구분하여 세세히 설명하였다. 듀이의 말이 옳다면 프뢰벨은 아동발달학을 창시한 프라이어(Preyer)보다 늦게 태어났어야 한다. 프라이어는 아들의 발달 상황을 출생부터 3년 동안 관찰한 후 기록하여 1882년 『아동의 정신』으로 출간했다(주정일, 1979). 뿐만 아니라 프라이어는 그 후 계획적으로 아동발달을 관찰 · 실험 · 연구한 후 심화된 결과를 아동심리학으로 체계화했는데 프뢰벨이 타계한 1852년보다 후에 일어난 일이었다.

프뢰벨은 영유아에 대한 관심과 사랑 때문에 출생부터 아동기까지의 발달 상황을 항상 관찰하며 교육했다. 1826년 그의 저서 『인간의 교육』에 영유아의 발달에 대해 소상히 기록했지만 아동심리학이라고 명명하지 않았을 뿐이었다. 그의 주요 관심은 영유아들로 하여금 '자기 방식대로' 놀고 활동하며 배우게 하는 것이었다. 앞뒤 상황을 정리해 볼 때 듀이 자신은 아동심리학에 영향을 받은 세대이지만 프뢰벨은 아동심리학의 영향을 받은 세대가 아니라 아동발달 이론을 처음으로 만들어 유아교육에 적용했던 교육철학자였다. 프뢰벨은 프라이어보다 56년 전에, '출생부터 아동기까지의 발달'에 대해 소상히 관찰하여 『인간의 교육』에 기록했으므로 듀이가 "……더 심화된 심리학을 흔쾌히 받아들인 첫 번째 인물……"이라는 표현을 쓴 것은 오류라고 할 수 있다. 프뢰벨은 프라이어가 아동심리학을 발달시키기 전에 이미 유아발달에 대한 관찰 결과를 심도 있게 기록했었다.

킬패트릭은 안나 브라이언 원장이 듀이에게 지대한 영향력을 주어 실험학교를 시작할 수 있었던 것과 듀이가 파커의 초등학교 교육개혁의 과정과 결과를 자신의 이론으로 정리할 수 있었던 것은, 그 무엇보다도 프뢰벨이 그의 교육철학을 1826년 『인간의 교육』에 공고히 밝혔기 때문이라고 정리했다. 킬패트릭은 "자신만의 교육철학을 급히 정립해야 했던 듀이에게 프뢰벨의 『인간의 교육』이 적절한 참고자료였음은 자명한 일"이라고도 했다. 킬패트릭은 여러 측면에서 볼 때, "정미소 주인이었던 듀이는 프뢰벨이 맡긴 곡식 자루를 자신의 정미소에서 발견하고 도정해서 쓴 것임을 쉽게 알 수 있다(Schilpp & Hahn, 1989)."고 했다. 킬패트릭이 프뢰벨의 교육철학과 브라이언의 유아중심 교수-학습 방법과의 관계, 듀이의 교육철학이 프뢰벨의 교육철학을 대폭 인용한 것임을 밝힌 것은 유아교육 분야에 주는 의미가 매우 크다.

## 2) 놀이기반의 유아교육 부정

프뢰벨은 은물과 작업을 창안하여 보급한 것은 물론 사랑, 관심, 자유, 표현, 놀이 등 유아들에게 필요한 교육내용 및 놀이 활동을 창안 보급함으로써 영유아들의 삶을 즐겁게 만들었지만 체계적인 교육과정 구성에 대한 제안은 없이 0~6세 영유아들은 자유롭게 표현하고 놀아야 한다는 것을 중요하게 여겼다. 듀이는 이러한 프뢰벨의 신념은 지식을 기반으로 하는 것이 아니어서 부정적으로 평가했다. 다음은 『아동과 교육과정』에 듀이가 쓴 평가 내용이다. 프뢰벨의 이름을 정확히 써서 평가한 것이 아니라 프뢰벨의 『인간의 교육』에 기술되어 있는 내용을 평가하면서 아동중심교육자들 전부를 총칭하는 방식으로 썼다.

"…… 교육의 시작·중심·종착점을 아동으로 보는 교육자들은 아동의 발달과 성장을 교육의 이상적인 목적으로 본다. 아동중심교육 신봉자들은 이 명제만을 교육과정의 기준으로 삼는다. 모든 교과목은 아동의 발달과 성장에 귀속된다. 교과목들은 성장의 필요를 충족시켜 주는 도구로서만 가치가 있다. 이들은 인성과 성격을 교과목보다 더 중요하게 본다. 그래서 그들의 교육목적은 지식 습득이 아니라 자기실현이다. 세상의 모든 지식을 갖고 자기 자신의 자아를 잃는다면, …… 치명적으로 나쁜 교육을 하는 것이라고 이들은 생각한다. 덧붙여서 학습은 능동적인 행위여서 교과내용은 아동의 마음이 움직이지 않는 한, 바깥에서 아이의 내면으로 절대 들어갈 수 없다고 본다.

아동중심교육 주창자들이 가장 중요하게 생각하는 교수방법은 아동이 무언가 배우려면 마음으로부터 관심이 일어나, 배우고 싶은 교육내용을 향해 다가가야 한다고 본다. 아동 내면으로부터 나오는 동기와 외부세계의 지식이 동화를 일으켜야 학습이 된다고 믿기 때문이다. …… 또 이들은 학습의 질과 양을 결정하는 것은 교과가 아니라 아동 자신이라고 본다. 교사의 역할은 아동의 마음을 움직여서 배울 것을 알아내게 하고 이를 흡수하게 돕는 것이라고 한다.

진보적 교육자들은 아동이 현재 보이는 흥미를 중요하게 생각하는데, 실패하게 될 것이다. 아동들의 흥미는 매일매일, 아니, 매 시간 변하기 때문이다. …… 흥미는 그 아동이 앞으로 하게 될 경험을 향해 가는 태도일 뿐이다. 흥미가 곧 경험은 아니며 성취도 아니다. 지렛대일 뿐이다. 학습의 과정에서 아동이 흥미를 느끼는 것에 그치지 않고 노력해 보겠다는 의지를 가져야만 진정한 교육이 일어난다."(Dewey,

1902)

듀이는 프뢰벨이『인간의 교육』에서 '교육의 시작·중심·종착점 은 아이'라고 반복해서 말한 것과 발달과 성장이 교육의 궁극적 목적 이라고 한 것을 부정했으며, 아동을 중심으로 교육을 시작하고 교육의 과정과 마무리도 아동중심으로 교육하는 것은 실패할 것으로 보았다.

또한 프뢰벨이 "'아이의 발달과 성장에 모든 교과목이 귀속된 다.' '인성과 성격이 교과목보다 더 중요하다.'라고 했다."며 부 정적 평가를 했는데 이는 사실이 아니다. 영유아기는 지식을 배울 연 령이 아니기 때문에 준비될 때까지 기다렸다가 지적 교육을 하라고 한 것이지, 일생 동안 교과목을 가르치지 말라고 한 것이 아니었다. 프뢰 벨은 교과목이나 지식을 가르치는 시기가 관건이라고 했다.

프뢰벨의『인간의 교육』중 0~6세 유아교육을 위해 쓴 내용과 듀이 의 평가를 비교해 보면 프뢰벨이 주요 핵심 개념이라고 한 내용을 듀이 는 부정적으로 평가했다. 일생 동안 0~6세를 관찰한 후 그 연령대 영 유아들에게 가장 중요한 것은 지식 획득이 아니라 신성 발현임을 관찰 했던 프뢰벨은 반복해서 아기들이 느낌과 생각을 밖으로 표현하게 돕 는 것이 먼저라고 강조했다. 듀이는 이런 교육은 실패할 것이라고 한 것이다. 프뢰벨이 실패하는 것이 아니라 프뢰벨이 교육대상으로 했던 0~6세 영유아들의 삶이 실패하는 것이다.

프뢰벨이 0~6세와 연관해서 가장 중요하다고 생각한 내용을 듀이 는 7~12세 아동교육 관점에서 평가하면서 실패할 것이라고 하였다. 평 가 잣대가 틀린 상황에서, 또 그가 진지하게 0~6세 영유아를 관찰하거 나 연구하지 않은 상황에서, 프뢰벨의 교육철학을 부정한 것은 0~6세 영유아 발달 특성을 부정한 것과 마찬가지였다.

듀이는 프뢰벨의 방법으로는 결과적으로 유아들이 지식을 얻을 수 없다고 판단했기 때문에 교육의 결과가 없다고 보았다. 교육의 시작·중간·끝이 유아중심일 수 없다는 의견을 낸 것이다.

　존 듀이는 유아교육보다는 초·중·고등학교 학생들에게 지식을 효율적으로 가르치는 것이 목적이었다. 프뢰벨이 유아중심의 교육을 강조했던 것과는 달리, 듀이는 지식중심의 교육을 강조했고 대상도 7~12세 이상이었다(Dewey, 1897). 듀이에 의하면 아동은 본능과 성향을 갖고 있지만 이를 사회적 측면의 내용과 비교하며 해석할 수 없으므로 교사는 아동에게 알맞은 교육내용을 선택하고 구성하고 가르쳐야 한다고 했다(Dewey, 1991). 듀이는 인류의 문화적 유산인 지식을 해석하는 것과 함께 현재의 문명과 지식을 아는 것도 교사의 역할이라고 했다. 그러나 듀이 자신은 교육현장에 적용할 수 있는 교육내용을 선택한 적이 없다.

**나도
철학자**　　　　　　　　　　　　　　　　　　　　**#6**

1. 유치원에 다닐 때를 기억해 보자. 제일 재미있었던 놀이는 무엇이었나? 만일 유치원에 다니지 못했다면 집에서 놀았는지, 아니면 학원에 다녔는지 이야기를 나누며, 영유아의 발달에는 어떤 유형의 유아교육기관이 바람직한지 나누어 보자.
2. 프뢰벨은 영유아의 연령이 어릴수록 표현할 수 있는 기회가 많아야 하고 주위 사람들로부터 관심을 받는 것이 중요하다고 했다. 난 표현을 잘하는가? 말로 표현하는 것과 그림 또는 춤으로 표현하는 것을 비교한다면 난 어떤 것이 더 편한가?
3. 프뢰벨은 놀이의 창시자여서 0~6세 유아들을 위한 놀잇감과 놀이 활동을 활

성화해 지금에 이르고 있다. 유치원 큰 아이들 반 대상으로 했던 놀잇감인 은물과 작업은 제외하고. 지금도 어린 유아들이 하는 놀이와 놀잇감을 조사해서 정리해 보자. 그중 내가 즐겁게 했던 놀이와 놀잇감을 5개 골라보자. 왜 이 놀이와 놀잇감이 좋은가?

4. 프뢰벨은 어머니교육의 중요성을 강조한 교육철학자이다. 이제는 '부모교육' 과목으로서 유아교육과에서 필수과목으로 교육하는 곳이 많다. 프뢰벨은 왜 어머니교육이 중요하다고 했을까? 프뢰벨의 발달 단계를 다시 살펴보고 그 이유를 발견하여 정리해 보자.

5. 프뢰벨은 표현을 하게 해야 할 때와 지식을 가르치기 시작해야 할 때가 다르다고 했다. 학부모들은 유아 조기교육을 해야 한다는 잘못된 개념으로 표현을 하게 해야 할 때와 지식을 가르쳐야 할 때를 뒤섞어 교육함으로써, 자녀의 공부 성적이 높아 명문대에 입학했지만 본인은 성격 부적응을 일으키거나 사회적 관계를 맺지 못해 극심한 사회 부적응을 일으키기도 한다. 나는 어떤 과정을 겪으며 대학에 입학할 수 있었나? 이 경험에 대해 솔직한 의견을 서로 나누어 보자.

6. 학부모의 열성으로 소위 일류 대학을 졸업하고 미국유학으로 박사학위까지 받은 청년이 상담소를 찾아가 심리치료를 받으며 자신의 어머니가 내 인생을 망쳤다고 적개심을 보였다고 한다. 프뢰벨의 이론에 근거해서 이 청년의 문제에 대해 이야기를 나누어 보자. 어떻게 개선할 수 있을지 프뢰벨의 이론에 근거하여 방법을 생각해 보자.

7. 프뢰벨의 발달 단계를 기준으로 나의 성장 과정에서 결핍이 있었는지 생각해 보자. 출생부터 청년기에 이르기까지 결핍이 있었다고 생각되는 단계는 언제인가? 그 결핍을 지금이라도 채울 수 있는 방법이 있을까?

8. 자연에서 제1, 2, 3은물을 찾아보자. 구체물을 찾기 어렵다면 사진을 찾거나 그림으로 그려 보자.

9. 프뢰벨이 고안한 '작업'을 현대의 디지털 기기에 적용할 수 있을까? 디지털 기기를 활용한 '작업'은 어떤 모습일까?

제 5 장

# 듀이의 교육철학과 유아교육

듀이(John Dewey, 1859~1952)가 교육에 대해 관심을 갖기 시작한 때는 그가 시카고대학교 교수 임용에 응시한 1894년이었다. 시카고대학 당국은 도덕, 과학, 심리학에 관심을 가진 그에게 교육철학에 대한 전공과목을 추가로 신설해 운영하는 조건으로 그를 채용했다. 그가 관심을 보였던 교육 연령 대상은 7~12세 아동이었지만 교육 실

듀이

제에 대한 경험이나 이론이 없었고 아동들을 가르친 경험도 거의 없었을 때였다. 교육철학에 대한 그의 관심도 1894년부터 1904년까지 시카고대학에 재직하는 10년에 집약되어 있다. 듀이는 0~6세 교육에 대한 관심이 없었고 이론을 체계화한 적이 없으나 우리나라 유아교육 분야에 여러 측면에서 영향을 주었기 때문에 살펴보기로 한다.

## 1. 듀이의 생애와 공헌

듀이는 1859년 미국 버몬트주 벌링턴(Burlington)에서 태어났다. 버몬트대 졸업 후 듀이는 사촌누이가 설립한 고등학교에서 라틴어, 대수, 자연과학을 가르쳤고 교감으로 일하기도 했다. 이 시기에 듀이는

고등학교 교육의 질적 수준 평가위원이었는데 학교현장에서 교육 이론과 교육 실제가 불일치되는 현상을 보고 개선의 필요성을 느꼈다. 그러나 듀이는 이 시점에도 교육철학에 진지한 관심을 갖지 않았었다. 2년간 고등학생들을 가르쳐 본 후, 듀이는 존스홉킨스대학교 대학원에서 철학을 주전공으로, 역사 및 정치철학을 부전공으로 하여 1884년 박사학위를 취득했다.

　1894년 35세였던 듀이는 시카고대학교의 '철학 · 심리학 전공학부' 교수 채용공고에 응시했다. 이때 시카고대학 당국은 '철학 · 심리학 전공학부'에 교육철학 전공을 신설하여 '철학 · 심리학 · 교육철학 전공학부'로 바꾸고 학부장 직분까지 맡아 운영한다는 조건으로 그를 채용했다. 도덕, 심미학 등 일반 철학을 연구해 왔던 듀이는 이때부터 교육철학을 시작했다. 여러 대학의 강사를 하다가 1894년 시카고대학에서 교육철학을 가르치는 조건으로 교수가 되었다. 1904년에는 컬럼비아대학교로 옮겨 활발한 저술 활동을 했는데, 『심리학』『민주주의와 교육』『철학에 있어서의 재건』『경험으로서 예술』『인간 본성과 행위』『확실성의 추구』『경험과 자연』『공통의 믿음』『논리학 탐구』『윤리학』 등을 썼다. 이 시기에 쓴 책들은 교육철학이 아닌 것을 알 수 있다. 듀이는 1880년에서 1890년 사이에는 '경험'을 통일성과 연관 지어 연구하였고, 1890년에서 1893년에는 경험의 구조와 관계를 해석하는 데 관심을 가졌다. 1894년에서 1903년에는 제임스와 헤겔의 영향을 받아 '실험적 관념론'을 탐색하다가 실용주의로 발전시켰다(정해창, 2013). 듀이의 경험에 대한 연구는 유아교육자들이 생각하는 유아들의 활동과 연관된 내용은 아니었다.

　듀이의 연구 경향을 보면 프뢰벨과 전적으로 다르다. 유아의 내면에 신성이 있고 교육의 목적은 신성 발현이라고 했던 프뢰벨과 달리, 인간은 신의 선택을 받은 피조물이 아니고, 태어날 때 내면에 신성을 갖고 태어나는 것도 아니라는 것이 듀이의 입장이었다. 듀이는 '아는 것이 힘'이라는 베이컨(Francis Bacon)의 슬로건을 인용하며 환경의 영향을 중요히 여겼다. 아이들은 자신이 속한 환경으로부터 다양한 자극을 받으면서 지식을 터득한다는 것이다. 인간은 충동에서 시작하여 외부환경의 자극과 영향을 받으며 의미를 인식할 뿐 아니라 주변 상황과 자신과의 관계를 파악할 수 있는 지성이 생긴다고 생각했다.

## 2. 듀이의 교육목적

듀이는 유아교육의 목적을 따로 설명하지 않고 성장, 교육의 본질, 교수-학습 방법과 연관 지으며 설명했다. 궁극적으로 교사들이 도달하려고 노력해야 할 교육목적은 다음과 같다. 이는 잠재 능력을 기른다는 면에서는 코메니우스나 프뢰벨의 교육목적과 같아 보이지만 그들의 교육목적과 차이가 있다.

- 개개인 유아가 자신의 잠재 능력을 펴도록 돕는다.
- 유아의 잠재 능력이 성장하도록 돕는다.
- 지적인 사람이 될 뿐 아니라 이를 생활에 적용하는 능력을 갖도록 돕는다.

　　듀이의 교육목적은 '하나님' '신성'에 대한 내용만 빼면 그 시작 · 중심 · 끝이 아이여야 한다고 보았던 코메니우스나 프뢰벨의 개념과 같아 보인다. 1894년 교육철학을 처음 시작했던 듀이는 하나님과 신성을 빼서 두 교육철학자와 차별화했고 그 후 과학에 기초한 교육을 지향했다.

　　듀이의 첫 번째 교육목적은, 환경에 의해 발달하는 유아의 잠재 능력을 키우는 것이다. 듀이에 의하면 교사는 교육계획을 미리 세운 후, 교육을 진행하는 과정에서 끊임없이 아이들을 관찰하여 그 아이의 수준에 맞추어 교육해야 한다고 보았다.

　　듀이의 두 번째 교육목적인 잠재 능력이 성장하도록 돕는다는 것은 첫 번째 교육목적과 유사하지만, 교사 또는 부모가 도와 환경의 영향을 마련해 주는 것이다. "교육은 개인들로 하여금 자기 자신의 성장을 계속할 수 있도록 하는 방향타이다." 다른 말로 표현하면 두 번째 교육목적은 "유아의 성장과 잠재 능력이 계속 향상될 수 있도록 돕는 나침판이다. 배를 항해할 때 방향을 올바로 가려고 자주 쳐다보는 북극성과 같다."(Dewey, 1916)고 할 수 있다. 따라서 듀이에게 교육목적이란, 학습자가 일련의 학습과정을 거친 후 도달하게 될 수준을 예견해 보는 도착점이다. 예견했던 목적이 달성되면 또다시 배워야 할 교육내용을 다시 재구성해야 하므로 교육목적은 이 세상의 지식과 지혜를 배우는 긴 여정에 머무는 많은 정거장 중의 하나인 셈이다. 아주 옛날에 선장들이 북극성을 보고 항해하여 원하는 곳에 도착할 수 있었지만 방향을 보여 주던 별은 하늘 멀리에 떠 있어서 다음 갈 곳의 방향을 안내할 채비를 하는 것과 같다. 따라서 아동 모두에게 적용될 수 있는 만고불변의 교육목적은 없다. 성장을 돕는 교육목적만이 교육을 가능하게 이끈다.

셋째, "지적인 사람이 될 뿐 아니라 이를 생활에 적용하는 능력을 갖도록 돕는다."는 듀이의 교육목적은 지식이 생활에 적용될 수 있도록 하는 실용적 교육이 되어야 함을 강조하고 있다.

> 미래의 생활을 위해 아동을 준비시킨다는 것은 그로 하여금 자기 자신의 조정자가 되게 하는 것이다. 이는 아동이 자기 자신의 능력을 온전히 개발하여 사용할 준비를 갖추도록 훈련하는 것을 의미한다 (Archambault, 1974).

듀이의 교육철학이 미국의 교육계에 경험주의 교육철학 또는 진보주의 교육철학으로 알려지며 영향을 주기 시작하자, 유아교육자들은 듀이의 경험중심 교육철학과 교육과의 관계를 찾기 시작했다. 그러자 프뢰벨의 유아교육철학은 유치원을 세계 처음으로 창시했고 은물과 작업을 만든 교육자라는 사실을 유아교육자 수준에서 알리는 정도에 그치게 되어 더 이상 유아교육철학으로 다루어지지 않았다. 듀이의 교육철학이 0~6세를 위한 이론이라고 그가 밝힌 적이 없고, 그의 교육철학은 초등학교 아동 대상의 철학 이론이었으나 듀이의 '경험'은 유아교육 분야에 중요한 단어가 됐다(제2장 유아교육철학의 개념 중 '표현과 경험' 참고)

프뢰벨이 창안한 '놀이와 게임, 자연 관찰하기, 화단 가꾸기, 산보하기, 손유희, 노래, 율동, 공놀이, 달리기' 등의 교육내용은 거의 모든 유치원에서 적용하였고, 지금도 계속되고 있지만 세계의 유치원 교사들은 이 교육활동들이 듀이의 경험주의 교육철학 또는 진보주의 교육철학에 의해 시작되었다고 이해하는 것이 대세이다. 그 활동의 창시자가 프뢰벨이라고 생각하지 못하는 경우가 많다.

## 3. 듀이의 실험학교

듀이가 교육철학을 학문으로 이론화 작업을 시작한 것은 1894년이었으므로 그의 교육철학을 현장에 적용할 시간적 여유는 없었다. 루이스빌에서 이사하여 시카고대학교에 취업한 듀이는 1894년부터 1904년의 10년간 시카고대학에 실험학교를 설립함과 동시에 교육철학 이론을 정립하기 시작했다. 이때 듀이가 대상으로 선택한 연령은 7~12세였고 유아교육 대상 연령인 0~6세는 아니었다. 1894년 같은 시기에 루이스빌에서 시카고로 이사한 안나 브라이언 유치원 원장은 듀이보다 한 살 연상이었으며 적극적이고 진보적인 성향이어서, 교육에 대해 경험이 없는 듀이가 시카고대학에 실험학교를 설립하도록 도움을 주었고 운영에도 적극 협력했다.

브라이언 원장은 대학교 실험학교에 유치원 학급을 설립하여 유치원 교육을 활성화하려 했지만 듀이는 처음에 이 제안을 중요히 여기지 않았다. 브라이언 유치원 원장의 협력으로 시카고대학교에 세계 최초의 실험학교가 설립되었음에도 불구하고 듀이는 실험학교를 개교할 때 유치원 학급을 설립하지 않고 초등학교 아동만 입학시켰다. 이는 듀이 자신이 0~6세 유아교육의 필요성을 느끼지 않았었기 때문이다. 듀이의 관심은 시종일관 7세 이상의 초등학교 아동에게 지식교육을 어떻게 효율적으로 할 것인가에 있었다. 교육에 대한 듀이의 철학적 논리는 「나의 교육신조(My Pedagogic Creed)」에 처음 쓰였는데, 1897년이었고 팸플릿 형식이었으며 출판사는 E.L.Kellogg and Co.였다. 이 논문을 아삼볼트(Archambault) 교수가 1964년 듀이의 타 논문과 함께

『John Dewey on Education-selected writings』라는 제목으로 시카고 대학교에서 출판했다. 「나의 교육신조」를 쓴 1897년에도 듀이는 0~6세 유아교육에 대해서는 관심이 없었다.

초대 교장이었던 듀이의 부인 역시 처음에는 부설 유치원 학급을 설립해 주지 않았다. 브라이언 원장의 끈질긴 요청으로 만 5세 유치원 학급이 시카고대학교 실험학교에 설립되었고, 이어서 만 4세아 학급도 개설됐다. 이로 인해 이 실험학교 부설 유치원은 세계 최초로 대학교 캠퍼스 내에 설립된 대학교 부속 유치원이 되었다. 안나 브라이언 원장은 듀이와 그의 부인이 싫어함에도 불구하고 실험학교의 유치원 및 초등학교 교실에서 노래, 그리기, 손으로 만들기, 놀이, 극화활동, 사회적 관계증진 활동 등 프뢰벨의 교육내용 및 작업을 자유로운 방식으로 제공하는지를 확인하기 위해 매일 아침 실험학교를 방문했다. 듀이는 1900년 『학교와 사회(The School and Society)』를 저술하면서 이 사람이 안나 브라이언이었다는 사실을 밝히지 않고 "어느 방문객"이 그렇게 했다고 기록함으로써 자신의 교육방향이 아닌 것을 간접적으로 표시했다.

다음의 내용은 프뢰벨의 교육철학에 대한 존 듀이의 평가이다. 이 평가 내용은 1902년 출판했던 『아동과 교육과정(The Child and the Curriculum)』에 진술되어 있으며, 1956년 이 두 권의 책을 합본하여 『The Child and the Curriculum and The School and Society』로 계속 출판하며 지금에 이르고 있다.

듀이의 실험학교는 아동의 경험을 중심으로 교육해야 한다는 교육목적을 표방했기 때문에 '새 교육'으로 알려져 세계교육자들의 방문을 받았었다. 루이스빌에서 프뢰벨의 교육을 진보적으로 바꾸어 교육한 안나 브라이언 유치원 원장의 도움을 받아 실험학교를 운영하였기 때문에 가능한 일이었다. 브라이언 원장 이외에 미국의 초등학교 교육을 아동중심으로 바꾼 파커 장학사의 교육방법을 듀이가 자신의 교육철학 이론으로 정리했었지만, 그 사실을 밝힌 적이 없었다. 도리어 듀이는 이 두 명의 진보주의 교육개혁가들을 『아동과 교육과정』(1902)에서 부정적으로 평가했다.

듀이가 프뢰벨의 교육철학을 부정적으로 평가했을 때의 가장 큰 문제점은 평가 잣대가 다른 것이었다. 프뢰벨이 0~6세 유아들을 대상으로 교육할 때 적용하라고 한 이론들을 듀이 자신의 이론, 즉 7~12세 아동기 교육의 잣대로 평가한 것이다.

듀이가 지적한 것처럼 프뢰벨은 "아이의 발달과 성장에 모든 교과목이 귀속된다."라는 말과 "인성과 성격이 교과목보다 더 중요하다."라는 말을 하지 않았다. 영유아기에 지적 교육을 무모하게 시작해서는 안 된다는 의미로 표현하며 지식은 필요하나 제시하는 시기는 발달에 적절해야 한다고 했을 뿐이다. 프뢰벨은 『인간의 교육』에서 0~6세는 지식이 아니라 발달에 알맞은 인성교육을 먼저 해야 한다고 했다.

프뢰벨은 아이의 "발달과 성장에 모든 교과목이 귀속된다."라는 말을 한 것이 아니라, 아이들의 연령이 어릴수록 '선행 발달 단계'를 충실히 살게 해야 건강하고 행복한 아동이 되고 청년도 된다고 했다. 선행학습이 아니라 학습에 선행해서 발달을 먼저 고려해야 한다는 의미였다. 프뢰벨은 표현의 기회를 많이 가진 유아들이 "…… 앞으로의 발달 단계도 충실하게 살 수 있다."라며, 아이의 연령이 어릴수록 지식을 가르치는 것에 앞서서 출생할 때 갖고 태어나는 신성이 먼저 발현되도록 자유와 기회를 주어야 한다고 보았다.

프뢰벨은 지식 제공 시기가 너무 이른 것이 문제라고 했지, 초등학교 아동들에게 지식을 가르치지 말아야 한다고 한 것도 아니었다. 발달에 적합하지 않은 지식을 출생부터 초등학교 입학 이전까지의 시기에 선행학습으로 가르치지 말라고 했지만, 아동기로 진입하면 그들의 흥미에 따라 지식을 접하게 해야 그것이 아동중심교육이 된다는 것이 프뢰벨의 교육신념이었다.

듀이는 '아동의 세계'와 '지식의 세계'는 양극에 있기 때문에 아동들은 자신에게 알맞은 지식을 선별하기 어렵다고 보았다. 당연히 경험이 많은 교육과정 전문가가 초등학교 아동의 경험에 적합한 내용을 신중히 선택하여 구성한 후 그 교육내용을 난이도에 따라 단계별로 나누어 놓으면 아동들이 쉽게 배울 수 있다고 했다. 따라서 듀이가 말하는 경험중심 교육과정이란 경험이 많은 어른들이 아동들의 경험의 범위와 수준을 파악하여 내용을 선별하고 구성하는 것이다. 유아가 관심을 갖는 것으로부터 놀이와 활동을 시작하라는 프뢰벨의 유아중심 교육철학과는 교육 대상 연령 및 내용이 전혀 다른 개념이다. 프뢰벨은 영유아기에 '관심'이라는 단어를, 초등학교 아동들을 대상으로는 '경험'이라는 단어를 씀으로써, 지식을 배우는 방법이 유아와 아동이 다른 것을 구분했다.

## 4. 본질주의 교육과정에 대한 듀이의 견해

유아교육사전에 쓰인 "본질주의 교육"은 "…… 과학기술의 발달로 사회가 다양화되고 선진화되자 교육내용도 복잡하게 되어 학생들의 학습 부담이 증대하게 되었다. 이로 인한 부작용을 줄이고 교육효과를 높이기 위하여 학습하여야 할 내용을 정선하여 기본적인 것을 재확인 하는 교육학설이다. …… 진보주의 교육이 나오기까지 대부분의 학교 교육을 지배한 사상이다."(한국유아교육학회, 1996) 듀이는 『아동과 교육과정』에서 지식을 강조하면서 본질주의 교육철학자들의 개념을 다음과 같이 정리했다.

> 교육의 문제는 교육내용을 논리적 체계 및 단계에 알맞게 나누는 것, 이 단계에 따라 나누어 놓은 내용을 분명히 가르치되 점진적인 방법으로 하는 교육을 의미한다. 교육내용에 따라 교육목적이 설정될 뿐 아니라 교수방법도 결정된다. 큰 주제를 단원으로 나누고, 이를 하위 단원으로 나눈 후 다시 소주제로 나누며, 소주제들은 일일 수업 내용으로 다시 나눈다. 일일 수업 내용에는 그에 알맞은 실제 내용과 계획을 쓴다. 본질주의 교육철학자들은 아동들로 하여금 이 논리적 체계의 내용 하나하나를 단계에 따라 숙달하도록 한다. 마지막 단계를 마칠 때 아동은 그 전체 내용을 배우게 될 것이라고 했다.
>
> 아동들이 배워야 할 내용 전체를 볼 때에는 너무나 멀게 보이던 것이, 필요한 일련의 단계로 인식되며 쉽게 배우게 될 것이다. 그러므로 강조해야 할 점은 교육내용을 논리적으로 연계하여 배분하는 일이라는 것이다. 이 내용을 가르치는 교사의 문제는 논리적 내용을 어떤 순서로 배열하여 연계성을 갖게 할 것인가를 결정하는 것이다. 각 단계의 내용을 지금까지 한 것처럼 명확하게 점진적인 방법으로 아동들에게 제시할 것인지 또는 다른 방법으로 제시할 것인지에 대해 결정해야 한다.

교육내용이 교육목적과 교수방법을 결정해야 한다.

　아동은 단지 앞으로 성숙되어야 할 미성숙한 존재이고, 앞으로 심화 과정을 거쳐 그의 경험을 확장하여야 한다. 제시되는 내용을 받아들이는 것은 아동 자신의 몫이다. 아동의 역할은 유순하고 순종적으로 제대로 배우는 것이다(Dewey, 1902).

## 5. 듀이의 교육과정 재구성이론

　초등학교 아동들을 대상으로 교육내용을 구성할 때 아동의 경험과 연관해서 논의해야 한다(Dewey, 1971)고 생각했던 듀이는 본질주의 교육과정과는 부분적으로 다른 견해를 가졌었다. 수학·지리·자연과학·역사 등 어떤 과목이든지 각각의 과목이 아동의 생활 경험에서 나온 내용이어야 할 뿐 아니라 아동들 역시 교과 내용을 보며 자신의 생활 경험과 연관이 있는 내용임을 깨달을 수 있도록 교사는 교육과정을 재구성해야 한다는 것이 그의 교육과정 재구성이론이다(Dewey, 1902).

　분야별 전문가들은 주요 교육내용을 단원별로 나누고, 단원은 다시 주제별로 구분한다. 주제는 특정 사실에 근거해서, 계획안으로 나눈다. 그리고 아동들로 하여금 전문가들이 나누어 놓은 단계별 교육내용들을 한 단계씩 높이며 배우게 한다. 궁극적으로 아동들은 전 과정을 배우게 된다. 처음 시작할 때는 전혀 도달하지 못할 먼 길로 보이지만 어느 날 도달하게 된다. 그러므로 가장 강조하고 싶은 점은 교과를 논리적 단계에 따라 나누고(logical subdivision) 연속성(consecutions)을 갖게 하는 것이다. 교육의 문제는 논리적으로 나누어 놓은 교육내용과 내용 간의 연계성을 아동들에게 어떻게 논리적·점진적으로 제시할 것인가이다.

교육과목이 교육목적을 결정할 뿐 아니라 교수방법도 결정한다. 목적을 달성해야 하는 아동은 성숙되어야 할 미성숙한 존재이고, 보다 깊어져야 하는 미숙한 존재이며, 그들의 얕은 경험을 확장시켜야 하는 존재이기 때문이다. 교육받으며 받아들이는 것은 아동의 몫이다. 가소성과 겸손함을 가질 때 아동은 자신의 역할을 제대로 하는 것이다. 그래서 듀이는 교육과정을 구성할 때 아직 경험이 적은 아동들을 위해 교사가 지식을 선별하여 배우게 해야 한다고 했다. 아동들이 원하는 것만을 하도록 내버려 두는 것은 지식으로 연결되지 않기 때문에 비교육적이라고도 했다. 교사는 아동의 단순한 흥미, 즉흥적인 흥미를 지속적으로 확대하게 하여 심화된 흥미로 바꿀 수 있어야 하고, 이어서 지식을 배울 수 있게 해주어야 한다고 보았다. 따라서 아동중심교육이란 아동들의 경험과 관련이 있는 교육내용을 선택하는 교사가 하는 교육이다. 교사가 일방적으로 교육내용을 선택하여 가르치는 것은 아동의 자발성을 일으키지 못해 아동들에게 기계적이고 타율적인 태도를 갖게 할 것이다. 이와 같은 교사중심의 교육은 아동의 잠재 능력을 극대화하지 못한다고 듀이는 보았다.

듀이는 아동 개개인의 과거 경험을 파악하는 것이 어렵고 그 아동의 경험 속에 어떤 내용을 교육내용으로 구성해야 하는지를 파악하는 것은 더 어렵기 때문에 아동중심의 새 교육은 힘든 일이라며 다음의 사항에 주의해야 한다고 제시했다.

- 교사는 아동들이 배울 교육내용을 그들의 경험 범위 안에서 선택해야 한다. 과거 아동들이 한 경험을 시작으로 아동들이 배울 교육내용을 선택하여 가르친다.
- 아동들이 이미 경험한 내용을 더 알차고 풍부하게 경험할 수 있도록 조직해서 제공할 뿐 아니라 이를 경험이 많고 이 분야에 지식이 있는 전문가에게 맡겨 구성한다.
- 아동들이 하는 교육적 경험과 경험 사이의 연계성이 중요하므로 연결 방안을 모색해야 한다.

　듀이가 의미하는 경험중심 교육과정은 아동의 경험 범위에 있다고 생각되는 교육내용을 교사가 선택해서 구성하는 것이어서, 프뢰벨이 유아를 시작으로 하고 중심으로 하며 결과의 중심에 놓는다는 것과는 다르다.

---

**나도 철학자**　　　　　　　　　　　　　　　　　　**#7**

1. 학교, 특히 대학교 부설 실험학교인 대학 부속 유치원은 이제 세계적인 추세가 되었다. 현재 재학하고 있는 대학 또는 이웃 대학의 실험학교(유치원)를 방문하여 내가 다니던 유치원과 어떻게 다른지 비교해 보자. 비교 기준은 실내외 교육시설, 학급 수, 흥미 영역의 구조, 유아들의 반응, 교사와의 상호작용, 학부모 참여를 알아본다. 본인이 관심이 가는 사항이 있으면 그 관심사를 관찰해도 좋다.
2. 1번에서 관찰한 내용을 프뢰벨의 이론과 듀이의 이론에 비추어 평가해 보자.
3. 듀이는 미성숙한 존재로 태어나는 아동에게 사회적 환경을 조성해 주어 교육적 성장이 일어나도록 해야 한다고 생각했다. 듀이의 이 발언은, 신성을 가지고 태

어나는 아기는 잠재 능력을 갖고 태어나므로 이 신성이 먼저 표현되도록 도와야 한다고 한 프뢰벨의 생각과 다르다. 내 부모님은 이 두 철학자 중 어떤 철학자의 의견을 따랐다고 생각되는지 토의해 보자.

4. 다음과 같은 갈등상황에서 어떤 선택을 해야 할 것인가? 선택의 근거는 무엇인가? 우리들의 교육대상은 0~6세이다. 6세 후반이 된 유아. 곧 초등학교에 다니게 될 유아를 대상으로 경험과 교육, 자유와 통제, 수단과 목적을 기준으로 선택해 보자.

| 갈등 덕목 | 사례 |
|---|---|
| 경험 vs. 교육 | 수 세기 교구를 잘못 활용하는 유아에게 교구 활용방법을 경험하도록 기다리며 지켜볼 것인가? 아니면 가르쳐 줄 것인가? |
| 자유 vs. 통제 | 유아들이 모여 놀고 있는데 한 유아가 지나치게 자기가 원하는 것만 하려고 한다. 이 유아의 자유를 존중할 것인가? 아니면 규칙을 알리며 통제할 것인가? |
| 유아중심 vs. 교육목적 수행 | 선생님이 제공한 놀이에 많은 유아들이 참여하지 않을 때, 그 유아들이 좋아하는 놀이로 바꿀 것인가? 아니면 반드시 해야 할 그 놀이를 하도록 설득할 것인가? |

제 **6** 장

# 킬패트릭의 교육철학과 유아교육

킬패트릭

킬패트릭(William Heard Kilpatrick, 1871~1965)은 일정 기간 듀이와 함께 컬럼비아대학교 교수로 있었으나 교육에 대한 생각은 듀이와 달랐다. 듀이는 킬패트릭에게 자신의 교육철학이 지식중심 및 사회적 관계중심이고, 7~12세 교육에 관심이 있다고 했다. 반면, 킬패트릭은 0~6세의 교육에 관심이 많았고, 프뢰벨의 학습자중심교육을 지지하는 진보주의 교육자였다.

킬패트릭은 프뢰벨이야말로 0~6세 유아교육의 중요성을 인지했을 뿐 아니라 유아를 진심으로 사랑해서 그들에게 필요한 놀잇감과 교수방법을 창안했고 유아 개개인의 삶이 존중되는 방향으로 교육을 바꾸는 데 큰 공헌을 했다며 그의 노력을 치하했다. 어느 누구도 그러한 변화가 프뢰벨에 의해서 되었다고 기억하지 않지만 그의 교육철학을 대신할 교육철학자는 아직 나타나지 않았다고도 했다(Kilpatrick, 1916).

『인간의 교육』을 깊이 연구한 킬패트릭은, 프뢰벨이 통일성, 상징성과 같은 추상적인 개념을 그 자신의 철학적 개념에 적용함으로써 혼돈을 일으키지만 추상적 원리를 분리해 본 결과, 프뢰벨의 유아 사랑에 기반한 교육철학에 놀랄 수밖에 없다고 했다.

## 1. 킬패트릭의 교육적 배경

미국 조지아주에서 태어난 킬패트릭은 1891년 머서대학(Mercer University)을 졸업한 후 존스홉킨스대학교와 컬럼비아대학교에서 연구원으로 일했다. 1918년부터 컬럼비아대학교 교수로 재직했는데 듀이와 달리 킬패트릭은 진보주의 교육철학자였다. 킬패트릭은 프로젝트 교수법(project method)을 창안해서 전세계적으로 알려졌다. 프로젝트 교수법은 유아 또는 아동이 스스로 문제를 찾아내고, 실제 작업을 하여 문제를 해결하는 교육방법이다. 이는 학습자의 자발성을 기본으로 하며 작업이나 체험을 중요히 여기는 학습자중심 교육방법으로서, 0~6세 유아중심교육, 7~12세 아동중심교육으로 구분하여 방법을 달리한다.

킬패트릭의 진보주의 교육운동은 우리나라에서도 1960년대 초반 새로운 교육운동으로 소개되었다. 듀이는 초·중·고등학교 학생들에게 지식, 도덕, 사회적 공동체의 중요성을 가르치는 것을 교육목적으로 하는 주지주의 교육철학자였고, 킬패트릭은 0~6세 유아들의 생득적 잠재 능력을 발현시키는 것을 중요하게 생각하는 진보주의 교육철학자였음에도 불구하고, 그 시대 우리나라 교육철학자들은 진보주의 교육철학과 듀이의 교육철학을 같은 개념으로 혼동했다. 또 듀이는 프뢰벨을 부정적으로 평가했지만, 킬패트릭은 출생 순간부터 아기 교육을 시작해야 한다고 하며 프뢰벨을 높이 평가했다. 두 철학자의 개념이 달랐다(Kilpatrick, 1916).

## 2. 킬패트릭이 평가한 프뢰벨의 공헌

킬패트릭은 프뢰벨의『인간의 교육』을 분석한 후 1916년『프뢰벨의 유치원 교육원리 재조명』을 썼다. 그는 프뢰벨이 통일성, 상징성 등 추상적인 용어를 철학 개념과 섞어 썼기 때문에 읽을 때 이해하기 힘들지만, 추상적인 개념들과 교육관련 개념들을 분리해서 읽으면 그가 대단한 일을 한 것을 알 수 있다고 했다. 킬패트릭은『인간의 교육』전반부에 나오는 0~6세 유아교육철학은 "모든 측면에서 보아도 프뢰벨의 대작"이라며 높이 평가했다(Kilpatrick, 1916).

킬패트릭이 분석한 결과에 의하면, 철학자들 중 0~6세 영유아를 대상으로 교육현장에서 유아를 직접 가르친 교육철학자는 프뢰벨이 유일했다. 미국 진보주의 교육의 선구자였던 킬패트릭은 프뢰벨 교육철학의 진가를 인정하면서, 프뢰벨의 독보적인 현명함과 그의 창의적인 교육철학을 다음과 같이 평가했다.

첫째, 프뢰벨은 아이들, 특히 영유아들을 마음을 다해 진심으로 사랑했을 뿐 아니라 영유아의 발달을 단계별로 정리한 후, 발달 단계마다 부모와 교사들이 해야 할 역할을 제시했다. 그 당시는 유전자에 이미 그 아이가 어른이 되어 갖게 될 모든 가능성이 미세한 입자로 입력되어 있다는 예정론이 우세하던 시기였는데, 프뢰벨은 "내면세계의 신성이 밖으로 표현되어 나오며 발달"해야 한다며 발달 단계를 제시한 철학자였다.

둘째, 생을 처음 시작하는 0~6세 영유아기에 연민의 정을 가졌던 프뢰벨은 이 시기의 아이들은 사랑받아야 하는 존재이고 그들이 갖고 태어난 신성(잠재 능력)이 다 피어나도록 기회를 주어야 하는 중요한 시기라는 사실을 세계 처음으로 알렸다. 프뢰벨은 끊임없이 관찰하여 갓난아기, 영아기, 유아기, 아동기 아이들의 발달 특성을 소상하게 밝히고 각 시기마다 어떻게 양육하고 교육해야 하는지 밝혔다. 어른들이 생각하는 것을 가르칠 것이 아니라 영유아들이 갖고 태어난 잠재 능력에서 아이들이 하고자 하는 것을 관찰하며 도와주라고 한 것은 대단한 공헌이었다.

셋째, 프뢰벨이 출생 순간부터 아기들에게 표현의 기회를 주되 자기 방식대로 표현할 수 있는 자유를 주어야 한다고 한 것이 큰 공헌이다. 프뢰벨이 표현의 중요성을 이야기하던 시대는 0~6세 영유아들의 인권을 존중하는 시기가 아니었고 어른들이 시키는 대로 따라 해야만 하던 때였다. 아이들은 엄하게 키워야 한다는 훈육원칙을 따르던 때였으므로 갓난아기 때부터 표현의 자유를 주어야 한다고 한 프뢰벨의 철학은 일반 사회인들로부터 아이들을 버릇없이 키우게 한다며 배척을 받았다. 그러나 아기들은 신성을 가지고 태어나기 때문에 하나님이 스스로 존재하는 것처럼 영유아 내면의 신성(잠재 능력)이 자유롭게 발현되게 하라고 한 프뢰벨은 미래지향적인 철학자였다.

넷째, 프뢰벨이 창안한 놀이가, 세계 처음으로 공립학교의 교육활동으로 포함된 것이다. 놀이 외에 자연 관찰하기, 화단 만들기, 산보하기 등을 초등학교에서도 실시하게 된 것, 운동장에 놀이 기구를 설치한 것, 프뢰벨의 작업이 현대화되어 다양한 미술 활동으로 발전한 것은 대단한 공헌이었다. 이러한 놀이 활동들은 유아/아동이 자유롭게 노는 프뢰벨의 자발 활동의 원리에 기초하고 있으며 지금도 유아교육에서 중요한 원칙이다. 1900년대 전후에도 받아들여지지 않았고 20세기에도 완전히 프뢰벨의 교육철학이 인정받지 못하고 있는 것을 보면 더더욱 그렇다. 결론적으로 유아들이 능동적으로 느끼고, 생각하고, 움직이게 자유를 주고 교사는 아이들을 관찰하며 수동적으로 따라가라는 프뢰벨의 철학 개념은 앞으로도 계속 실천되어야 할 일이다.

다섯째, 페스탈로치가 인상(impression)을 이야기해서 경험의 중요성을 강조하게 되었다면, 프뢰벨은 표현(expression)을 중요하게 생각한 것이 큰 공헌이다. 특히 갓난아기 때의 표현이 중요성을 세계 처음으로 알렸다. 프뢰벨은, 어른들이 자신이 이해한 것을 알리고 싶어 말이나 행동으로 표현하는 것처럼 영유아들도 자기 방식으로 알리고 싶어 하기 때문에 표현 활동은 중요하다고 강조했다. 그래서 프뢰벨은 유아들의 표현 활동으로 쌓기놀이, 그림 그리기, 점토로 만들기, 노래하기 등 인간생활의 요소들을 실제로 표현해 보는 활동을 창안해 주었다.

유치원에서 11종의 작업을 하게 한 것이 발전하여 그림 그리기, 만들기 등 다양한 미술 활동이 되게 한 것이 지금에도 계속되고 있다. 이러한 작업이 초등학교 교육과정에 포함되기 훨씬 이전에 유치원의 핵심 프로그램이 되었던 것도 프뢰벨의 작업이 기초가 되었기 때문이었다. 학교에 화단을 만들어 꽃과 식물을 키워 보게 하는 것, 자연 관찰하기도 프뢰벨이 시작한 것이다.

여섯째, 킬패트릭은 프뢰벨이 유아의 사회적 관계를 중요하게 생각한 것이 가장 큰 공헌이라고 했다. 프뢰벨 이전에 루소와 페스탈로치도 사회적 관계의 중요성을 이야기했었지만 프뢰벨만이 유아의 본성과 사회적 발달의 과정을 세심히 관찰한 후 개념을 정리해서 제시했기 때문이다. 다른 사람과 상호작용하고 싶다는 마음을 갖고 태어나는 아기들은 사회적 관계를 맺을 수 있는 기회를 가져야만 인간 모두의 궁극적 목적인 '전인'이 될 수 있기 때문이다.

프뢰벨은 유치원 및 초등학교 선생님들에게 아이들의 사회적 관계를 아주 중요하게 생각하라고 강조했다. 프뢰벨은 아이가 유치원에 오기 전에도 가족관계를 맺으면서 이미 사회적 집단을 경험했다고 하면서 아이들이 일상생활을 하는 동안 다양한 상황에서 사회적 관계를 실제로 맺어 보도록, 의도적으로 기회를 마련해 주어야 한다고 했다. 유치원이나 학교에서 아이들이 맺는 사회적 관계는 이미 가정에서 시작한 사회적 관계를 확장하는 것이기 때문에, 프뢰벨의 원리에 의하면 가정에서부터 부모들은 아이들과 긍정적인 관계를 갖는 것이 중요하다. 가정에서의 가족관계가 연속적으로 영향을 줄 것이며 가정에서 배운 관계 맺기는 밖에서 맺는 사회적 관계에도 영향을 준다.

지금까지 살펴본 여섯 가지 평가를 보면, 킬패트릭이 프뢰벨의 교육철학을 대단히 긍정적으로 본 것을 알 수 있다. 은물과 작업을 교사중심교육이 아닌 '자기 방식대로' 자유롭게 놀게 한 유치원교육 전공자는 안나 브라이언 원장과 그녀의 유치원 교사였던 패티 스미스 힐 두 사람뿐이었을 만큼 프뢰벨의 유아교육철학을 받아들이는 유아교육자들이 적었는데도 킬패트릭은 프뢰벨의 교육철학을 읽고 분석한 후에 긍정적으로 평가한 것은 유아교육자들이 높이 평가해야 할 일이다.

> **"어린 시절 내 글 무시한 친모(親母)와 재산 단 한 푼도 나누지 않을 것"**
> **美 영화감독 쿠엔틴 타란티노 "자녀에게 한 말은 돌아오는 법"**

영화 '펄프 픽션' '킬 빌' 등으로 잘 알려진 미국 감독 쿠엔틴 타란티노(58)가 어린 시절 자기 글을 무시하고 비꼰 친어머니와는 "재산을 단 한 푼도 나누지 않기로 다짐했다."고 밝혔다. 아카데미 각본상을 두 차례 받은 그는 순 자산이 1억 2,000만 달러(약 1,400억 원)로 알려졌다.

9일(현지시간) USA 투데이 등 외신에 따르면 타란티노 감독은 최근 팟캐스트 '더 모멘트'에 출연해 "초등학교 때 처음 극본을 쓰기 시작했지만 내가 학교 공부 대신 이 일을 하는 것을 반항적 행위로 보는 선생님들과 문제가 있었다"며 과거를 떠올렸다. 어릴 적부터 영화를 좋아한 그는 주말마다 극장에 가서 영화를 봤고, 불과 열두 살 때 첫 습작을 쓴 것으로 알려져 있다. 그는 "학교에 잘 적응하지 못했던 나는 공부보다 글쓰기를 좋아했다"며 "엄마는 그런 나의 학구적 무능력을 늘 힘들어했다"고 했다. 또 그가 자란 LA에선 주말이면 옛날 영화를 온종일 방영했는데 "그럴 때면 엄마는 '넌 어린애가 왜 이 모양이냐? 제발 좀 나가 놀아!'라고 화를 냈다"고 했다.

타란티노 감독의 친모는 16세 때 음악가 토니 타란티노와 결혼하지 않은 상태에서 아들을 낳았다. 이후 음악가 커티스 자스투필과 결혼했다.

타란티노 감독은 "내가 영화 각본을 쓰느라 애쓰고 있을 때 엄마는 내게 잔소리를 해댔다"며 "그렇게 엄마가 날 향해 비아냥거릴 때 난 속으로 '알았어. 내가 성공한 작가가 되면, 당신은 단 한 푼도 보지 못할 거야. 당신을 위한 집은 없어. 휴가도, 캐딜락도, 아무것도 못 얻어. 당신이 그렇게 말했으니까'라고 생각했다"고 했다. 진행자가 그에게 "그것을 고수했느냐"고 묻자 그는 "그렇다"고 답했다. 그러면서 그는 "어머니가 아직 살아계시지만 자식들을 대할 때 하는 말에는 결과가 있다"며 "자식들한테 의미 있는 것에 대해 비꼬듯 말하는 데에도 상응하는 결과가 있다는 것을 기억하라"고 덧붙였다.

출처: 조선일보(2021. 8. 11.).

## 3. 킬패트릭이 분석한 듀이 교육철학의 형성 과정

이 절에서 살펴볼 내용은 프뢰벨이 사망한 지 42년 후인 1894년 듀이가 교육철학을 체계화할 때 프뢰벨의 교육철학을 참고했음을 인정했다는 내용이다. 듀이와 같은 시대를 살았던 킬패트릭이 이 사실을 『프뢰벨의 유치원 교육원리 재조명』과 듀이 탄생 80주년 기념집인 『존 듀이의 교육철학』에 남겼다. 듀이 생존 시 킬패트릭이 직접 듀이를 인터뷰하여 질문했을 때, 그는 자신이 프뢰벨의 교육철학을 많은 부분 인용하였음을 인정했다(Schilpp & Hahn, 1989). 존 듀이는 사회, 정치, 철학, 과학에 관심을 가졌었고 고등학교에서 가르친 경험이 있으나 0~6세 유아교육에 대해서는 경험도 없었고 관심도 없었다. 그러나 듀이는 프뢰벨의 유아중심 교육방법에 기초한 진보적 유치원교육을 한 안나 브라이언 원장의 도움을 받았고, 미국 초등학교 교육을 아동중심으로 바꾸었던 파커 장학사의 교육실제를 이론으로 정리했다.

### 1) 안나 브라이언 유치원 원장의 영향

듀이는 실험학교를 시작할 때, 또 운영 과정에서 안나 브라이언(Anna Bryan) 원장으로부터 큰 도움을 받았다(Tanner, 1997). 진취적이고 개혁적인 마인드를 가졌던 안나 브라이언 원장은 그 당시 프뢰벨 정통파 유치원 원장들이 프뢰벨의 은물과 작업을 교사중심, 주입식으로 가르치는 시류에 휘말리지 않고 유아중심교육을 했다. 4, 5세 유아에게 표현의 자유를 주고 자기 방식대로 놀고 활동하게 하며 유치원을 운영했다.

브라이언은 1894년 듀이로 하여금 시카고대학 당국의 채용조건에 맞추어 교육철학의 기반이 된 실험학교(초등학교)를 설립하도록 제안했다. 또 브라이언은 0~6세 영유아교육에 관심이 없었던 듀이를 권고하여 시카고대학교 부설 실험초등학교에 세계 처음으로 만 4, 5세 대상 유치원 학급을 병설하게 하였다. 유아/아동중심 교수-학습 방법을 적용하여 세계 교육자들의 관심을 모아 듀이가 교육철학자로 시작하는 데 큰 도움이 된 일이었다. 놀며 배우는 부설 유치원을 운영하는 아이디어는 전세계의 대학교 교사양성기관에 영향을 주어 대학교 부설 초등학교 및 유치원을 설립하는 곳이 많아졌다(Schilpp & Hahn, 1989).

안나 브라이언 원장은 거의 매일 시카고대학교 실험학교를 방문해서 장학지도를 했다. 이에 대해 듀이는 "어떤 여성의 방문을 거의 매일 받았다. 그녀는 노래 부르기, 그림 그리기, 작업하기, 놀이, 동극, 아이들의 사회적 관계에 관심 가지기를 학급에서 하고 있는지를 묻곤 했다. 교사로부터 긍정적인 답을 들으면 그 학급이 유치원이 아니었음에도 불구하고 승자처럼 환호하고, 안 했다고 하면 화를 내곤 했다. …… 결국 실험학교에 만 4세 유아가 다니는 유치원 학급까지 병설했다." (Dewey, 1902)라며 회고했다. 7년 후 듀이가 컬럼비아대학교로 자리를 옮기자 이 실험학교는 문을 닫았다(Schilpp & Hahn, 1989).

듀이는 실험학교 운영 7년(1896~1904년) 동안 그녀의 도움을 받으면서도 그녀의 이름조차 언급하지 않았었다. 듀이가 시카고대학교 출판부에서 팸플릿 형식으로 처음 출간한 『학교와 사회』(1899)에 프뢰벨에 대한 언급이 없는 것은 물론, 실질적인 도움을 받은 브라이언 원장에 대해서도 언급하지 않았다(Beatty, 1998). 듀이가 직접 수정 출판한 1932년 판『학교와 사회』에도 기록하지 않고 프뢰벨 이론의 단점을 썼을 뿐이었다. 그는 실험학교 교장에 본인의 아내를 임명했고 실질적인 도움을 주었던 브라이언 원장은 거의 무시했다.

시카고대학교 부설 유치원 및 초등학교에 유아와 아동이 함께 다니게 되는 새로운 유형의 유치원이 대학 캠퍼스에 설립된 곳이어서 세계 각지로부터 방문객이 몰려들 정도였지만 안나 브라이언 유치원 원장의 이름을 밝히지 않고 "어떤 여인"이라고만 쓴 것을 보면 듀이는 프뢰벨과 함께 유아중심 교수-학습 방법을 진보적으로 발전시킨 안나 브라이언 원장도 인정하지 않았던 것으로 킬패트릭은 보았다. 듀이의 실험초등학교 교육의 실제를 아동중심으로 운영하게 한 것은 안나 브라이언 원장의 공헌이라는 사실을 유아교육자인 비티(Beatty)가 1995년 출판한『미국 유아교육사』에 기록으로 남겼다.

안나 브라이언 원장이 듀이의 교육철학 형성에 도움을 주었다는 사실을 듀이 자신이 문건으로 남긴 적이 없지만 듀이가 80세 되던 해인 1989년 킬패트릭과 17인의 젊은 교육철학자들이 듀이 팔순기념 책자인『존 듀이의 교육철학』(Schilpp & Hahn, 1989)을 쓰면서 킬패트릭이 듀이를 면대면 인터뷰하여 사실을 확인했다. 킬패트릭은 먼저 듀이에게 '교육철학자로서 듀이의 위치를 확고하게 해 준 것은 1894년 시카고대학교에 설립한 실험학교(초등학교)였는데 안나 브라이언이 창안한 것이었는가?'라고 질문했다. 46년 만에 듀이는 처음으로 그 사실을 인정했다. 그는 킬패트릭에게 그녀로부터 큰 도움을 받았다고 실토하며 브라이언에게 큰 빚을 졌다고 했다(Schilpp & Hahn, 1989). 세계 처음으로 시카고대학교 실험초등학교를 세운 후, 또 세계 최초로 4, 5세 유치원 학급을 대학 부설 실험학교로 설립한 새로운 방식은 미국 전역으로 퍼져나갔고 여러 나라의 교육자들의 방문도 받았다고 했다.

브라이언 원장은 시카고로 오기 전 루이스빌에서 무상 유치원을 운영하며 프뢰벨의 은물을 큰 바구니에 함께 쏟아주어 유아 스스로 나무 토막 놀이를 자기 방식으로 할 수 있게 했던 유치원 교육개혁가였다. 그녀는 자신의 유치원 교사였던 패티 스미스 힐(Patty S. Hill)에게 영향을 주어, 후일 컬럼비아대학교에서 2~8세 영유아교육 및 초등교육 개혁에도 영향을 주는 유아 및 아동교육 지도자가 되게 했다.

킬패트릭은, 브라이언의 도움으로 교육철학을 정립할 수 있었던 듀이, 듀이에게 지대한 영향력을 발휘한 브라이언이 그렇게 할 수 있었던 것은 무엇보다도 프뢰벨의 교육철학이 기반이 되었기 때문이라고 했다.

또한 킬패트릭은 "자신만의 교육철학을 급히 정립해야 했던 듀이에게 프뢰벨의 『인간의 교육』이 적절한 참고자료였음은 자명한 일"이라고 했다. 킬패트릭은 여러 측면에서 볼 때, "정미소 주인이었던 듀이는 프뢰벨이 맡긴 곡식 자루를 자신의 정미소에서 발견하고 도정해서 쓴 것임을 쉽게 알 수 있다."(Schilpp & Hahn, 1989)고 했다. 킬패트릭이 프뢰벨의 교육철학과 브라이언의 유아중심 교수-학습 방법과의 관계, 듀이의 교육철학이 프뢰벨의 교육철학을 대폭 인용한 것임을 밝힌 것은 유아교육 분야에 주는 의미가 크다.

## 2) 파커 초등교육 장학사의 영향

파커

1939년 킬패트릭이 듀이와 면대면 인터뷰한 내용에 의하면, 듀이가 실험학교를 시작한 것은 안나 브라이언 원장의 제안에 의해서였고, 7~12세 초등학교 아동을 위한 교육철학 이론을 정립할 수 있었던 것은 프뢰벨 교육철학의 영향을 받은 후 미국의 초등교육을 혁신한 파커(Colonel Francis W. Parker)의 실천적 교육이론이었다고 했다. 파커는 후일 장학사가 되어 미국 유치원 교육과 초등교육 교수방법을 유아/아동중심교육으로 개혁했지만, 파커 자신은 교육철학과 실제를 기록으로 남기지 못했다.

파커는 미국 매사추세츠주 퀸시, 특히 쿡 카운티 초등학교(The Cook County Normal School)에서 교육개혁을 시작한 인물로서 명성이 세계적으로 알려진 교육실천가였다. 그를 만난 사람들은 초등학교 아동들이 학교를 즐거운 마음으로 다닐 수 있도록 온몸을 던져 교육한 그의 열정과 인류애를 절대로 잊지 못했다. 그의 엄청난 노력은 미국 초등학교 교육이 아동중심교육으로 바뀌도록 많은 교사들의 신념과 태도를 바꾸었다. 파커는 초등학교 교육개혁을 위해 현장에서 지내는 시간이 많았지만 헤르바르트나 듀이는 초등학교 교실현장에서 교육개혁을 위해 고민하며 바꾸어 보려는 시도를 한 적이 없다(Kilpatrick, 1989, p.452).

'퀸시 교수법(The Quincy Methods)'으로 알려진 파커의 교육방법은, 과거의 교사주도 교육과 달리, 아동은 능동적으로, 교사는 수동적으로 교육하는 프뢰벨의 교육철학에 기초를 둔 교육방법이었다. 『인간의 교육』 전반부에는 0~6세 유아교육철학, 후반부에는 7~12세 아동교육철학에 대한 내용이 쓰여 있었기 때문에 파커는 교사로 하여금 아동들에게 기회와 자유를 주었다. 그가 관여한 초등학교 교실들은 생동감 있고, 영혼이 살아있었으며, 가장 현대적인 아동중심 교수법을 실행하는 곳이 되었다. 파커의 초등교육 개혁이 미국 전역으로 확산되는 현상은 마치 프뢰벨 생전의 소망이 실현되는 것과 같았다.

1852년 프뢰벨이 타계하기 전 독일 정부가 유치원을 탄압하기 시작하자 그는 미국에 살고 있던 조카에게 "기독교 정신이 살아있는 미국이야말로 내 교육방법을 펼 수 있는 마지막 희망의 땅인 것 같아서……"라고 편지를 썼다. 그가 소망하던 바를 실현하려는 듯, 『인간의 교육』 후반부에 제시된 초등학교에서의 아동중심 교수-학습 방법이 파커에 의해 미국 전역으로 퍼져나갔다.

> 파커는 아동과 교사가 어떻게 느끼고 행동하는지 본능적으로 파악했고 어떻게, 언제, 어떤 활동을 해야 아동들이 가장 최고의 교육적 경험을 할 수 있을지도 알았다. 그러나 파커는 자신이 그 순간 왜 그렇게 생각했는지에 대한 내용을 논리적인 글로 정리하지 못했고, 합리적인 말로 사람들을 설득하지도 못했다. 그의 탁월한 교육 실제와 방법이 아쉽게도 교육철학으로 정리되지 못했던 것이다(Kilpatrick, 1989, p.453).

킬패트릭은 이런 상황에 대해 "듀이는 파커의 교육적 영감과 퀸시 교수법의 강력한 힘을 알아차렸다. 또한 듀이는 파커 자신이 교실에 적용한 교수–학습 방법을 적합한 이론으로 체계화할 능력이 없음도 알았다. 시카고대학교 교수 채용조건으로 교육철학을 체계화해야 했던 듀이는 이 분야에 문외한이어서 절박했던 상황이었기에 미국의 초등교육을 혁신한 파커 장학사의 교육 실제를 정리해 아동중심 교육철학, 경험중심 교육철학으로 정리했던 것이다. 주지주의자였던 듀이는 0~6세 유아에게 표현·자유·놀이를 하게 하는 브라이언의 유치원 교육보다는 파커의 초등교육 개혁 내용을 논리적인 글로 정립하여 자기의 교육철학으로 체계화했던 것이다."(Kilpatrick, 1989, p.453)

　듀이 교육철학의 기본 설계의 대상은 7~12세 초등학교 아동들이다. 프뢰벨이 혼신의 노력으로 1826년 『인간의 교육』 전반부에 썼던 0~6세 영유아를 위한 유아교육철학은, 프뢰벨이 예상한 대로, 그 후 정리한 철학자가 없다. 프뢰벨 사후 거의 200년 가까운 세월이 지난 후 영국과 미국을 비롯한 여러 나라에서 열린교육, 토픽 중심의 교육, 프로젝트 방법(project method), 퀸시 교수법, 활동중심 통합교육과정, 단원중심 교육과정, 상호작용에 기초한 구성주의 교육과정으로 교육현장에 적용되기 시작했으나 많은 교육자들은 그러한 프로그램의 기저에 존 듀이의 경험중심 교육철학이 있다고 생각한다. 유아교육사전에 프로젝트 교육은 "…… 존 듀이나 킬패트릭에 의해 창안된 교육방법"이라고 모호하게 설명되어 있는 것을 보면 우리나라 유아교육자들이 거의 최근까지 듀이와 킬패트릭을 함께 진보주의 교육자로 이해했었음을 알 수 있다.

　킬패트릭은 프뢰벨 이후 그의 교육철학, 특히 유아교육철학을 연구한 교육철학자는 없으나 유치원은 지금보다 더 발전했고 초등교육도 열린교육 등으로 교실이 행복해진 곳이 많아졌다며 프뢰벨의 공헌을 치하했다. 또한 이러한 프뢰벨의 아이 사랑이 미래의 아이들에게도 계속되어 학교가 행복하고 즐거운 곳으로 언젠가는 바뀔 것이므로 프뢰벨이야말로 아이들을 위해 대단한 일을 한 교육철학자라고 감사해 했다(Kilpatrick, 1916).

**#8**

1. 킬패트릭이 생각하는 유아교육의 중요성에 대해 이야기 나누어 보자.
2. 킬패트릭에 의하면 듀이는 그의 교육철학 개념을 정립할 때 프뢰벨의 영향을 받은 안나 브라이언 원장과 파커 장학사의 도움을 받았다. 듀이는 왜 파커의 교육실제를 선택했는지 이유를 생각해 보자. 이 상황에 대해 우리의 생각을 나누며 이야기해 보자.
3. 킬패트릭이 프뢰벨의 교육철학을 높이 평가한 이유는 무엇인가? 친구들과 이야기 나누어 보자.

제 7 장

# 실러의 교육철학과 유아교육

크리스찬 실러(Christian Schiller, 1895~1976)는 프뢰벨의 교육 철학을 세상에 다시 이끌어 낸 후 유아/아동들이 자기 방식대로 자유롭게 활동을 선택해서 놀며 배우게 했다. 그의 헌신적인 노력으로 영국의 많은 유아학교와 초등학교가 열린교육(Open Education)을 하게 되었다. 1983년부터 1984년 1년간 내가 영국 셰필드대학교에 교환교수로 있으면서 만났던 유아학교 선생님들은 실러 장학사의 열정과 교육철학을 기억하고 있었고, 교육방법이 아이들을 행복하고 즐겁게 하는 방향으로 바뀌었다고 했다. 실러는 "인간의 영혼에 간직된 이상은 인간으로 하여금 활동을 시작하도록 하는 특성이 있다."며 선생님들의 관심과 애정이 항상 아이들을 향해야 한다고 했다. 영국 유아학교 선생님들은 교육 개선의 일환으로 아이들이 '자기 방식대로' 놀고, 활동하고, 읽을 책을 선택하고, 읽은 후 자기 생각을 말로, 글로 표현하게 기회를 주었다. 칠판을 보며 선생님의 지시를 기다리는 교실이 아니었다. 그림을 그리는 아이도 있었고 접시에 놓인 구슬을 세어보며 간단한 셈을 해 보는 아이도 있었다.

한 반이 20명 정도였고 선생님 한 분과 보조 선생님, 자원봉사 어머니가 아이들을 돕고 있었다. 아이들마다 선택해서 하는 내용이 달랐고 선생님은 어느새 반 아이들을 다 파악하고 있어 교실은 아이마다 각기 다 바빴다. 실러는, 만일 교사들이 유아학교/초등학교에서 아이들이 행복한 마음으로 놀며 공부할 수 있게 하고 싶다면 먼저 이들과 마음이 통해야 한다고 했다. 그리고 아이들이 '자기 방식대로' 느끼고 생각하고 말할 수 있는 기회와 곁에서 안내하고 도와주는 어른이 있어야 한다고 했다.

실러는 프뢰벨의 이론대로 발달에 적합한 교육을 위해 관찰했다. 관찰하여 파악한 정보들은 개별 아동의 발달 특성에 따라 안내하고 이끌어 주며 스스로 학습하게 도왔다. 실러는 초등학교에 아동들이 배워야 할 내용을 교사중심으로 가르치는 것이 아니라 아이 한 명 한 명이 갖고 있는 능력에 따라 스스로 학습하게 하도록 기회를 주고 관찰하다가 도움이 필요한 순간을 놓치지 않았다. 그는 이 과정을 장학사인 본인이 직접 아동과 상호작용하며 교사들도 스스로 배울 수 있도록 장학지도를 했다. 1980년대 내가 만났던 영국 셰필드 지역의 초등학교 교사들은 "아동들이 스스로 배우면서 공부하는 내용이 제각각 다른데 궁극적으로는 국가수준 교육과정에 나와 있는 내용을 다 배우게 하는 비결이 무엇입니까?"라는 내 질문에 "첫째도 관찰, 둘째도 관찰, 셋째도 관찰입니다."라고 답했다.

## 1. 실러의 교육적 배경

실러는 영국 리버풀의 초등학교 교사로서 개별 아동의 문제를 파악하고 그 아동의 이해 수준에 맞추어 이야기 나누고 문제를 풀게 하는 과정을 거쳐 아이들의 두려움, 실패감을 학습의욕으로 바꾸었던 교육개혁가였다. 실러는 1921년부터 초등학교 교사로 임용되어 가르치다가, 후에 장학사로 학교 현장을 방문하며 학습자중심의 교육방법을 전수했다. 실러가 아동들과 직접 상호작용하는 과정을 교사들이 관찰하여 실행해 보게 하는 방식, 교사의 방식대로 터득하게 했다. 질문이 있으면 교사들은 적절한 순간에 실러 장학사의 도움을 받을 수 있었다. 그 당시 리버풀 교육위원회의 위원장이었던 핼리팩스(Lord Halifax) 경은 "실러는 과밀하고 낙후되어 있는 리버풀 학교들을 개선하기 위하여 선교사와 같은 열정으로 일했다."라고 했고, 초등학교 교사들은 "실러는 혼자 힘으로 현대 영국의 초등교육 변화에 커다란 영향을 미친 독보적인 존재였다."라며 감사해 했다. 실러가 개혁한 영국의 유아학교/초등학교(주니어 스쿨) 교육은 토픽중심 교육 또는 열린교육으로도 알려졌다. 이 책에 실린 실러의 교육철학은 크리스토퍼 그리핀-빌(Christopher Griffin-Beale)이라는 영국의 초등학교 교사가 실러가 생존했을 때 교사들에게 특강을 할 때마다 써놓은 원고를 편집한 것을 참고한 것이다. 그리핀-빌 선생님은 원고를 편집한 후에 개인 부담으로 출판해서 현직 교사들과 나누어 가졌던 것 중 한 권이었다(Griffin-Beale, 1979). 나는 1983년 영국 셰필드에서 안식년을

그리핀-빌에 의해 편집, 출판된 『Christian Schiller in his own words』

보낼 때 영국인 장학사에게 이 책을 받았으며, 이 책은 1985년부터 우리나라 유아교육을 유아중심교육으로 바꾸는 이정표가 되었다.

실러에 의하면 교육은 라틴어로 'Educare'이고, 의미는 '어린이의 성장을 도와주는 일'이다. 실러가 장학사로 방문한 예를 들어 보자. 더하기, 빼기를 하고 있는 교실에서 한 남자 아이가 우두커니 두려운 눈빛으로 앉아 있었다. 실러는 옆에 앉아 먼저 그 아이가 밥은 먹었는지, 어제 한 일 중 제일 재미있는 것은 무엇인지 이야기해 줄 수 있는지 관

심을 보였다. 그리고 그 아이의 수준에 알맞은 학습과제를 아이 스스로 결정할 때까지 조용히 아이 옆에 앉아 이야기도 나누고 듣고 질문도 하여 아이의 마음을 움직였다. 아이가 가져온 학습자료가 다른 아이의 것보다 수준이 낮은 것이어도 괜찮았다. 아이가 더하기, 빼기를 이해하지 못해도 괜찮았다.

실러는 한 명 한 명 아동 자신의 존재를 사랑하기, 아동의 말과 행동에 관심 갖기, 존중하며 들어주기, 생각을 말로 표현하기, 기다려 주기, '자기 방식대로' 이해하고 탐색하며 활동하기 등의 방법을 썼다. 평교사들은 그의 아이 사랑과 도움을 보면서 교수-학습 방법을 바꾸었고, 아동들은 더 이상 공부를 무조건 싫어하거나 기피하지 않게 되었다. 영국 교사들은 이러한 교육방법을 '열린교육'이라고 명명했고 학교 교실을 Open Plan School로 바꾸었으며 이는 곧 여러 나라로 퍼져나갔다(Bennett, Andrae, Hegarty, & Wade, 1980).

실러는 교육현장을 바꾸어 아동들이 행복한 마음으로 학교에 다닐 수 있게 할 주체는 현장의 교사들이라고 했다. 교사들이 아동중심 교육관을 갖고 아동들이 자기 방식대로 배울 수 있도록 최선의 노력으로 도와주지 않는다면 아이들이 학교에서 행복해지는 것은 불가능하다고도 했다. 책상에서 구상하는 그 어떤 교육과정이나 교육개혁, 연구도 학교교육을 개선할 수 없고, 어린이들을 행복하게 해 주지 못한다고 보았다. 교사 한 명 한 명이 교실 현장에서 개개인 아동들을 관찰하며 '자기 방식대로' 쓰고, 셈하고, 뛰고, 그림 그리고, 만들 수 있도록 기다려 주어 아이들이 안심하고 활동하며 행복을 느끼게 해야 한다고 했다. 프뢰벨이, 교사는 수동적으로 따라가되 도움이 필요한 순간에 개입하여 도와주어야 한다고 한 바로 그 방법이었다(Griffin-Beale, 1995). 실러는 아이를 사랑한 프뢰벨로부터 이러한 방법을 배웠다며 그를 존경했다.


## 2. 실러가 관찰한 유아의 발달 특징

실러는 유아의 발달 특징으로 다음과 같은 것을 들었다.

- 유아들은 현재를 사는 존재이다. 그래서 어른들의 마음과 생각을 직관적으로 파악하여 부모나 선생님이 자기를 어떻게 생각하는지 순간적으로 안다.
- 유아들은 어른들이 기대하는 것보다 느린 속도로 반응한다. 느리기는 하지만 유아들은 끊임없이 움직인다. 끊임없이 움직이는 유아들은 할 일이 있어야 한다. 놀이와 활동이 중요한 이유이다.
- 유아들은 모방하는 존재이다. 빨리 어른이 되고 싶어 하지만 미숙한 존재는 아니다.
- 유아들은 능동적인 존재이다. 모든 어린이들은 기회와 격려를 받으면 그림, 만들기, 몸 움직이기 등 다양한 방법으로 표현한다.
- 유아들은 말로 느낌과 생각을 표현하지 못하기 때문에 파악하기 어려운 존재들이다. 선생님이 될 사람은 다양한 연령의 어린이들을 직접 만나보는 것이 도움이 된다.

## 3. 교사로서 실러가 가졌던 마음가짐

교육목적을 "무엇인가를 하려는 시도"라고 정의했던 실러는 글로 명료하게 쓰인 목적을 선호하지 않았다. 명문화된 교육목적은 많은 교사들로 하여금 그것만 따르게 하기 때문에 교사의 마음에서 아이들이 슬그머니 사라진다는 것이다. 문서화된 교육목적은 교사들로 하여금 공적으로 책임질 일을 피하는 방법의 하나로 문서화된 교육목적이나 교육내용에 충실하게 한다. 실러는 이러는 과정에서 아이들과 서로 마음을 통하는 일과, 이끌어 주고 도와주는 일이 교사들의 마음에서 슬그머니 사라진다며 심각하게 생각했다. 그 피해는 고스란히 아이들이 받는다고 그는 우려했다.

특히 정부의 교육담당부처는 교육현장의 주체인 아이들이 불이익을 받는 것은 고려하지 않고, 교사들이 명문화된 교육목적을 글자 그대로 지켰는지 아닌지만을 평가하기 때문에 아동들은 학교를 싫어하고 선생님을 멀리하며, 공부는 더더욱 재미없이 느낀다고 했다. 초등학교 교육이 아이들을 불행하게 만든다는 것이다. 실러 장학사는 교사들에게 교육부에서 가르치라는 교과서나 교육내용의 일정 범위가 중요한 것이 아니라 아이의 수준과 흥미를 파악하여 그 아이에게 필요한 내용을 아이가 해 낼 수 있는 바로 그 수준에서 이끌어 주고 도와주어야 한다고 했다.

그의 교육목적은 개개인 유아/아동을 관찰하며 이에 알맞은 환경을 마련해 주고, 교육자료를 준비하여 도와주는 것이었다. 따라서 교육목적을 한 학급 아이들에게 똑같이 적용하는 것은 교사중심의 교육을 의미한다며 실러는 반대했다. 유아/아동 수만큼 각각 다른 목적이 교사의 가슴 속에 생겨야 아동중심교육이 실현될 수 있다는 것이다. 다음의 내용은 실러 장학사가 유아/아동들과 상호작용할 때 가졌던 마음이고 태도이며, 교육의 방향이다.

- 아이들의 가능성이 어느 정도인지 어른들은 모른다. 한 명 한 명을 인격적인 개체로 관심을 갖고 대하며 각각 소중한 존재로 인정하고 존중한다. 이런 마음을 갖고 아이들과 상호작용하는 일은 쉽지 않다. 그러나 아이와 마음을 나누지 않으면 교육의 효과가 적거나 없으니 교사는 먼저 아이들과 마음을 나누어야 한다.
- 아이들은 본능적으로 끊임없이 움직인다. 흥미를 느끼는 일에는 더 많이 움직이며 무엇인가를 한다. 아이들과 마음을 나누며 그 아이의 발달수준에 알맞은 놀이와 활동을 하도록 기회를 준다. 유치원/학교는 아이들이 즐겁게 오고 싶어 하는 곳이 되어야 한다. 또 학교는 아이들이 학급에서, 운동장 등에서 하는 활동들이 즐거워야 한다. 그렇게 되려면 선생님이 아이 한 명 한 명에게 따로따로 관심을 주어야 한다. 이름과 얼굴을 아는 것이 먼저 할 일이지만 그것만으로는 충분하지 않다.
- '지식'이라고 불리는 그 어떤 것을 집어넣어 줘야 하는 대상으로 생각하지 않는다. 아동이 배우는 것을 싫어하거나 힘들어하면 원인이 되는 문제를 먼저 해결해야 한다. 필기시험으로 하는 측정은 기억력 테스트에 지나지 않는다. 16세까지 그 어떤 시험도 치지 않는 행복한 교실을 상기할 필요가 있다.
- 언어 · 수 · 움직임 · 음악 · 그림 · 만들기 · 관찰 등 다양한 방법

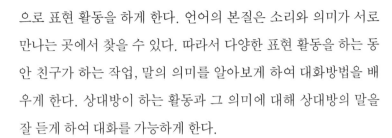

으로 표현 활동을 하게 한다. 언어의 본질은 소리와 의미가 서로 만나는 곳에서 찾을 수 있다. 따라서 다양한 표현 활동을 하는 동안 친구가 하는 작업, 말의 의미를 알아보게 하여 대화방법을 배우게 한다. 상대방이 하는 활동과 그 의미에 대해 상대방의 말을 잘 듣게 하여 대화를 가능하게 한다.

• 아이들은 큰 소리로 떠들지만 대화를 하는 것이 아니다. 자기가 하고 싶은 말만 하는 것이다. 사물에 대한 이야기도 하지 않는다. 아이들이 다른 사람이 하는 말의 의미를 알아내기 위해 "네 생각은 어때?" "저 친구는 무슨 생각으로 이렇게 만들었을까?"라는 질문을 자주하여 아이들이 다른 사람의 생각에 관심을 갖게 한다. 실러에 의하면 대화가 가능한 시기는 만 4세 반에서 7세 반 사이이다.

• 행복하고 자신감이 있으며 다른 사람들과 더불어 생활하는 방법을 배우게 한다. 사회적 성장은 가르쳐서 되는 일이 아니다. 유치원/어린이집에 와서 처음 만나게 되는 수많은 자기 또래의 아이들을 불가피하게 자신의 세계 속에 포함시켜야 한다는 사실을 인식하고 이해하게 돕는 것이 필요하다. 그리고 자기 방식대로 친구들을 탐색해 볼 기회가 있어야 한다. 교사는 아이들이 자신의 세계를 확장시켜 나갈 수 있도록 도와야 한다.

## 4. '교육내용'에 대한 실러의 생각

진보란 강력하고 급격한 힘에 의해 변화를 이끌어 내는 것만을 의미하지 않는다. 사물의 변화를 점진적으로 일으키는 행위도 진보이다. 특히 유아/아동들을 위한 교육은 인격을 대해야 하는 중요한 일이므로 급격한 힘에 의한 변화보다는 점진적인 변화 방법을 모색해야 한다. 교육과정에 대한 실러의 생각은 너무나 진보적이다. 권위자가 만든 교육과정·교육내용을 옹호하는 것이 아니라 아이들 편에서 생각하기 때문이다. 다음은 교육과정에 대한 실러의 진보적 견해이다.

> 교육과정이라는 단어는 매력적인 단어가 아니다. 교육과정이라는 단어는 귀를 통하여 그냥 소리로 듣거나 혹은 교과서 페이지에 쓰인 것을 눈으로 보는 것으로 떠오른다. 그래서 친밀함 대신 어떤 날카롭고도 거슬리는 느낌을 준다. …… 교육과정이라는 단어는 오래전부터 지금에 이르기까지 '과목들을 모아 놓은 문건'을 의미하는 집합명사이다. 그런데 초등교육 및 교육현장에서 '학교에서는 무엇을 하는가?'라는 질문을 받을 때 과목들에 대하여 편한 마음으로 제대로 묘사할 수 있을지에 대해서는 점점 더 자신이 없어진다. '과목(subjects)'들은 어린아이들로부터 점점 더 그 중요성을 잃어가고 있기 때문이다(Griffin-Beale, 1979).

실러는 교육내용을 담은 교육과정을 불편하게 생각했다. 그렇다고 해서 교육내용이 전혀 필요 없다고 하는 것은 아니다. 교육과정은 안내 지침서로서 있어야 하지만 아동 개개인의 선택할 자유가 보장되는 것이어야 한다고 생각했다. 그렇다면 우리나라에서 국가수준 유치원 교육과정을 5년마다 개정할 때 야기되는 '만들어진 교육내용'과 '만들어 가는 교육내용'과의 논쟁은 어느 주장이 맞는 것인가?

'만들어진 교육내용'을 주장하는 전문가들은 아무리 영유아의 연령이 어리다 해도 그 아이들이 살아가는 동안 반드시 익히고 배워야 할 내용이 있을 것이므로 경험이 많은 어른들이 이를 미리 선별한 후 단계별로 제시해 주어야 한다고 생각한다. 자녀에게 Better Start, Good Start를 하고 싶어 하는 학부모 중 명문대에 입학시키는 것이 성공이라고 생각하는 이들은 대학입학시험 과목에 매달릴 것이므로 만들어진 교육내용의 학문적 수준을 볼 확률이 높다. 반면, 사람다운 사람으로 기르는 교육에 우선순위를 두는 학부모는 '만들어 가는 교육내용'에 관심을 더 기울일 것이다.

실러는 유아/아동 한 명 한 명에게 의미를 주는 교육을 하려면 선생님과 아이가 함께 만들어 가는 교육내용이어야 한다고 생각했다. 그러나 교사는 유아기부터 아동기에 이르는 모든 교육내용을 잘 알고 있어야만 한다. 아이들의 이해수준이 각각 다르기 때문에 각 교과에 대한 교육내용을 폭넓고 깊게 알아야 개개인 유아의 필요와 발달 수준에 알맞은 내용을 선택할 때 도움을 줄 수 있기 때문이다. 만들어 가는 교육과정을 찬성하는 교사일수록 많이 연구해야 한다. 그래야만 개개인 유아의 다양한 흥미와 관심에 알맞은 교육을 할 수 있다. 교사를 위한 교육과정은 만들어진 교육내용이어야 하고, 유아들을 대상으로 교육내용을 선택해야 할 때는 만들어진 교육내용에 같은 내용이 있으면 선택하고 아닐 때에는 유아·아동들의 흥미와 관심에 알맞은 내용을 유아 후기 및 아동기 아이들과 함께 선택하면 된다.

　현재 우리나라 학부모의 대부분은 '만들어진 교육내용'을 선호한다. 학부모들은 '교육'이란 단어를 듣는 즉시 학교 성적을 떠올리고 '공부 잘하는 아이'와 그 애가 배워야 할 '교육내용'을 자동적으로 연상하기 때문일 것이다. 조기교육이 중요하므로 아이들에게 한글, 덧셈, 뺄셈 등 지식을 체계적으로 가르쳐 줄 것을 강하게 기대하는 한국 엄마들은 1990년대 중반부터는 영어, 2015년 이후에는 중국어에 이르기까지 '잘 만들어진 교육내용'을 찾아 헤맨다. 그러나 교육철학자 코메니우스, 프뢰벨, 실러는 선행학습을 '만들어진 교육내용'으로 유아들을 가르치면 학습능력에 큰 해를 입게 된다며 금했다. 유아가 지식에 흥미와 관심을 보일 때가 반드시 올 것이므로 관찰하며 기다려야 한다.

## 5. 실러의 교육방법

　실러는 교육의 성공은 교사에게 달려 있다고 했다. 교육목적은 '별, 멀리 있는 별'이어서 유아·아동·부모·국가가 바라보는 이정표라고 했다. 그래서 선생님은 비전을 가지고 어린이들을 가르쳐야 한다고 보았다. 아이들은 교실에서, 운동장에서 즐거워야 하고, 선생님은 자신을 쳐다보는 아이 한 명 한 명에게 관심을 주어야 한다. 아이들의 이름과 얼굴을 아는 것이 먼저다. 유아/아동들이 3월 초 새 학기에 교실에 들어와 앉아 있을 때 이름부터 불러주면 아이들의 마음이 열릴 것이다. 또 기억해야 할 것은 아이들은 마음에 있는 느낌이나 감정을 이야기하고 싶어 한다는 사실이다.

### 📖 마음에 있는 느낌을 먼저 들어주어야

　7세인 빌리가 교실 책상에 가만히 앉아 담임선생님이 고쳐 쓰라고 지시한 단어들을 쓰다가 싫증을 내며 엎드렸다. 잠시 후 다시 일어나 몸을 비틀었다. 왜 써야 하는지 그 이유를 몰랐다. 유치원 연령 아이들과 초등학교 1학년 아동들은 자신의 감정을 말로 표현하고 싶어 하고 말로 하는 것을 편하게 생각한다는 것을 알고 있는 실러 장학사는 빌리가 써낸 몇 문장의 작문과 틀린 단어 6개를 세 번씩 쓰고 있는 것을 보았다.

---

크리스마스 날 나는 이러나따 그리고 내 베개 카바가 버껴졌다.
그리고 그 안에는 장난감 귀차와 다른 물건들이 마니 드러이써다.

일어났다, 일어났다, 일어났다.　　　　벗겨졌다, 벗겨졌다, 벗겨졌다.
　장난감, 장난감, 장난감　　　　　　　　기차, 기차, 기차
　많이, 많이, 많이.　　　　　　　들어있었다, 들어있었다, 들어있었다.

---

　실러 장학사는 빌리에게 "어제 크리스마스 선물이 무엇이었어?"라고 물었다. 1학년인 빌리는 기차를 선물로 받았다는 것을 말하는 것을 정말 즐거워했다. 그 기차로 자신이 할 놀이에 대해서는 더욱 신이 나서 얘기했다. 실러 선생님은 아이가 하는 말을 경청하며 종이에 썼다. 빌리는 실러 선생님이 자신의 말을 쓰는 것에 대해 거부감이 없었다. 다음은 빌리가 말하는 것을 실러 선생님이 받아 적어 준 것이다.

> 나는 가끔 증기선을 갖고 놀곤 합니다. 그리고 나는 사우샘프턴에 도착한 것처럼 생각합니다. 그런데 나는 내 증기선을 오스트레일리아 혹은 어디 먼 곳으로 보낸다고 생각합니다. 그리고 다시 돌아오게 합니다. 그래서 다시 사우샘프턴에 도착하게 되고 나는 조그만 트럭에 짐을 싣고 기차가 있는 곳으로 갑니다(증기선이 오스트레일리아에 가 있는 동안 나는 기차의 태엽을 감아 움직이게 하지요). 그리고 내 조그만 트럭이 목적지에 도착하면 짐을 화물객차에 옮겨 싣지요. 그리고 브레이크를 잡아당겨 내리면 기차는 빙빙 돕니다.

실러 장학사는 빌리가 말하는 것을 글로 써 주었다. 빌리는 실러 선생님이 자기가 말한 내용을 써 준 것에 신이 났다. 주어와 동사의 자리가 바뀌었다느니, 철자법이 틀렸다느니 잘못한 것을 말하지 않았다. 빌리는 '글은 내 마음을 쓰는 거야.' '틀려도 괜찮아. 고치면 돼.'라는 생각을 하게 됐고, 글쓰기도 겁내지 않게 됐다. 빌리가 생각을 말로 표현하는 것을 명료하게 하는 것이 먼저 발달해야 하기 때문이었다. 자기 방식대로 생각을 쓰게 하다가 철자법을 제대로 쓰는 것은 나중에 가르쳐도 된다는 것은 '아이는 능동적으로, 선생님은 수동적으로'라는 프뢰벨의 교육원칙이다.

실러 장학사는 철자법을 지켜 단어를 정확히 쓰라고 가르치는 것보다는 '언어 구사 능력이 먼저 성장하도록' 도와주는 데 더 많은 노력을 집중해야 한다고 했다. 6, 7세 유아/아동에게는 처음부터 철자법에 맞게 쓰는 것이 힘든 일이다. 영유아/초등학교 저학년 아이들은 생각을 정리하기 위해서 말을 하는 것이 아니라 자신의 감정을 표현하기 위해 말을 사용하기 때문에 그들이 알고 있는 것, 느낀 것, 경험한 것들을 말로 표현할 기회를 많이 주는 것이 먼저이다.

### 📖 관찰하며 아이들을 파악해야

실러 장학사는 교사들에게 "아이들이 도움을 요청할 때까지 그냥 놔 두십시오. 그 순간이 오지 않을지도 모르고 또 언제 그 순간이 오는지 말해 주는 사람도 없다는 것도 기억하십시오. 그 순간을 포착하는 일이 바로 교육의 예술적 부분입니다."라고 얘기했다. 그 예술이란 관심을 가지고 유아들을 관찰하라고 한 것이다. 관찰은 교사들을 아이에게 집중하게 도와주며 어떤 점이 더 중요한지 알게도 해 준다. 유아들은 말로 표현하지만 초등학교 아동들은 말로, 글로, 그림 등 다양한 방법으로 표현하므로 유아를 관찰할 때는 잘 들어야 하고 초등학교 아동들은 그들이 표현한 작품을 눈여겨 관찰하며 보아야 한다.

유아뿐 아니라 이 세상에 태어나는 모든 아이는 도움이 필요할 때 "날 좀 봐 주세요."라는 메시지를 보낸다. 아이를 사랑해 주어야 잘 자란다는 말을 전문가들로부터 많이 듣지만 아이들을 다정한 눈으로 보고 존중하는 말을 쓰며 사랑하기는 어려운 일이다. 아이들은 "날 좀 봐 주세요." "나만 봐 주세요." "뛰는 걸 봐 주세요."를 끊임없이 요구한다. 눈을 돌려 보기만 하라는 것이 아니라 말도 긍정적으로 따뜻하게 해 주기를 바란다. 그러나 다정한 눈빛도, 존중하는 말도 선생님들이 아이 한 명 한 명에게 관심을 가지고 관찰할 때 가능한 일이다.

관찰을 해야 하는 이유는 성취 정도를 총체적으로 파악하고 무엇이 결여되어 있는지 파악해서 유아/아동 개개인에게 필요한 것을 마련해 주기 위해서이다. 선생님들은 관찰된 결과에 대해 서로 의논하고 합의하여 무엇을 어떻게 준비해 주어야 하고 대화해야 하는지를 파악한다. 학교 성적표가 바람직하지 않은 이유는 점수 이외에는 아무것도 알려 주지 못하기 때문이다. 선생님들이 관찰을 통해 아이들의 생활과 성장에 대해 알아내는 것은 너무나 힘들고 어려운 일이지만, 이는 한 명 한 명 아이들에게 필요한 내용, 도움이 되는 교육내용을 선택하여 제공하는 데 도움이 된다.

관찰만이 아이의 삶의 방식과 성장 방법을 알게 한다고 생각한 실러는 어른들은 아이들이 생활하는 모습을 3차원으로 관찰해서 총체적으로 판단해야 한다고 했다. 여러 측면에서 이모저모를 판단해야 아이에게 알맞은 말과 반응 유형을 정할 수 있고 도움을 줄 수 있기 때문이다. 관찰만이 아이의 삶의 방식을 알게 하므로 교사들은 눈, 귀를 예리하게 하여 질적 수준까지도 관찰해야 한다. 쉽지 않은 일이지만 영유아기는 그 아이가 성장한 후까지 영향을 끼치는 중요한 시기이므로 그들이 표현하는 내적 본질, 느낌, 생각, 행동을 관찰해야만 한다(Griffin-Beale, 1995).

### 📖 이끌어 주고 안내해야

이끌어 주고 안내하는 것은, 관찰한 내용에 기초해서 영유아에게 필요한 일들을 행동으로 옮겨 해 주는 것을 말한다(Griffin-Beale, 1995). 교사의 목적은 가르치고 있는 아이들의 성장이 지금 이 순간 제대로 이루어지는 것이기 때문에 관찰이 중요하지만 관찰로 끝나면 아무런 소용이 없다. 따라서 현재 어린아이들에게 필요한 일이 경청인지, 두 손을 마주 잡고 아이의 눈을 쳐다봐야 하는 일인지, 함께 놀이터에 가야 하는지, 간판에 쓰인 한글을 한 자 한 자 손가락으로 가리키며 읽어 주어야 하는 상황인지, 동화책을 읽어 주어야 하는지 등을 판단하여 행동으로 옮겨야 한다.

쉬운 일이라서 교육을 개선하자는 것이 아니라 그 일이 힘들고 어렵지만 아이들의 삶이 소중하기 때문에 어려워도 해야 한다.

### 부모, 가정과 협력하면서

부모교육 · 강연 · 참관일 · 전시회 · 학교 방문 등의 행사로는 가정과 학교를 연결할 수 없다. 부모들은 선생님의 말과 행동을 관찰하면서 아이들을 관찰하는 방법을 배운다. 따라서 교사들은 교육의 방법과 방향을 분명하게 알 수 있도록 하여 부모들이 이를 배워서 가정에서 연계교육을 할 수 있도록 해야 한다.

---

사랑 + 관찰 · 관찰 · 관찰 + 실행

Affection + Observation + Execution

---

**나도
철학자**                                    **#9**

1. 프뢰벨과 듀이 중 실러의 교육관과 더 부합하는 인물은 누구인가? 그 이유는 무엇인가?

2. 프뢰벨과 실러가 만난다면 어떤 대화를 나눌까? 4컷 만화로 그려보자.

3. 실러와 듀이가 만나 초등학교 아동교육에 대한 이야기를 나눈다면, 실러는 듀이에게 무슨 이야기를 먼저 할 것인가? 반대로 듀이는 실러에게 어떤 충고를 할 것인가? 본인은 실러를 변호할 것인가? 아니면 듀이를 변호할 것인가?

제 **8** 장

# 유아중심교육의 실험

조선은 정통 유교 국가였으므로 남녀 차별과 장유유서가 확실한 사회였고 한문으로 학문을 익히는 시대였기 때문에 0~6세 영유아의 교육을 염려하는 사회가 아니었다. 초등교육이 1900년대 전후에 미국 선교사들에 의해 시작된 후 선교사들이 저소득층 가정의 유아들을 대상으로 유치원교육을 시작했다.

기독교 선교가 선교사들의 주요 목적이었지만 유치원교육을 시작한 허길래(Miss Clara Howard) 선생님처럼 유치원 교사자격증을 미국에서 획득한 분들이 많아서 한국의 유아, 특히 저소득층 유아들은 행운아였다고 볼 수 있다. 1916년 강원도 원주제일교회의 강신화 목사가 미국인 선교사 모리세(Morrise)의 도움을 받아 자신의 교회에 유치원을 설립하였다. 기록에 남아 있지 않지만 선교사들은 전국의 시골 교회에 유치원을 설립하여 운영하였기 때문에 저소득층 유아들이 학교교육을 제때 받을 수 있었다(이원영, 2016, p. 7).

강원도 최초 유치원인 정신유치원의 1922년 모습

선교사들이 시작한 유치원교육은 저소득층 빈곤가정의 유아들이었던 반면, 1897년 부산을 통해 들어온 유치원은 부유한 가정의 유아들이었다. 부산 거주 일본인 상인들의 자녀를 대상으로 유치원교육을 했기 때문이다.

선교사들과 함께 우리나라 유치원교육 발전에 큰 공을 세운 사람들은 김애마, 서은숙 같은 이화여전 교수, 임영신 중앙여전 교수였는데 모두 기독교인이었다. 이분들이 유치원 교사양성을 4년제 교사양성기관으로 승격해 주어 지속적으로 개선하고 발전해 왔다고 볼 수 있다. 4년제 사범대학 유아교육과 승격으로 유치원 교육이론, 발달 단계, 교수법 등을 시시때때로 개선하고 발전시킬 수 있었다. 여러 과정을 거쳐 시행착오를 겪으며 한국의 유아교육은 끊임없이 유아중심교육을 실험해 왔다. 이 유아중심교육의 실험을 통틀어 활동중심 통합교육 또는 놀이중심 통합교육이라고 불러도 무리는 없다고 본다. 중심에 유아가 주인공이기 때문이다. 먼저, 4년제 사범대학 보육과의 시작부터 살펴보자.

## 1. 4년제 사범대학 보육과의 시작

우리나라 유치원의 역사는 100년에 가깝지만 학문 영역으로 인정받은 것은 얼마 되지 않는다. 아이를 돌보는 보모 양성을 4년제 학과에서 교육할 필요가 없다는 타 전공 교수들의 반대가 있었지만, 김애마 교수님(학생들은 애칭으로 '애마 선생님'이라 불렀음)은 그 당시 2년제 보

육과 대신 사범대학 교육학과 내에 '학령전교육전
공, 초등교육전공, 중등교육전공, 교육학전공'을 두
어 4년제 양성제도로 바꾸었다. 김애마 교수님이
유치원 교사양성 전공을 4년제로 바꾸게 된 옛 이
야기를 해 보려 한다(김애마선생기념회, 2003). 애마
선생님은 1948년부터 거절을 당하면서도 몇 년간,
끊임없이 신촌 이화여대에서 광화문 중앙정부청사
(주: 중앙정부청사 건물은 1948년 이전 일제강점기까지

김애마 교수

는 조선총독부, 1948년부터 1970년 12월까지는 중앙정부청사로 기능했다.
그러다가 1970년 12월 23일 광화문 삼거리 건너편에 22개층 초 현대식 고층
건물을 준공하여 이사했다. 지금은 세종시로 이전했다)까지 셀 수 없이 많
은 날을 걸어서 왕복하셨다. 중앙정부청사는 후일 국립중앙박물관이
되었다.

대한민국 정부 수립 시 서울시 세종로 중앙정부청사

그 당시 서울의 교통수단은 인력거, 전차뿐이었고 전차는 효자동에서 원효로까지의 노선과 청량리역에서 마포 공덕역까지인 두 노선뿐이어서 방법이 없었다. 1954년 내가 6학년일 때, 어머니는 이화여대 관사에 살고 계신 허길래 선교사께 당일 꼭 갖다 드려야 할 중요한 문서가 있으니 다녀오라고 심부름을 시키셨다. 6·25 전쟁 후 찢어지게 가난했던 상황이어서 어머니는 왕복 버스비만 주셨다. 청량리에서 일반버스를 타고 신촌 이화여대 앞에 서는 시간이 약 2시간 걸렸다는 기억이다. 버스 안내양이 정거장마다 서서 호객행위를 하느라 그리 오래 걸렸다. 허나 버스 창문을 통해 시내 구경을 하던 난 대단히 빨리 갔다는 생각이 들어 귀갓길은 걸어가기로 작정하고 버스비로 빵을 사 먹었다. 너무나 맛있었다. 머리를 쓰며 버스가 다니는 길을 따라 뒤돌아 가는데 어두운 저녁이 되었다. 핸드폰은커녕 집전화도 없던 시절이었기 때문에 어머니는 큰딸이 길을 잃었다고 사색이 되셨다. 내 경험에 비추어 돌이켜 보면 애마 선생님께서 걸으신 길은 학교에서 중앙청까지 왕복 네 시간 이상 걸리는 거리였다. 현재 이화여대 본관에서 시작하여 이화여대 음악대학 뒤의 높은 언덕을 지나 뒷산의 오솔길, 북아현동 뒷산으로 이어진 언덕길을 걸어 다시 현재의 서대문구에 있는 미동초등학교 앞을 지나 구세군 본부, 세종로 사거리에서 좌회전을 해서 경복궁역에 이르면 중앙정부청사였다. 학교에서 중앙청까지 걸어 다니시는 모습을 지켜본 그 당시 영문과 조교(후일 사범대 외국어교육과 교수가 된 故 이숙례 박사)의 회고담이다.

애마 선생님이 전문학교에서 대학교로 승격시키기 위해 얼마나 애쓰시며 수고를 많이 하셨는지에 대해 아는 사람은 별로 없을 듯하다.

…… (선생님은) 밤늦게까지 서류를 작성하고 새벽에 나오시고 ……
보따리를 손에 들고 신촌에서 광화문(문교부)까지의 산길을 걸어서 왔
다 갔다 하시는 모습을 나는 직접 눈으로 지켜보았다(김애마선생기념
회, 2003).

　문교부(현 교육부)가 2년제 보육과를 4년제로 승격시켜 주지 않으
려 했던 이유는 "첫째, 어린아이들을 돌보는 보모들을 4년제 과정에서
교육해야 할 이유가 없다. 둘째, 교원 수급계획이나 교원교육은 원칙
적으로 국공립대학에서 해야 하기 때문에 불가하다."였다. 실제로 사
범대학에 0~6세 영유아교육을 위해 4년제 전공학과를 설립한 나라
는 그때까지 없었다. 카리스마가 대단했던 애마 선생님은 말씀은 없
이 치마 길이가 무릎까지 오는 신여성 스타일의 한복을 단아하게 차려
입으시고 거의 매일 환영받지 못하는 출근을 문교부로 하셨다. 드디어
1951년 10월 인가가 떨어졌다(김애마선생기념회, 2003). 2년제 이화전
문 보육과를 4년제 학과인 '교육학과 학령전교육전공'으로 승격시키면
서 실습 유치원이 있어야 했고 그럼으로써 사립 이화유치원을 대학교
부속 유치원으로 바꾸게 되었다. 우리나라 첫 번째의 4년제 유치원 교
사 양성기관이었다.

　두 번째로 4년제 유치원 교사 양성 학과가 설립된 학교는 중앙대학
교이다. 조선의 독립을 위하여 일제강점기에 중앙유치원사범과를 운
영하여 지금의 중앙대학교 사범대학 유아교육과로 키운 이는 임영신
박사이시다. 중앙유치원사범과를 처음 설립한 이는 박희도, 장락도,
유양호, 김창준 등 애국지사들이었다. 이들은 1916년 10월 11일 인사
동의 중앙교회 내에 중앙유치원을 설립했다. 박희도 등 애국지사들의

설립 목적은 미래 애국지사의 씨앗을 어린 시기부터 기르겠다는 것이었다. 하지만 중앙유치원 설립 후 박희도 등의 애국지사들은 3·1운동 등 독립운동에 참가함으로 인해 경제난과 일제의 탄압을 받아 유치원을 폐원하기에 이르렀다. 그러나 조선독립을 염원하던 박덕유(朴德裕) 애국지사가 중앙유치원을 인수했다. 그 후 박덕유 애국지사는 1922년 인사동 중앙감리교회에 중앙유치원을 개원했고, 같은 해 9월 유각경(兪珏卿), 차사백(車士伯)을 중심으로 중앙유치원 내에 중앙유치원사범과를 설립하게 했다(중앙대학교 60년사 편찬위원회, 1978). 1926년 1월의 통계에 의하면 중앙유치원사범과는 설립 이래 약 10년 동안에 310명의 (유치원) 졸업생, 사범과에 25명의 졸업생을 냈을 뿐이니 적지 않은 경영난을 겪었음을 알 수 있다(중앙대학교 60년사 편찬위원회, 1978).

임영신 박사께서는 재정난을 겪던 중앙유치원사범과를 1926년 인수하여 운영하다가, 1928년 3월 5일 고등교육기관인 '중앙보육학교'로 승격하여 총독부로부터 인가를 받았다(중앙대학교 60년사 편찬위원회, 1978). 그 당시 일본 정부는 조선의 유치원교육을 탐탁지 않게 여겼으므로 교사양성에 대한 정책이 없어 개별 유치원이 자체적으로 교사문제를 해결해야 했다. 애국지사들이 독립정신을 유아기부터 넣어주기 위해 전국의 교회 내에 유치원을 설립하기 시작했으나 미래는 계속 암울했다. 기독교 선교사들의 도움을 받았으나 대부분의 유치원사범과는 교사 월급도 제때 주지 못했다.

임영신 박사는 1945년 일본 패망으로 미군정이

임영신 박사

들어서자 1945년 9월 29일 전격적으로 중앙유치원사범과를 3년제 중 앙여자전문학교로 바꾸어 미군정청 문교부장에게 설립인가를 받았다. 이 전문학교에는 각각 150명 정원의 문학과, 보육학과, 경제학과 3개 학과를 개설했었다. 보육학과의 교육과정은 유치원의 이론과 실제, 아 동문학, 아동위생, 아동연구, 육아학, 아동영향학, 모성교육, 수공, 미 술, 유희, 실습, 가사, 음악, 체육이므로 대부분이 유아들에게 마련해 줄 활동들을 배우는 시간이었다. '유아교육철학' 과목을 배울 기회가 없었다는 뜻이다.

중앙여자전문학교는 3년 후인 1948년 2월 3년제 중앙여자대학으로 바뀌었다. 임영신 박사는 3년제 여자대학을 다시 4년제 남녀 공학으 로의 승격 신청을 하여 1953년 2월 28일 문교부로부터 인가 증서를 받 았다. 문제는 중앙대학교 문과대학이 '국문학과, 영문학과, 교육학과, 심리학과'를 두며 보육학과를 뺀 것이었다(중앙대학교 60년사 편찬위원 회, 1978). 0~6세 영유아교육의 필요성을 인정하지 않던 시대였기 때 문에 추진위나 문교부나 쉽게 제외한 것이다. 이 사건은 임영신 박사 가 학교발전기금 모집을 위해 미국에 체류하고 있는 사이에 남자 교수 로 구성된 위원회에서 처리한 일이었다. 중앙대학교는 다시 돌아온 임 영신 박사의 강권으로 문과대학에 보육학과를 1957년부터 부활시켰 고, 1980년 유아교육학과로 개명하여 지금에 이르고 있다.

세 번째로 설립된 4년 과정 유치원 교사 양성 대학교는 덕성여자대 학교이다. 사범대학이 없었지만 1976년 교수로 취임한 이영자 교수가 주축이 되어 4년제 유치원 교사 양성 학과인 보육과를 신설하였다. 유 아교육과로 개명한 것은 1981년이었다. 유치원 교사 양성을 4년 과정 으로 배출하게 된 대학교는 이화여대, 중앙대, 덕성여대 세 곳이었다가, 1981년 1월 전두환 대통령이 앞으로 대한민국의 미래를 위해 유아교육을 진흥하겠다는 연두교서를 발표하자 공사립 유치원이 급증했다. 만 5세만 대상으로 하던 유치원들이 만 4세 학급도 설립했을 뿐 아니라 대학교 부설 유치원은 만 3세반도 설립했다. 만 3세 유치원 입학이 공식적으로 허가된 것은 1990년 3월부터였다. 교사 수요가 늘자 4년제 과정, 2년제 초급대학 유치원 교사 양성 학과가 '유아교육과' 또는 '유아교육학과'라는 명칭으로 폭발적으로 증가하였다. 이화, 중앙, 덕성 세 곳의 졸업생들은 듀이의 교육철학을 미국 유학 시절 공부할 기회가 있었던 교수진에 의해 교육받았다. 다음은 2003년 김애마선생 기념회가 기록된 내용이다.

> 선생님은 시카고대학교의 교수였던 존 듀이 박사의 영향을 많이 받으신 것 같다. 당시 시카고대학은 미국 교육사상을 대표하는 진보주의 교육의 메카로 그 명성을 떨치고 있었으며 존 듀이는 그 대표적 사상가로 두각을 나타내기 시작했을 때이다. 시카고대학교 근처에 있는 내셔널 교육대학이 듀이의 아동중심 교육사상의 실천 장이 되었음은 당연하고도 자연스러운 일이다(김애마선생기념회, 2003).

이 회상기를 쓴 이화여대 안인희 교수님과 이상금 교수님은 교육철학과 교육사를 각각 가르친 교수님들이셨기 때문에 제자들이 듀이가 진보주의자이고 아동중심 교육사상에 의해 영향을 많이 받았다고 기록한 것은 우리나라의 유아교육자들이 존 듀이를 진보주의자이고 아동중심 교육철학자로 암묵적 합의를 했던 상황을 대변한다. 그러나 존 듀이는 0~6세 영유아를 위한 교육철학 이론을 정립하거나 논문으로

썬 적이 없었다. 그리고 자신이 진보주의 교육철학자가 아니라는 입장을 킬패트릭에게 밝힌 바 있다.

우리나라 유아교육 분야에서 듀이의 교육철학을 처음 접한 이들은 허길래 미국인 선교사와 김애마 이화여대 사범대학 초대학장이었다. 이화여대 사범대학 부속 이화유치원 원장이었던 허길래 선교사님은 1935~1936년의 안식년을 미국에서 보내셨고, 우리나라 최초의 사범대학을 시작하셨던 김애마 교수님은 1947~1948년의 안식년을 미국의 컬럼비아대학교에서 보내면서 교육학 석사학위를 취득하셨다. 컬럼비아대학교 대학원 과정을 수료하신 두 교수님은 존 듀이에게 교육철학을 직접 수강했다고 말씀하셨다. 듀이의 강의를 들으려는 학생들이 전세계에서 몰려와 앉을 자리도 없을 때가 많았지만 강의 목소리가 아주 작아 뒤에 앉은 학생들은 이해할 수 없어 불평이 많았다고 회고하셨다.

미국 유학 후 허길래, 김애마 교수님은 합의하에 이대 부속 이화유치원에서 프뢰벨의 은물 상자들을 모두 전시용으로 바꾸었고 힐 블록(Hill Block)이라고 불렸던 지금의 나무토막(unit block) 놀이를 유아들에게 제공하셨다. 힐 블록은 안나 브라이언 원장의 유치원 교사였고 후일 컬럼비아대학교 교수가 된 패티 스미스 힐이 프뢰벨의 제1, 2, 3 은물의 크기를 6배로 키워 나무토막 놀잇감으로 만들었기에 힐 블록이란 명칭을 붙였다. 프뢰벨식의 모눈종이에 '점 따라 그림 그리기'와 같은 그리기 작업 대신 그림종이와 크레용을 주어 자유화를 그릴 수 있는 시간을 주었으며, 일일 활동에 이야기 나누기, 바깥놀이, 간식, 동화, 자유놀이 시간을 반드시 갖게 했다. 이 상황에서 이율배반적 사실은 후자의 교육활동들은 이미 프뢰벨이 시작했던 교육활동이었는데 학생들은 존 듀이가 개발해서 제공했다는 잘못된 인식을 갖고 있었다는 것이다.

## 2. 유치원에 문서화된 교육계획서의 시작

교사가 교육내용을 선택하고 구성해야 한다는 듀이의 개념은 우리나라 초등학교 교육현장에 교육계획서를 쓰게 하는 데 영향을 주었다. 유치원 담당 전공 장학사가 없었으므로 문교부(현 교육부) 및 시·도 교육청에 보통교육과 장학사들이 유치원 장학을 담당했었는데 유아중심, 놀이중심, 활동중심의 유치원 교육을 장학하는 것이 불가능했었다. 그들은 교육계획서를 문서화해서 보고할 것을 요구하기 시작했다. 유아교육전공 장학사가 없어 초등교육전공 장학사들의 지도감독을 받아야 했기 때문에 교육계획서는 반드시 해야 할 일이 되었다.

서울특별시교육위원회의 이창환 교육감의 결단으로 1979년 우리나라 최초의 유아교육전공 장학사가 탄생했다. 1976년 서울에 신설된 공립유치원을 제외하면 전국의 유치원이 사립이어서 유치원 교사가 교육공무원이 될 수 없는 상황이었다. 공식적으로는 불가능한 상태였지만 새세대육영회 사무총장으로 계시던 이은화 교수님께서 주도하셔서 유아교육전공자들과 함께 영부인 이순자 여사를 만나 유치원 교육계의 어려움을 토로하고 장학사를 특채해 줄 것을 청원했기 때문에 가능했다. 당시 서울시교육위원회 이창환 교육감은 보통교육과(현 초등교육과) 장학사의 지휘감독을 받던 유치원을 위해 1979년 故 진계옥

(이화여대 사범대학 교육학과 학령전교육전공 학·석사) 선생님을 임시직
으로 서울시교육청에 장학사로 특채했다. 4개 공립유치원이 1976년
처음 설립된 서울의 경우 공무원이 될 요건을 갖춘 교사가 없었기 때
문이었다. 경력 조건을 충족하는 사립유치원 출신을 특채하는 방식이
아니었다면 지금과 같이 200여 명의 장학사를 전국적으로 갖춘 유아
교육 분야로 발전하기 어려웠을 것이다.

　진계옥 장학사는 서울시 교육청 보통교육과 장학사로 6개월간 근
무하면서 유치원뿐 아니라 초등학교 교육도 장학하러 나가야 했었다.
그뿐 아니라 보통교육과 소속 초등교육전공 장학사들이 유치원교육
을 함께 장학해야 했다. 쌍방이 다 불편하고 힘든 상황이었다. 3년 후
인 1982년 7월 이순자 여사와 구학봉 교육문화수석의 노력으로 문교
부 보통교육국에 유아교육 담당관실이 역사상 처음 신설될 때까지 진
계옥 장학사는 초등교육장학관에게 지휘감독을 받아야 했다. 그 당시
서울시 교육청의 유아교육 담당 장학사의 자리는 창가에 초등학교 학
생용 책상 하나뿐이었으므로 문교부로 자리를 옮기자 자연히 서울시
를 비롯한 전국의 시·도 교육청에 유아교육과가 개설되기 시작했다.
결론적으로 진계옥 장학사는 우리나라 최초의 시·도 차원의 첫 유아
교육 담당 장학사였고 문교부(교육부)에 신설된 유아교육 담당관실의
첫 담당관이었다. 이 시기를 전후하여 시·도 교육청 보통교육과 소속
장학사들은 유치원에 교육계획을 문서화할 것을 요구했다. 문서화된
교육과정에 대한 그 당시 유치원 원장들의 어려움은 최완영, 서명실이
쓰고 한국아동교육개발연구소가 발행한 『유치원 커리큘럼, 1975년』
의 서문과 추천의 글에 나타나 있다. 한국아동교육개발연구소는 최완
영 원장님이 개인적으로 설립해 운영하던 연구소였다. 저자는 서문에

"…… 유치원 교사가 되어 …… 맨 처음으로 부닥치는 어려움은 아마 어떤 프로그램으로 어떻게 가르쳐야 할 것인가 하는 방법 문제입니다. …… 이는 유아교육 담당자로서의 적응보다 훨씬 까다로운 일이었다는 많은 유치원 일선 교사들의 의견이었습니다."라고 한 내용과 추천사를 쓴 제1세대 유치원교육전공자였던 이영보 교수님께서 "…… 교사들의 현장교육에 꼭 필요한 지도안이 없다는 점에 대해서는 유감스러운 일이 아닐 수 없습니다. 더구나 어린이들의 사고력과 창의력이나 과학 호기심을 유발시키는 놀잇감의 출현도 많은 데 비해, …… 적합한 교육지침서가 없다는 사실 또한 근심되는 바 적지 않습니다. …… 한 해 동안의 월·주·일안을 자세히 해석해 낸 저자들의 노력을 더욱 경하해 마지않습니다. ……"라고 한 것을 보면 교사들을 위한 가이드북이 필요함을 보여 주고 있다. 이런 의미에서 교사들을 위한 지침서 또는 안내서로서의 교육계획서가 문교부 및 시·도 교육청의 보통교육과 장학사를 중심으로 시작된 것을 알 수 있다. 교사가 중심이 되어 교육계획서를 작성하는 것은 교사의 역할이라고 한 듀이의 영향을 받은 초등교육전문가들의 산출물이다.

많은 시행착오 끝에 우리나라 유아교육 분야는 교사들을 위해 '단원' '주제' 개념을 만들었고 이를 연간계획, 월간계획, 일일계획으로 만들며 지금에 이르고 있다. 중요한 것은 유치원 교육을 문서화한 이 교육계획서가 교사를 위한 자료로 정착했다는 사실이다. 유아중심교육을 지향하는 유아교육전공 교수들이 문서화되는 교육계획서가 국민학교(현 초등학교)의 교과서처럼 유치원을 교과중심의 교육으로 바꿀 것을 심히 불안해했던 시기였다.

# 3. 교사중심의 '교육계획서'에 안(案)을 붙여 출구 만들기

1984년부터 중앙대학교 부속 유치원 교사들이 시도한 것은 흥미 영역으로 환경구성을 하는 것뿐만 아니라 '이야기 나누기'를 유아중심으로 바꾸는 것이었다. 유아들을 적극적으로 참여하게 하여 '이야기 나누기'를 유아중심으로 운영하는 작업에 참가했던 이들은 이원영, 권광자 원감, 허미애 주임교사, 임경애, 김춘희, 송정원, 홍말순 교사였다. 거의 1년간 수업 후 늦은 밤까지 영국에서 가져온 책을 기초로 유아교육철학의 기본이 되는 이론들을 소모임을 통해 공부했다. 유아에게 주제를 선정할 수 있는 기회를 주는 것의 문제점, 미리 단원의 내용과 도입 시기를 정하고, 교사주도형으로 수업을 준비한 것을 바꿀 수 있는 방법 등을 토의하고 논의하기 위해서였다.

가장 시급했던 일은 문교부(교육부)에서 제시하고 있는 국가수준 교육과정을 어떻게 할 것인가였다. 고심하여 만들어 놓은 연간 교육계획, 월간 교육계획, 주간 교육계획, 일일 교육계획의 문제였다. 교사 1인당 40명의 유아들을 가르치려면 교사가 준비한 내용과 활동들을 제공하여 혼돈과 방임을 피할 수 있는데 유아들에게 의견을 물어 주제까지 선택하게 자유를 주는 일은 도무지 가능할 것 같지 않다는 것이었다. 4, 5세 어린 유아들이(만 3세의 유치원 취학은 1990년 3월부터였다) 주제를 생각해 낼 능력이 있는 것인지, 교실이 시끄러워지지는 않을지, 교과서를 체계적 단계에 따라 배우는 국민학교 교육과의 연계는 가능할지 걱정이 많았다. 이 문제들을 해결하기 위해 유아중심의 주제 선정을 시도했다. 그리고 함께 모여 각 학급에서의 경험을 나누며 다음 단계를 논의했다.

먼저, 우리 교사들이 혼신의 힘을 다해 만든 연간계획 등이 최선의 교육내용이라는 생각을 버리기로 했다. 그 대신 교사들이 만든 각종 교육계획에 안(案)이라는 글자 한 자를 붙이기로 합의했다. 준비는 했지만 안(案)이어서 언제든지 참고할 수 있고 보완ㆍ수정할 준비가 되어 있다는 것, 교사들도 학급마다 이야기 나누기 주제가 달라질 수 있다는 의미를 담을 수 있었던 이 한문 한 글자는 신의 한 수였다. 안(案)이어서 계획을 바꾸어 유아들의 관심에 더욱 알맞게 해 줄 수 있었다.

## 4. 흥미 영역의 확산

지식에 대한 관심을 흥미로 보았던 듀이와 달리, 실러는 흥미를 "탐색하고 경험하고 상상력을 발휘하게 만드는 심리적 태도"로 보았다. 실러는 아동들이 흥미를 느끼기 시작하면 그 일에 몰입하게 될 가능성이 높아지므로 아동들이 흥미를 보이기 시작하면 환경 구성을 바꾸어 주었고, 활동을 대체해 주기도 했다(Griffin-Beale, 1995). 취학 직전의 유아들은 아동들처럼 사물에 대해 알고 싶어(=지식에 대한 탐구) 할 때가 증가할 것이므로 유아교사들도 취학전 유아들을 위해 자료나 활동의 수준을 높게 해 줄 수 있어야 한다. 교사의 환경구성 능력은 아동의 흥미를 일으키는 데 도움이 된다며 실러는 교사의 적극적인 관심과 노력을 촉구했다. 실러가 장학사로 일하던 1970년대에 영국 전역의 유아학교(영국의 유아학교는 초등학교 저학년이었다)에 흥미 영역을 운영

하며 유아 · 아동중심교육을 활성화하였던 것은 그의 공로였다. 듀이
가 타계한 1956년 이후 1970년대 말까지 미국의 유아교육기관에는 흥
미 영역이 없었던 반면, 만 5세 유아 후기 아이들이 다니던 영국의 유
아학교에는 흥미 영역이 있었다.

흥미 영역이 우리나라에 이론으로 처음 소개된 것은 1981년 사단
법인 새세대육영회(초대 사무처장 주정일 교수)가 우리나라 최초로 '복

1982년. 장난감이 없던 시절의 유치원 환경: '몸'으로 때우는 놀이
출처: 중앙대학교 사범대학 부속 유치원(1982).

지사회와 유아교육의 발전방향'(새세대육영회, 1981)이라는 국가 차원
의 세미나를 개최하였을 때였다. 유아교육이 국가정책으로 채택된 적
이 없었고, 1981년까지도 장난감이 국내에서 생산되지 않아 부유한
가정이 외국에서만 살 수 있었던 사치품이었으므로 홍미 영역이 실제
로 설치된 곳은 없었다. 유치원에 갖추어 놓아야 할 놀잇감과 홍미 영
역을 영국의 환경구성 실제를 참조하여 논문으로 제시한 것이 최초였
다(이원영, 1981b, pp. 57-75). 이때 이론으로만 제시된 놀이 영역은 소
꿉놀이 영역·책보기 영역·쌓기 영역·미술활동 영역·과학놀이 영
역·역할놀이 영역·조작놀이 영역·모래놀이 영역·물놀이 영역·
목공놀이 영역·음악활동 영역이었다. '~놀이 영역'이란 명칭을 각각
의 놀이 유형 뒤에 붙인 후 이 놀이 영역을 총칭할 명칭이 필요함을 느
끼고, 나는 덕성여대의 이영자 교수, 이화여대의 이기숙 교수와 만나
1981년 의논하였다. 갑론을박 논의 끝에 '홍미 영역'으로 통칭하기로
했다. 세 사람 모두 듀이의 교육철학이 영향력을 미치던 시대에 미국
에서 공부했으므로 자연스럽게 홍미라는 용어 적용에 합의했었지만
홍미에 지식을 추구하는 의미가 있다는 것을 알고 결정한 것은 아니
었다. '놀이'와 같다는 의미를 전제로 '홍미 영역'이라는 단어가 탄생했
다. 요즈음은 홍미 영역 외에 '작업 영역' '활동 영역'으로 호칭하는 유
아교육기관도 있다. 홍미 영역이 전국적으로 퍼지게 된 때는 1985년
전후이다. 참고로 듀이의 교육철학이 영향을 주던 미국의 유아교육기
관에 홍미 영역이 구성되기 시작한 것은 유럽의 '열린교육' 열풍이 미
국에도 영향을 주었을 때부터였다.

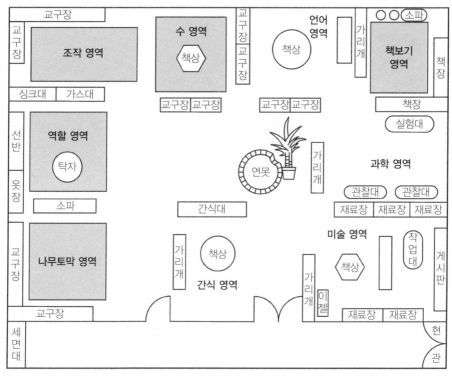

1980년대 유치원의 활동 영역별 배치도 예시
출처: 중앙대학교 사범대학 부속 유치원(1989).

# 5. 유아중심, 놀이중심, 활동중심 통합교육과정의 시도

이 책의 초고를 읽고 "유아교육철학!!! 필요합니다. 그런데 무엇을 어떻게 해야 할까요?"라는 박명금, 이주혜 선생의 의견을 들은 후, '맞아. 무엇을 어떻게 할지가 핵심이야.'라는 생각이 들었다. 새로 정리한

유아교육철학의 개념으로 할 수 있는 '활동중심 통합교육과정'을 소개
하기로 결정했다.

　활동중심 통합교육과정은 1983년 9월~1984년 8월 1년간 영국 세
필드대학교 방문교수로 갔을 당시 그곳에 새로이 정착한 '열린교육'을
한국에서 유아중심, 놀이중심, 활동중심으로 시도해 본 것이다. 그곳
교육청에서 매달 실시하는 교사연수는 셰필드 교육청의 허락을 받고
참석했고, 셰필드 유아학교 한 곳에 보조교사로 10개월간 출근하며 현
장에서 배웠다. 선생님들이 한 명 한 명의 유아들을 개별로 상호작용
하면서, 아이들이 관심을 보이거나 질문하는 내용을 경청하며 유아들
의 놀이나 활동에 필요한 여건을 함께 선택한 후, 도움이 필요한 다른
유아가 앉아 있는 책상으로 가서 소그룹 토론을 하여 관심이 있는 주
제를 진지하게 논의했으며, 상호간에 문제가 발생할 때는 협의하며 처
리했다. 유아들을 즐겁고 행복하게 해 주는 열린교육 방법을 썼다. 귀
국 후 한국에서 열린교육을 시도하려면 유치원 원장님들이 참여하면
빠를 것 같아 청했더니 서울, 부산, 대구에서 원장님들이 여러분 오셨
다. 영국식 발음이 생소해 통역이 힘들었지만 이분들은 현장에서 이
루어지는 교육내용이나 교수방법을 정확히 이해하셨다. 이 방문단에
서 가장 중요했던 분은 구학봉 담당관이셨다. 청와대 교육문화 수석을
하시다가 정권이 바뀌자 문교부 유아교육 담당관으로 임직되신 직후
였기에 한국 유치원교육의 질적 수준을 바꾸어야겠다는 의지와 계획
도 가지고 계셨기 때문이다. 그분의 셰필드 지역 유아학교 방문 경험
은 우리나라 유치원교육이 유아중심교육으로 변화하는 데 큰 도움이
되었다. 구학봉 담당관께서는 '지역중심 유치원'을 지정하여 활동중심
통합교육을 실시하게 한 후 그 유치원이 다른 유치원을 지도 편달하여

바꾸게 하셨다. 이분의 도움으로 인해 1985년 이후부터 우리나라 유치원들이 다양한 흥미 영역을 갖추고 주제도 유아들과 이야기 나누기를 하면서 생각과 관심사를 함께 정하는 유치원이 증가하기 시작했다.

안식년을 보냈던 영국 셰필드에서 귀국하자마자 중앙대학교 부속 유치원 원감이었던 황의명 선생님(현 의명유치원 이사장님)께 "흥미 영역으로 바꿔야 할 텐데 어떠신지요?"라며 흥미 영역 구성과 운영에 대한 정보를 제시했더니 흔쾌히 찬성하셨을 뿐 아니라 훌륭하게 바꿔 놓으셨다. 1984~1985년 흥미 영역을 바꾸는 곳이 많아지자 전국의 장학사들이 구학봉 유아교육 담당관의 권면으로 방문학습을 했고, 뒤이어 사립 유치원 원장님들과 교사들의 참관이 끊임없이 이어졌다. 학생들은 쉽게 실습 유치원을 견학할 수 있었으므로 흥미 영역은 예전부터 있었던 환경구성 방법처럼 생활화되었고, 전국의 유치원들도 바뀐 곳이 많았다. 1985년 1학기는 흥미 영역에 대한 특강이 부산, 대구, 대전, 광주, 여수, 목포 등의 유치원에서 줄을 이었다. 1990년대에 진입하면서 6개 대도시의 유치원들은 거의 다 흥미 영역으로 바뀌었다. 동남아 국가들은 물론 호주의 유아교육자들이 '이젠 서구로 배우러 갈 필요 없다. 한국의 유치원에서 배우자.'라고 할 정도가 되었다.

다음은 유아중심·놀이중심 교육으로 "난 유치원에서 노는 게 제일 재미있어~"라고 말하는 보라유치원 아이들의 놀이사진이다.

## 1) 자연의 내음과 흔적 느껴 보기

유아들의 지식을 토대로 이전 경험을 이야기하고, 자연의 내음과 흔

적을 감각적으로 느끼며 변화의 다양함을 알아가도록 궁산 공원에서
아이들과 나뭇잎 사이의 대화가 시작되었다.

　　“나뭇잎 속에 소리가 있어.”

　　“나뭇잎이 바스락거림은 바람소리야.”

　　“잎들이 후두둑 떨어지면 소리가 나.”

　　“비가 잎들을 떨어지게 해.”

　　“나뭇잎이 색이 다 달라.”

　　“점점 다른 색으로 돼.”

　　“빨갛고 빨갛고 계속 빨간색이야.”

　　“빨간색 속에 노란색도 있어.”

## 2) 마른 낙엽 뿌리기

"나뭇잎들이 날아간다."

"나뭇잎은 추워지고 바람이 불면 떨어져."

"봄에 잎들은 작게 태어나서 천천히 커져."

"여름에는 잎이 말라."

"가을에는 색이 변해서 바람이 불면 떨어져."

"잎은 색이 변하기 때문에 나이가 든 거야."

"나무는 잎을 만들고 행복하게 물들어."

"잎은 과일의 색이야. 오렌지, 바나나 색이야."

"바람이 불어서 그래."

"우리도 날려보자."

## 3) 디지털 도구를 이용하여 표상하기

　자연에서 수집한 나뭇잎들을 디지털 도구를 사용하여 살펴보면서, 유아들은 눈으로 보이지 않는 것들이 보인다며 확실한 것 안에서 불확실한 것을 말하고, 영감을 받아 창의적으로 표현한다.

"깨진 돌멩이 같아."

"눈이 오는 것 같아."

"나는 눈을 그려야지."

"오렌지 과일 같아."

"이건 사람의 머릿속에 있는 뇌 같지?"

"컴퓨터에서는 다 달라."

"컴퓨터에서는 정말 많은 것을 할 수 있어."

### 4) 빛으로 색깔 비교하기

빛에서는 색깔이 더욱 아름답게 보인다며 빛에 따라 색의 차이를 발견하고 다양한 매체를 가지고 나뭇잎 모양을 비교하며 놀이를 이어 갔다.

## 5) 나뭇잎 무지개 만들기

가을이라는 계절적 이점을 활용하여 다양한 모양, 색감, 냄새, 촉감의 나뭇잎들을 많이 수집하였고, 유아들이 이를 가지고 나뭇잎 무지개라는 창의적 구성물을 만들었다. 무작위로 구성하는 것 같으나 여기에는 그동안 탐색해 왔던 단계적인 색상 변화가 드러나 있다.

## 6) 가상놀이 공간 구성하기

자연변화가 엄청난 양의 자원을 제공해 준 덕분에 공원에서 낙엽을 뿌리며 놀 수 있게 되었다. 놀이를 좀 더 이어가 보려고 자연을 테마로 가상놀이 공간을 만들고 모아진 나뭇잎, 갈대, 조명 공원에서 찍은 사진과 함께 빔프로젝터를 준비하였다. 유아들은 나뭇잎을 뿌리고 머리를 흔들며 "갈대가 흔들리는 것 같아."라고 즐거워했고, 놀이는 신체에 흡수되고 점점 그 형태가 구체화되면서 활발한 소통의 공간으로 변형되었다.

## 7) 분쇄 압축된 천연재료 작업장

교실에 쌓인 마른 잎들을 으깨고 분쇄하여 천연재료 작업장으로 만들었다. 여러 가지 색상과 재료들로 가득 찬 교실은 그 특성을 살려 천연 팔레트의 작업장으로 바뀌었다. 유아들은 손으로 직접 재료를 쪼개고 분쇄함으로써 자연스러운 변형 경로를 이해하게 되었다. 또한 부스러진 잎사귀의 색채 변화에 흥미로움을 느끼고 "파우더를 만들었어." "이전에 알지 못했던 재료의 발견이야."라며 재미있어 했다. 아이들이 활동하는 모습이 마치 색을 준비하는 워크숍과 같았다.

"나뭇잎들이 말라 낙엽이 됐어."

"잎들이 만지면 부서져."

"소리를 들어봐~"

"빻아서 가루로 만들자."

"나뭇잎이니까 나뭇잎 모양을 만들자."

"시간이 지나면 색깔이 변해. 점점 어두운 갈색이 돼."

"나뭇잎은 오래되면 흙이 돼."

"땅으로 돌아갈 준비를 하는 거야."

## 6. 유아의 관심사에 따른 주제 정하기

　다음의 대화 예시는 유아들이 이야깃거리를 바꾸는 과정에서 서로 나눈 토의 내용이다. 지난번에 '자'에 대해 알아보기로 합의를 했기 때문에 선생님은 자에 대해 이야기 시간에 나눌 자료들을 준비했었다.
질문할 내용, 실물, 그림 등을 준비해 두었는데 갑자기 한 아이가 '실'
로 바꾸면 좋겠다고 안을 냈다. 당장 옆의 아이가 반응했다.

> "'자'에 관해 알아볼 차례잖아?"
>
> "그렇지만 지금 바꿀 수도 있는 거잖아."
>
> "너는 뭐가 알아보고 싶은데?"
>
> "음, '자' 말고 뭐가 좋을까? 그래 '실'이다! 나는 '실'에 관해 알아보았
> 으면 좋겠어. 엄마가 오늘 아침에 털실을 사다 조끼를 만들어 준다고
> 약속했거든."
>
> "실? 그거 좋겠다."
>
> "나도."
>
> "'실'로 이야깃거리를 바꾸자."

　유아들은 '자'를 주제로 정했었지만 엄마가 조끼를 짜 준다는 이야기
를 듣고 엄마의 사랑에 의미를 부여한 유아 모두가 합의해서 '실'로 바
꾸게 된 경우였다. 스스로의 필요 때문에 주제를 바꾸는 경우이든 교
사와 유아들이 합의를 하여 주제를 정하는 경우이든 상관없이 토의와
합의에 의해 주제를 결정하는 것이 활동중심 통합교육과정의 중요한
방법이다. 일단 주제가 정해지면 교사는 교사대로 유아들은 유아들대
로 준비하느라 서로 바쁘다. 물론 교사는 유치원에 마련된 자료창고로
달려가야 할 것이고, 유아들은 유치원의 흥미 영역, 그림책, 실이 있는
엄마의 바구니, 다양한 실을 파는 시장 견학 등 의견을 낼 것이다. 처음
시작할 때는 힘들지만 주제에 대한 의미는 점점 커졌다. 거의 2년간 합

의 과정을 거치며 유아중심의 주제 선정 및 진행을 해 본 결과, 교사가 모든 것을 미리 결정하여 유아들에게 가르치는 방식으로 했을 때보다 유아들의 자발성, 책임감, 높은 수준의 관심을 이끌어 낼 수 있었다.

1989년 이 경험을 『활동중심 통합교육과정』이란 제목으로 출판할 때 교사들이 파악한 결과, 유아들이 제안했던 주제를 적용하여 이야기 나누기를 하고 환경을 구성하며 다양한 활동을 하게 했더니 유아 모두 적극적으로 참여했고 행복하게 느꼈다고 회상했다. 함께 만들어 갔던 교육이었기 때문이다. 그리고 교사가 연간 교육계획에 넣었던 교육내용의 70%는 동일한 내용이었다고 회상했다. 교사중심으로 체계화한 내용도 오랜 교육경험을 축적하여 교육계획서를 만든 것이기 때문에 유아의 관심 내용이 반영된 것이다. 유아들의 관심은 시대가 달라도 전 시대 유아들이 배우고 싶어 하는 내용의 70%는 같다는 것을 발견한 셈이다. 활동중심 또는 놀이중심의 교육이라고 해서 매 순간 매 해 새로운 내용을 다루어야 하는 것은 아니다. 유아들에게 행복을 주면서도 배워야 할 내용들을 배우게 하는 활동중심 교육과정의 장점이 여기에 있다.

놀이중심 · 활동중심 · 유아중심의 교육이 유아들에게 즐거움과 행복을 주는 교육이지만 선생님은 할 일이 많다. 유아들이 자유놀이 시간에 놀이를 선택하여 놀고, 흥미 영역을 선택하며 자유롭게 노는 것은 유아 자신의 일이다. 선생님이 미리 환경구성을 해 주면 유아 스스로 놀 수 있는 때가 많으나 주제가 선정된 후 이야기 나누기를 하는 것은 교사와 유아의 협력이 있어야 성과를 거둔다. 유아중심교육을 하겠다는 생각이 투철해야 한다. 다행히 2007년 (전) 중앙대학교 부속 유치원 원감을 지냈고 활동중심 통합교육과정을 시도하는 현장에서 함께 고뇌했던 허미애 선생님이 『유아교사를 위한 이야기 나누기의 이론과 실제』(2007, 공동체)를 써주었다(교사들에게 필요한 사항을 현장중심의 경험에 기초하여 세심하게 기록으로 남겼기 때문에 이 책에서는 세부적인 설명은 하지 않으려 한다).

## 7. 유치원과 교사의 뇌에 창고 만들기

교사들이 이미 계획한 각종 교육계획 및 활동들을 필요할 때 사용할 수 있도록 파일로 정리하고 목록도 만들기로 했다. 날이 거듭될수록 다양한 주제와 관련 활동들이 세심하게 체계화되었고 큰 교실이나 복도 등 유치원의 사정에 따라 도서관 서고처럼 분류되었다. 이화여대 부속 유치원의 홍용희 선생님, 지금은 폐원된 문성유치원(최완영 원장님)과 부산 소심유치원의 이경숙 원장님 등 많은 유치원들이 자료 창고를 만들었다. 모두 열거하기 힘들지만 놀이중심·활동중심 교육과정을 운영하기 시작한 유치원들은 유치원과 교실의 일부를 창고로 만들어 유아들이 돌발적으로 제시하는 창의적인 제안에 대응했다. 유치원의 자료서고는 도움이 필요한 유치원 원장님과 교사들의 보물창고였다. 유아들과 합의해서 주제를 바꾸어야 하는 교사들에게 큰 도움을 주었기 때문이었다. 가시화된 이런 자료서고뿐만 아니라 활동중심 교육을 시작하는 원장님과 교사들은 뇌에 지식의 창고도 가져야 했다. 놀이중심·활동중심 교육 또는 유아교육철학에 기초한 유아중심교육은 단순하게 즉각 떠오르는 생각으로 교육하는 것이 아니다. 교사는 할 수 있는 한 많이 알아야 하고 다양한 활동을 제공할 준비가 되어야 하며, 유아들이 하는 말과 계획을 파악하여 자료창고도 열어야 하고 뇌의 창고도 열어 연결해 주어야 하기 때문이다. 이 당시 주임 교사였던 허미애 선생이 "교육내용을 정해 놓고 할 때는 준비할 때만 바빴는데, 활동중심교육을 할 때는 집으로 가는 버스에서도 머리가 바빠졌어요."라고 했던 말이 30여 년이 지난 지금도 잊혀지지 않는다. 활동중심교육의 성공은 교사에게 달려 있다. 교사들에게 다양한 아이디어와 활동을 체계적으로 정리하여 지식창고를 마련해 주는 큰 선생님인 원장님, 유아들의 제안을 더욱 다양하고 의미 있게 만들어 주어 사물에 대한 관심의 수준을 높여주는 교사가 있어야 가능하기 때문이다.

## 8. 유치원 방식대로, 어린이집 방식대로, 아니 유아학교 방식대로

앞에서 소개한 '활동중심 통합교육과정'은 1985년부터 1989년까지 나와 동료 교사들이 머리를 맞대고 의논하며 정리했던 '중앙대학교 부속 유치원 방식대로' 노력해서 나온 교육과정의 이름이었다. 그러나 활동중심 통합교육과정은 중앙대학교의 전유물이 아니다. 개별 유치원/어린이집의 방식대로, 아이들을 행복하게 하는 활동을 창안하여 실시한다면 그것이 바로 활동중심 통합교육이다. 그리기 활동을 중심으로 교육을 시작했지만 유아들의 그림이 애완동물로 새 식구가 된 예쁜 강아지와 고양이를 많이 그렸다면 애완동물에 대해 이야기를 나누는 것으로 활동중심 통합교육이 진행되기도 한다. 유아교육철학에 소개된 개념들이 개개 유치원 현장에서 각각 다른 이름표를 달고 곳곳에서 유아들을 즐겁고 행복하게 해 주고 있다.

이제 현장에서 뿌리를 내리게 된 활동중심 통합교육이 전국 곳곳으로 퍼져서 유아들이 즐겁고 행복한 나라가 된다면, 200여 년 전 프뢰벨이 부탁했던 다음의 표어가 실행되는 것이다.

---

자, 우리, 우리의 아이들로부터 배우자.
유아의 삶이 우리에게 주는 충고와
그들의 마음이 묵시적으로 요구하는 것에 유의하자.
자, 우리, 우리의 아이들과 함께 생활하자.

---

### 나도 철학자 #10

1. 친구들과 함께 있는 공간에서 벌어지고 있는 일들을 5분 동안 관찰해 보자. 개개인 친구는 어떤 생활 철학을 가지고 상대방을 대하는지 관찰해 보자.
2. 아이들의 놀이 장면이 담긴 영상을 관찰한 뒤 각자 발견한 것을 공유해 보자.
3. 유아교육철학을 통해 배운 개념이나 가치들은 적절한 균형이 필요하다. 중요하다고 생각하는 키워드를 넣어 그림으로 나의 철학을 표현해 보자.
4. 그동안 배운 철학자들의 이론 중에서 나의 생각과 일치하는 부분과 일치하지 않는 부분에 대해 생각해 보자. 나는 어떤 철학을 가진 영유아교사가 되고 싶은지 서로의 생각을 나누어 보자.

유 아 교 육 철 학

# 참고문헌

고윤희, 이기영(2004). 듀이의 흥미 개념에 기초한 예비교사 교수방법 연구. 아동교육, 13(1), 63-78.

곽노의(1988). 프뢰벨의 낭만주의적 유아교육이론에 관한 연구. 중앙대학교 교육대학원 박사학위논문.

곽노의(1990). 프뢰벨의 유아교육이론연구. 학민사.

곽노의(1996). 프뢰벨의 인간교육원리와 유치원교육. 열린유아교육연구, 1(1), 3-22.

김규수(1995). F. 프뢰벨과 J. 듀이의 아동중심교육에 관한 비교 연구. 중앙대학교 대학원 박사학위논문.

김규수(1997). 아동중심교육에 관한 프뢰벨과 듀이의 견해 비교연구. 창조교육논총, 1, 107-128.

김애마선생기념회(2003). 애마선생님 이야기. 정우사.

김옥련(1983). 유아교육사. 정민사.

노영희(1989). 유치원교사의 교수전략에 따른 유아의 대인문제해결능력의 비교. 중앙대학교 대학원 박사학위논문.

문교부(1987a). 유치원 교육과정 해설(문교부 고시 제87-9호).

문교부(1987b). 유치원과 초등학교의 교육과정.

새세대육영회(1981). 복지사회와 유아교육의 발전방향.

성은영(1995). 게임의 방법 및 규칙에 대한 사회적 합의과정이 유아의 대인문
제해결능력에 미치는 영향. 중앙대학교 교육대학원 석사학위논문.

성은영(2006). 반성적 사고 중심의 발문 개선교육 과정에 나타난 교사의 발문
변화. 중앙대학교 대학원 박사학위논문.

안인희(1990). 에밀: 루소의 교육론. 양서원.

우혜진(1991). 자율적 의사결정과정이 6세 어린이의 규칙수행에 미치는 영향.
중앙대학교 대학원 석사학위논문.

우혜진(2012). 유아의 사회적 합의 능력 증진 프로그램의 구성 및 적용 효과.
중앙대학교 대학원 박사학위논문.

이상욱(1995). 프뢰벨 유아교육 사상의 올바른 이해를 위하여. 유아교육연구,
15(2), 79-89.

이상욱(1996). 프뢰벨과 기독교 유아교육. 양서원.

이상욱(1997). 유아교육철학적 관점에서 본 유아문학교육 접근에 관한 분석
연구. 열린유아교육연구, 2(2), 89-108.

이원영(1981a). 영국과 미국의 취학전 교육. 유네스코 편, 세계의 취학전 교육 I.
교육신서. 배영사.

이원영(1981b). 幼兒를 위한 敎材 및 놀잇감. 福祉社會와 幼兒敎育의 發展方向
(pp. 57-75). 새세대육영회.

이원영(1981c). 제4장 就學前敎育. 서울特別市敎育硏究院 편, 서울敎育史(p.
311). 서울特別市敎育委員會.

이원영(2016). 한국유아교육의 발전방향: 한국의 유아교육! 지나간 100년! 앞
으로의 100년. 강원유아교육 100년, 그리고 새로운 시작(pp. 7-24). 강원유
아교육진흥원.

이홍우(1995). 교육과정탐구. 박영사.

일본옥성보육(1979). 프뢰벨 은물의 이론과 실제. 이윤자 역. 보육사.

정세화(1997). 한국교육의 사상적 이해. 학지사.

정해창(2013). 듀이의 미완성 경험. 청계출판사.

조선일보(2020. 9. 12.). 좋은 부모 신경회로 발견한 과학자 '실리콘밸리 노벨상'. 이영완 기자.

조선일보(2020. 10. 31.). 교무실 옆 PC방 설치?⋯ OK, 된다고 하세요! 박돈규 기자.

주정일(1979). 아동발달학. 교문사.

중앙대학교 60년사 편찬위원회(1978). 중앙대학교 60년사: 1918-1978. 중앙대학교.

중앙대학교 사범대학 부속 유치원(1982). 활동중심 교육과정. 한국프뢰벨사.

중앙대학교 사범대학 부속 유치원(1989). 활동중심 통합교육과정. 양서원.

최완영, 서명실(1975). 유치원 커리큘럼. 보육사.

한국유아교육학회(1996). 유아교육사전. 한국사전연구사.

허미애(2007). 유아교사를 위한 이야기 나누기의 이론과 실제. 공동체.

후쿠타 세이지(2009). 핀란드 교실혁명. 박재원, 윤지은 역. 비아북.


Alvarez, C. (2020). 아이의 뇌는 스스로 배운다. 이세진 역. 열린책들.

Archambault, R. D. (Ed.) (1974). Interest in Relation to Training of the Will. *John Dewey on Education. Selected Writings.* The University of Chicago Press.

Beatty, B. (1998). 미국유아교육사. 이원영 역. 교육과학사.

Bennett, N., Andrae, J., Hegarty, P., & Wade, B. (1980). Open plan primary schools: Findings and implications of a national inquiry. *Education 3-13, 8*(1), 45-50.

Burke, A., Conard, E. U., Dalgliesh, A., Hughes, E. V., Rankin, M. E., & Garrison, C. G. (1923). *A conduct curriculum for the kindergarten and first grade.* C. Scribner's Sons.

Carey, N. (2015). 유전자는 네가 한 일을 알고 있다. 이충호 역. 해나무.

Comenius, J. A. (2003). 유아학교. 이원영, 조래영 역. 양서원.

Davidson, T. (1970). *Rousseau and Education According to Nature*. New York: Charles Scribner's Sons.

Dewey, J. (1895). Interest in relation to training of the will. In D. R. Archambault (Ed.) (1964), *John Dewey on Education* (pp. 260-285). Chicago: The University of Chicago Press.

Dewey, J. (1897). My pedagogic creed. In D. R. Archambault (Ed.) (1964), *Dewey on Education* (pp. 427-439). Chicago: The University of Chicago Press.

Dewey, J. (1900). Froebel's educational principles. *Elementary School Records, 1*(5),143-151.

Dewey, J. (1902). *The child and the curriculum* (No. 5). University of Chicago press.

Dewey, J. (1922a). The nature and aims. In D. R. Archambault (Ed.) (1964), *John Dewey on Education* (pp. 427-439). Chicago: The University of Chicago Press.

Dewey, J. (1922b). What is freedom? In D. R. Archambault (Ed.) (1964), *John Dewey on Education* (pp. 81-88). Chicago: The University of Chicago Press.

Dewey, J. (1926). Individuality and experience. In D. R. Archambault (Ed.) (1964), *John Dewey on Education* (pp. 149-156). Chicago: The University of Chicago Press.

Dewey, J. (1926). Individuality and experience. *Journal of the Barnes Foundation, 2*(1), 1-6.

Dewey, J. (1938). Progressive organization of subject-matter. In D. R. Archambault (Ed.) (1964), *John Dewey on Education* (pp. 260-285). Chicago: The University of Chicago Press.

Dewey, J. (1990). *The School and Society and the Child and the Curriculum*. The University of Chicago Press.

Dewey, J. (2007). 민주주의와 교육. 이홍우 역. 교육과학사.

Frankl, V. E. (2006). 죽음의 수용소에서. 이시형 역. 청아.

Froebel, F. (1885). *The Education of Man*. [trans. Jarvis, J.] A. Lovell & Company.

Froebel, F. (1908). *The Mottoes and commentaries of Froebel's Mother play*. rendered by H. R. Eliot & S. E. Blow. New York(State): Appleton.

Froebel, F. (2005). 인간의 교육. 이원영, 방인옥 역. 양서원.

Froebel, F. (2015). 인간의 교육. 정영근 역. 지식을 만드는 지식.

Griffin-Beale, C. (1979). *Christian Schiller In His Own Words*. Published by Private Subscription. London: A & C Black.

Griffin-Beale, C. (1995). 실러의 아동관과 영국의 유아교육(Christian Schiller In His Own Words). 이원영 역. 창지사.

Heiland, H. (2007). 모든 어린이들의 아버지 프뢰벨. 곽노의 역. 북섬.

Kilpatrick, W. H. (1916). *Froebel's kindergarten principles critically examined*. Macmillan.

Kilpatrick, W. H. (1989). Dewey's influence on education. *The Philosophy of John Dewey* [3rd ed. by Schilpp & Hahn (Eds.)], The Library of Philosopher. vol. 1. Open Court.

Kirk, R. (2018). 보수의 정신: 버크에서 엘리엇까지. 이재학 역. 지식노마드.

Kneller, G. F. (1995). 교육의 철학적 기초. 정건영 역. 교육출판사.

Kraus-Boelte, M. M., & Kraus, J. (1892). *The Kindergarten Guide: An Illustrated Hand-book, Designed for the Self-instruction of Kindergartners, Mothers, and Nurses* (Vol. 2). E. Steiger & Company.

Lee, S. W. (1993). *A Study of the Relevance of Friedrich Froebel to the Children*. University of Surrey, England.

Lieberman, M. D. (2015). 사회적 뇌: 인류 성공의 비밀. 최호영 역. 시공사.

Owen, R. (1920). *The life of Robert Owen by himself*. Alfred A. Knopf.

Patty, S. H. (1924). *A Conduct Curriculum for the Kindergarten and First*

*Grade*. New York: Charles Scribner's Sons.

Rauland, M. (2008). 뇌과학으로 풀어보는 감정의 비밀. 전옥례 역. 동아일보사.

Rockstein, M. (2007). 유치원의 시작. 곽노의 역. 북섬.

Rousseau. J. J. (1976). 에밀. 오증자 역. 박영사.

Sadler, J. E. (1968). *John Amos Comenius' Orbis Pictus*.

Sahlberg, P. (2016). 핀란드의 끝없는 도전. 이은진 역. 푸른숲.

Schilpp, P. A., & Hahn, L. E. (Eds.) (1989). *The Philosophy of John Dewey* (3rd ed.). The Library of Living Philosophers Volume 1. Open Court.

Tanner, L. (1997). *Dewey's laboratory school*. Teachers college press.

Weber, E. (1969). *The Kindergarten, Its Encounter with Educational Thought in America*. New York: Columbia Teachers College Press.

Wolfe, J. (2002). *Learning from the past-Historical Voices in Early Childhood Education* (2nd ed.). Piney Branch Press.

Woods, R., & Barrow, R. (2006). *An introduction to philosophy of education*. Routledge.

## 내용

## 저자 소개

이원영(Rhee Won-Young)

경기여자고등학교 졸업

대전보육초급대학 보육과 졸업

이화여자대학교 사범대학 교육학과 학령전교육 전공(현 유아교육과) 졸업

이화여자대학교 대학원 교육학과 학령전교육 전공(석·박사)

미국 University of Washington 대학원 유아교육 MEd

영국 Sheffield University 방문교수

배재학당 재단이사

전국 유아교사양성사립대학 교수협의회 회장

한국유아교육학회 회장

세계유아교육기구(OMEP) 한국위원회 회장

대통령 자문기구 교육개혁위원회 위원

대통령 자문기구 교육인적자원개발정책위원회 위원

여성부 정책자문위원회 자문위원

유아교육법 제정을 위한 유아교육대표자연대 의장

환태평양유아교육연구회(PECERA) 회장

현  중앙대학교 사범대학 유아교육학과 명예교수

　　교육부중앙유아교육위원회 부위원장

　　PECERA Executive Board member

# 유아교육철학

The Philosophy of Early Childhood Education

2022년  1월 10일 1판 1쇄 인쇄
2022년  1월 15일 1판 1쇄 발행

지은이 • 이원영
펴낸이 • 김진환
펴낸곳 • ㈜ **학지사**

　　　　04031 서울특별시 마포구 양화로 15길 20 마인드월드빌딩
대표전화 • 02-330-5114　　팩스 • 02-324-2345
등록번호 • 제313-2006-000265호

홈페이지 • http://www.hakjisa.co.kr
페이스북 • https://www.facebook.com/hakjisabook

ISBN 978-89-997-2551-7  93370

정가 13,000원

출판 · 교육 · 미디어기업 **학지사**

간호보건의학출판 **학지사메디컬** www.hakjisamd.co.kr
심리검사연구소 **인싸이트** www.inpsyt.co.kr
학술논문서비스 **뉴논문** www.newnonmun.com
교육연수원 **카운피아** www.counpia.com